Cacti & Succulents

多肉植物図鑑

ハンディ

監修　サボテン相談室・羽兼直行

キュートな多肉植物たち

体の中にたくさんの水分を蓄えて、
葉や茎が厚く、丸くなったのが多肉植物。
透明な窓をもつもの、鋭いトゲのあるもの、
白い毛に覆われたものなど、
その姿はとてもバラエティーに富んでいて、キュートで魅力的。
小さな鉢で育てられるものも多く、窓辺のわずかなスペースでも
20〜30種類は楽に育てられるのもうれしいところ。
窓辺に置いた小さな鉢植えを眺めていると、
時のたつのも忘れてしまうほどです。

世界の各地に1万5000種以上が分布しているという多肉植物。
交配等で作られた園芸品種も多く、
一般に流通しているものだけで数千種類はあるでしょう。
本書では、その中から約800種類を掲載しました。
家をあけることの多い忙しい人にもピッタリ。
窓辺やベランダ、机の上など、小さなスペースでも楽しめる、
そんなかわいい多肉植物たちをお楽しみください。

多肉植物の魅力

01
個性的な造形
まるでオブジェのような独特な草姿でインテリアグリーンとしても最適。

02
多彩な彩り
季節によって変わるカラフルな葉色。透明な種類もユニーク。

03
美しい花
あざやかな花を咲かせる種類も多く、季節を美しく彩ってくれる。

04
たくさんの種類
種類や品種はじつに豊富。好みの種類をコレクションする楽しみも。

05
寄せ植えも楽しい
種類が豊富で育てやすく、さまざまな寄せ植えが楽しめる。

06
小さなスペースで楽しめる
種類を選べば1m×1mのスペースで100種以上が栽培可能。

CONTENTS
Cucti & Succulents
多肉植物ハンディ図鑑

2 キュートな多肉植物たち

7 多肉植物カタログ
（カタログページの見方）

PART1
単子葉類 8

【ツルボラン科（ユリ科）】
 アロエ *Aloe*
 アストロロバ *Astroloba*
 ブルビネ *Bulbine*
 ガステラロエ *Gasteraloe*
 ガステリア *Gasteria*
 ハオルシア *Haworthia*
 （軟葉系、硬葉系、万象、玉扇）

【キジカクシ科（ユリ科）】
 アガベ *Agave*
 サンセベリア *Sansevieria*
 ボウイエア *Bowiea*

【ツユクサ科】
 キアノチス *Cyanotis*

【パイナップル科】
 チランジア *Tillandsia*
 ディッキア *Dyckia*
 ブロメリア *Bromelia*
 クリプタンサス *Cryptanthus*
 デウテロコーニア *Deuterocohnia*
 プヤ *Puyaw*

PART2
サボテン 56

【サボテン科】
 アリオカルプス *Ariocarpus*
 アストロフィツム *Astrophytum*
 コピアポア *Copiapoa*
 ディスコカクタス *Discocactus*
 エキノセレウス *Echinocereus*
 エピテランサ *Epithelantha*
 エキノカクタス *Echinocactus*
 エキノプシス *Echinopsis*
 エスコバリア *Escobaria*
 フェロカクタス *Ferocactus*
 ゲオヒントニア *Geohintonia*
 ホマロケファラ *Homalocephala*
 ギムノカリキウム *Gymnocalycium*
 ロフォフォラ *Lophophora*
 マミラリア *Mammillaria*
 ノトカクタス *Notocactus*
 オプンチア *Opuntia*
 ツルビニカルプス *Turbinicarpus*
 ユーベルマニア *Uebelmannia*
 アズテキウム *Aztekium*
 ブラジリカクタス *Brasilicactus*
 セレウス *Cereus*
 エスポストア *Espostoa*
 クラインジア *Krainzia*
 レウクテンベルギア *Leuchtenbergia*
 ロビビア *Lobivia*
 ミルチロカクタス *Myrtillocactus*
 ネオポルテリア *Neoporteria*
 オブレゴニア *Obregonia*
 オレオケレウス *Oreocereus*
 オルテゴカクタス *Ortegocactus*

ペレキフォラ *Pelecyphora*
リプサリス *Rhypsalis*
ステノカクタス *Stenocactus*
ストロンボカクタス *Strombocactus*
スルコレブチア *Sulcorebutia*
テロカクタス *Thelocactus*

PART 4
ベンケイソウ科　124

【ベンケイソウ科】

アドロミスクス *Adromischus*
アエオニウム *Aeonium*
コチレドン *Cotyledon*
クラッスラ *Crassula*
ダドレア *Dudleya*
エケベリア *Echeveria*
グラプトペタルム *Graptopetalum*
グラプトベリア *Graptoveria*
グラプトセダム *Graptosedum*
カランコエ *Kalanchoe*
オロスタキス *Orostachys*
パキフィツム *Pachyphytum*
ロスラリア *Rosularia*
セダム *Sedum*
セデベリア *Sedeveria*
センペルビブム *Sempervivum*
シノクラッスラ *Sinocrassula*

PART 3
メセン類　88

【ツルナ科】

アンテギバエウム *Antegibbaeum*
アルギロデルマ *Argyroderma*
ブラウンシア *Braunsia*
ケファロフィルム *Cephalophyllum*
ケイリドプシス *Cheiridopsis*
コノフィツム *Conophytum*
ドラコフィルス *Dracophilus*
デロスペルマ *Delosperma*
フォーカリア *Faucaria*
フェネストラリア *Fenestraria*
ギバエウム *Gibbaeum*
グロッチフィルム *Glottiphyllum*
イーレンフェルディア *Ihlenfeldtia*
ラピダリア *Lapidaria*
リトープス *Lithops*
オフタルモフィルム *Ophthalmophyllum*
オドントフォルス *Odontophorus*
オスクラリア *Oscularia*
プレイオスピロス *Pleiospilos*
ナナンサス *Nananthus*
トリコディアデマ *Trichodiadema*

PART 5
ユーフォルビア　208

【トウダイグサ科】

ユーフォルビア *Euphorbia*

5

PART 6
その他の多肉植物　220

【ソテツ科、ザミア科】
　キカス *Cycas*
　ザミア *Zamia*
　エンセファラトス *Encephalartos*

【ウェルウィッチア科】
　ウェルウィッチア *Welwitschia*

【コショウ科】
　ペペロミア *Peperomia*

【スベリヒユ科】
　アナカンプセロス *Anacampseros*
　ポーチュラカリア *Portulacaria*
　セラリア *Ceraria*

【ディディエレア科】
　ディディエレア *Didierea*
　アルオウディア *Alluaudia*

【キョウチクトウ科】
　アデニウム *Adenium*
　セロペギア *Ceropegia*
　フェルニア *Huernia*
　パキポディウム *Pachypodium*
　プセウドリトス *Pseudolithos*
　スタペリア *Stapelia*
　トリコカウロン *Trichocaulon*

【キク科】
　セネシオ *Senecio*
　オトンナ *Othonna*

【その他のコーデックス】
　ディオスコレア *Dioscorea*
　アデニア *Adenia*
　キホステンマ *Cyphostemma*

　ボンバックス *Bombax*
　クッソニア *Cussonia*
　ドロステニア *Drostenia*
　オペルクリカリヤ *Operculicarya*
　フォークイエリア *Fouquieria*

PART 7
育て方の基礎知識　243

244　夏型種の育て方
246　冬型種の育て方
248　春秋型種の育て方
250　多肉植物の植えかえ
252　葉挿しでふやす、挿し芽でふやす、
254　実生を楽しむ
255　交配の仕方
256　タネまきと植えかえ

258　さくいん
280　学名さくいん

多肉植物カタログ

カタログページの見方

● 多肉植物の配列について

本書では、よく似た種類が見分けやすいように、数多くある多肉植物を科別、属別に分けて掲載しました。単子葉類、サボテン、メセン類（ツルナ科）、ベンケイソウ科、ユーフォルビア（トウダイグサ科）を、それぞれをPart1からPart5で紹介し、そこに入らない種類は「その他の多肉植物」としてPart6で紹介しました。それぞれの科の中では基本的には属名のアルファベット順に配列しました。同じ属に多くの種がある場合は種小名のアルファベット順に配列し、交配種などはそのあとに配しました。（配列はアルファベット順になっていない場合もあります。なお、科名などは最近の分子生物学の成果を取り入れたAPG体系に準拠しました）

● 栽培の指針

それぞれの属ごとに、まず属の特徴等を解説し、それに続けて個々の種類を紹介しました。科や属とは分類上の位置が近い種類をまとめて扱うグループの名前で、科や属が同じものは系統的に近縁で、性質や育て方も似ているものが多いため、品種名や流通名だけでなく、この科名、属名を覚えておくと栽培がしやすくなります。なお、写真を掲載した各品種には、流通名（または品種名）と学名を併記し、それぞれの特徴を紹介しています。

● データの見方

科名	属している科名
原産地	自生している主な場所
生長型	日本で育てる場合の生長のタイプ
水やり	季節による水やり回数の目安
根の太さ	根のタイプ
難易度	育て方の難易度。★の数が少ないほどやさしく、多いほど難しい

PART 1
単子葉類

以前はユリ科とされていたツルボラン科やキジカクシ科、およびパイナップル科など、単子葉類に属する科の多肉植物です。おなじみのアロエやアガベ、透明の窓が人気のハオルシア、エアープランツとも呼ばれるチランジアなどがこのグループの代表で、世界の各地に分布しています。

アロエ
Aloe

DATA

科　　名	ツルボラン科（ユリ科）
原 産 地	アフリカ南部、マダガスカル、アラビア半島
生 育 型	夏型
水 や り	春〜秋は2週に1回、冬は月1回
根の太さ	太根タイプ
難 易 度	★☆☆☆☆

　南アフリカ、マダガスカル、アラビア半島などに500種類以上が知られている大きな属で、ロゼット型に葉を広げるものから、高さ10m以上の大木に育つ木立ち性のものまで、多くの種類があります。

　「医者いらず」と呼ばれる木立ちアロエや、食用になるアロエ・ベラなどは特に有名で、丈夫で寒さにも強く、庭植えにされていることもあります。趣味で多肉植物として栽培されているのは「不夜城」などの小型の種類で、形や葉模様などが美しい多くの種類があります。赤、黄色、白などの美しい花を咲かせます。

　いくつかの栽培困難種を除けば、おおむね栽培しやすい仲間です。生長期は春〜秋で、夏の暑さにも強く、元気に育ちます。日当たりが悪いと徒長するので、よく日に当てて育てましょう。冬も屋外で大丈夫なものもありますが、関東以北では室内にとり込んだほうが安全です。

　栽培困難種は、原産地の地質に合わせ、石灰質の用土を多用すると育てやすくなります。

木立ちアロエ
Aloe arborescens

薬草として昔から普及していて虫刺されややけどに効きます。別名「医者いらず」。関東以西では露地栽培が可能です。写真の株は高さ50cmほどです。

ブロミー
Aloe bromi

赤く鋭いトゲをもち、低木状に育つ、中型のアロエです。写真の株は幅30cmほどです。

コンプレッサ・ルゴスカモーサ
Aloe compressa var.*rugosquamosa*

小苗のうちは互生した葉で育つ、ユニークなアロエです。

デルトイデオドンタ
Aloe deltoideodonta

デルトイデオドンタには多くの変種や交配種があり、名前もたくさんついています。写真の株はその中での優形種。幅は15cmほどです。

デスコイングシー
Aloe descoingsii

マダガスカル原産の小型アロエの代表種。ほとんど茎はなく、形のよい群生株を形成します。花は春咲きで濃紅色。冬は0度以上を保てば大丈夫です。幅6cmほどです。

クラポーリアナ
Aloe krapohliana

低木状に育つ小型の人気種。生長は遅いのですが、締まった姿が好まれます。写真の株は幅15cmほどです。

PART 1 ツルボラン科（ユリ科）

▶アロエ

リネアータ
Aloe lineata

写真の株はまだ小苗で、互生葉ですが、生長すると1m以上になり、葉も旋回するおもしろいアロエです。写真の株は幅20cmほどです。

ペグレラエ
Aloe peglerae

無茎の中型種。写真の株はまだ小苗ですが、生長すると葉が内巻きになり、形のよい株になります。写真の株は幅20cmほどです。

女王錦 じょおうにしき
Aloe parvula

マダガスカル原産の小型のアロエの人気種。紫色の葉がハオルシアのようで人気です。夏の暑さに弱く、少し栽培が難しいので注意しましょう。幅6cmほど。

ピランシー
Aloe pillansii

大型のデコトマにも似ていますが、幅広の葉と太い茎が魅力。国内でも、2m以上の株を育てている人がいます。写真の株は高さ70cmほどです。

プリカティリス
Aloe plicatilis

日本では20年ほどで2mくらいになります。終生互生葉で、枝吹きもよく、形のよい姿になる強健種です。写真の株は高さ1mほどです。

ポリフィラ
Aloe polyphylla

難物とされていましたが、近年は栽培技術も進み、普通に栽培されています。大きくなると葉がらせん状に巻いてみごとです。高山性で暑さが苦手です。幅20cmほど。

ラモシッシマ
Aloe ramosissima

デコトマに似ていますが、小型で、早くから枝を出して形のよい株に生長します。写真の株は高さ50cmほどです。

ラウイー・ホワイトフォックス
Aloe rauhii 'White Fox'

小型無茎のアロエで、多くの変種や交配種がありますが、写真の株は白く美しいタイプです。春〜秋は日当たりのよい屋外、冬は室内で管理します。幅10cmほど。

PART1 ツルボラン科（ユリ科）

▶アロエ

スラデニアナ
Aloe sladeniana

槍の先のような葉がユニークなアロエです。栽培がやや困難なため、あまり見かけない希少種です。写真の株は幅10cmほどです。

ソマリエンシス
Aloe somaliensis

光沢のある葉はかたく、トゲも鋭いので注意しましょう。生長は遅く、ごく短い茎をもち、低く、形よく育つ名品です。写真の株は幅20cmほどです。

千代田錦 ちよだにしき
Aloe variegata

きれいな自然斑がみごとです。自然に群生株を形成します。スラデニアナに似ていますが、より育てやすく、普及しています。写真の株は幅15cmほどです。

ビグエリー（小型）
Aloe vigueri

マダガスカル産の小型のアロエです。写真はビグエリーのドワーフタイプ（矮性型：わいせいけい）です。写真の株は幅20cmほどです。

ベラ
Aloe vera

多くの化粧品にも使われており、健康食品としてスーパーで葉が売られていることもあります。交配してもタネがとれません。写真の株は高さ50cmほど。

ボグッシー
Aloe vogtsii

名前のボグッシーは「斑点」という意味。濃いグリーンに白い斑点が美しい種類です。やや硬質葉系です。写真の株は幅20cmほどです。

ドラキュラズブラッド
Aloe 'Dracula's Blood'

ラウイーを使った交配種が盛んに作られており、本種はアメリカのケリーグリフィン交配と思われます。写真の株は幅15cmほどです。

ビトー
Aloe 'Vito'

これもラウイーを使った交配種です。この仲間は皆よく似ているので、ラベルをなくさないように注意しましょう。写真の株は幅20cmほどです。

PART1 ツルボラン科（ユリ科）

アストロバ
Astroloba

DATA

科　　名	ツルボラン科 (ユリ科)
原 産 地	南アフリカ
生 育 型	春秋型
水 や り	春秋は週1回、夏冬は3週に1回
根の太さ	太根タイプ
難 易 度	★★☆☆☆

　15種類程度が南アフリカに自生します。ハオルシアの硬質葉系のグループに似ていて、いずれも小さな塔状の形態を示すのが特徴です。生長期は春と秋で、夏と冬の休眠期には水やりを控えめにします。ハオルシアと同様、強い直射日光を避けて栽培します。夏は風通しのよい日陰で乾かしぎみに管理するのがポイントです。

ビクアリナタ
Astroloba bicarinata

ごくかたい葉で、生長も遅く地味な存在ですが、そこが魅力の強健種です。生長すると株元から子株ができ、これを株分けしてふやすことができます。

コンゲスタ
Astroloba congesta

三角形の先がとがった葉をたくさん出し、柱状に伸びます。夏は遮光し、冬はよく日に当てて育てます。乾燥にはよく耐えるので、水やりは控えめにします。

白亜塔　はくあとう
Astroloba hallii

古くから栽培されている種類です。アストロバの中でも個性的な、美しい希少種です。

ブルビネ
Bulbine

DATA
科　名	ツルボラン科（ユリ科）
原産地	南アフリカ、オーストラリア
生育型	冬型
水やり	秋～春は2週に1回、夏は断水
根の太さ	細根タイプ
難易度	★★★★☆

　南アフリカとオーストラリア東部に30種ほどが知られている属で、多肉植物として一般に知られているのは、ここで紹介するメセンブリアントイデスくらいです。ハオルチオイデスという種類もありますが、あまり一般的ではありません。鉢花や花壇苗として利用される種類にフルテスケンス（和名ハナアロエ）があります。

メセンブリアントイデス
Bulbine mesembryanthoides

やわらかく透明な葉が魅力で、メセンの仲間と似ているので、この名がつけられました。白い小輪の花が、カスミソウのように咲きます。写真の株は幅3cmほどです。

ガステラロエ
Gasteraloe

DATA
科　名	ツルボラン科（ユリ科）
原産地	交配属
生育型	夏型
水やり	春～秋は週1回、冬は3週に1回
根の太さ	太根タイプ
難易度	★☆☆☆☆

　ガステリアとアロエの人工交配属で、ガストロアロエなどとも呼ばれ、いくつかの園芸品種が作られています。いずれも花はアロエのそれに近く、形のよい群生株を形成します。多くの種類はたいへん強健で劣悪な環境でも育ちます。ガステリアとハオルシアの交配属ガステロハオルシア（*Gasterhaworthia*）もあります。

グリーンアイス
Gasteraloe 'Green Ice'

ガステラロエ属の代表種で、自然斑が覆輪で入る、なかなかの美種です。写真の株は幅15cmほどです。

ガステリア
Gasteria

DATA

科　名	ツルボラン科（ユリ科）
原産地	南アフリカ
生育型	夏型
水やり	春〜秋は週1回、冬は3週に1回
根の太さ	太根タイプ
難易度	★☆☆☆☆

　南アフリカを中心に約80種が知られる属で、非常に肉厚な硬質の葉を互生するか、または放射状に広げる多肉植物です。「臥牛（がぎゅう）」と呼ばれる葉がざらざらした系統と、ピランシーなどの葉がつるつるした系統があります。「臥牛」は日本では古くから栽培されてきたもので、交配による品種改良も行われ、多くの品種が作出されています。

　生長タイプは夏型とされますが、暑さにも弱く、春秋型とされることもあります。また、一年をとおして生長する強健な種類も多くあります。栽培の基本はハオルシアとほぼ同じで、やや光を弱めて水を比較的多めにすると状態よく育てられます。

　生長期は春と秋です。夏は暑さに注意し、50％以上の遮光下で、風通しのよい場所で管理します。冬は凍らせないように、室内にとり込んで、できれば生育場所が5度を下回らないようにしましょう。春と秋の生長期は、鉢土をあまり乾かさない程度の水やりをします。

臥牛　がぎゅう
Gasteria armstrongii

ガステリアの代表種で、牛の舌のような肉厚でざらざらした葉を左右に交互に出します。直射日光が苦手で葉やけしやすいので注意します。写真の株は幅10cmほど。

臥牛・スノーホワイト　がぎゅう
Gasteria armstrongii 'Snow White'

「臥牛」にはいろいろなタイプがあり、コレクションが楽しめます。写真は白い斑点をもつ「スノーホワイト」。幅10cmほどです。

ベッケリー（斑入り）
Gasteria beckeri f.variegata

大型のガステリアで、濃いグリーンの葉に黄色の斑が映える美しい種類です。写真の株は幅20cmほどです。

ビカラー・リリプターナ
Gasteria bicolor var.lilliputana

小型のガステリアで、次々と子株を出して群生します。写真の株は幅10cmほどです。「子亀姫（こがめひめ）」という和名もつけられています。

ピランシー（斑入り）
Gasteria pillansii f.variegata

互生の葉に黄色の斑が美しい人気種で、いろいろなタイプがあります。葉の表面は「臥牛」などにくらべるとなめらか。大型で写真の株は幅15cmほどです。

象牙子宝 ぞうげこだから
Gasteria'Zouge Kodakara'

白や黄色の斑が入る品種で、名前のとおり子株をたくさんつけます。親株はあまり大きくなりません。写真の株は幅10cmほど。直射日光を避けて栽培します。

ハオルシア（軟葉系）
Haworthia

DATA

科　　名	ツルボラン科（ユリ科）
原産地	南アフリカ
生育型	春秋型
水やり	春秋は週1回、夏は2週に1回、冬は月1回
根の太さ	太根タイプ
難易度	★☆☆☆☆

　ハオルシアは、南アフリカに200種ほどの原種が自生する小型の多肉植物です。透明な窓をもつもの、かたい葉をもつものなど、いろいろなものがあるので、「軟葉系」、「硬葉系」、「万象」、「玉扇」の4つに分けて掲載します。
　「軟葉系」はオブツーサなどの透明な窓をもった種類が代表で、近年は、その中の優形種同士の交配により、多くの交配種が作出されています。日本で作られた品種もあり、とてもみごとなできばえです。

　生長期は春と秋です。夏は暑さに注意し、50％以上の遮光下で、通風もできる限り考慮した栽培が望まれます。冬は凍らせないように管理します。室内にとり込み、できれば生育場所が5度を下回らないようにしましょう。春と秋の生長期は、鉢土をあまり乾かさない程度の水やりをします。
　長年育てると茎がワサビのようになり、若い根が出にくくなるので、カットして再生して若返らせましょう。

オブツーサ
Haworthia obtusa

頂部に光をとり込むための透明な窓をもった短い葉がびっしりと詰まった、小型の人気種です。小型の交配親によく使われます。写真の株は幅5cmほどです。

ドドソン紫オブツーサ
Haworthia obtusa 'Dodson Murasaki'

オブツーサの品種で、葉が紫色を帯びてさらに美しさを増しています。窓も大きくきれいです。年間をとおして、明るい半日陰で管理します。

ブラックオブツーサ（斑入り）
Haworthia obtusa f. *variegata*

オブツーサの葉が黒みを帯びるタイプをブラックオブツーサと呼んでいます。本種はその斑入り品種。窓も大きく黄色の斑も美しい、たいへん珍しい品種です。

水晶 すいしょう
Haworthia obtusa 'Suishiyou'

オブツーサの一型で、白くて大きな葉先が水晶のように美しい株です。

特達磨 とくだるま
H.(arachnoidea var.*setata* f.*variegata*×*obtusa)*

斑入りのアラクノイデア・セタータとオブツーサの交配種で、美しい斑入りの葉が魅力です。葉の丸い達磨タイプの中でも特に葉が丸いので「特達磨」と呼ばれます。

エンペラー
Haworthia cooperi var. *maxima*

「エンペラー（皇帝）」という名前のとおり、大型で存在感抜群の品種です。普通のクーペリーの2倍近くあり、窓も大きく迫力があります。

▶ ハオルシア

シンビフォルミス
Haworthia cymbiformis

三角葉がロゼット状に展開する品種で、葉の先端にはうっすらと透明の窓があります。ハオルシアの中でも栽培は容易で、子吹きも多く群生しやすい種類です。

シンビフォルミス（斑入り）
Haworthia cymbiformis f.variegata

シンビフォルミスの黄斑種で、群生するとみごとになります。写真の株は幅7cmほど。

シンビフォルミス・ローズ
Haworthia cymbiformis 'Rose'

シンビフォルミスよりも大型で、バラの花のような姿が美しい品種です。普通のシンビフォルミスよりも大型で、写真の株は幅15cmほどです。

クーペリー・ディエルジアナ
Haworthia cooperi var.*dielsiana*

オブツーサによく似ていますが、やや細長い形状の葉をもつ大型の種類です。栽培方法も同じで、室内でも状態よく育てることができます。

クーペリー・ピリフェラ（斑入り）
Haworthia cooperi var. *pilifera* f.*variegata*

クーペリーの白斑入りの名品で、群生株になるとすばらしいものです。育て方などはオブツーサと同じで、夏の暑さに少し弱いので注意します。

オラソニー（特大）
Haworthia ollasonii

透明度の高い葉で人気の原種です。大きさはふつう幅10㎝ほどですが、写真の株は特に大きくなるタイプで、生育もよく、幅20㎝ほどになっています。

パラドクサ
Haworthia paradoxa

状態よく育てると葉が放射状に整然と並び、丸みのある窓が輝きます。コンパクトな優良品で、写真の株は幅7㎝ほど。栽培は日当たりがポイントになります。

スプリングボクブラケンシス
Haworthia springbokvlakensis

扁平で大きな窓の模様がハッキリ見える、背の低い「万象」のような優良品です。交配親によく使われます。

▶ハオルシア

トランシエンス
Haworthia transiens

明るく透明度の高い葉をたくさんつける小型のハオルシア。ロゼット径は4〜5cm程度。栽培は容易で子株もよくふえます。

氷砂糖 こおりざとう
Haworthia retusa var.*turgida* f.*variegata*

真っ白の斑が入る小型の人気種。丈夫でよく子株を出して群生します。光にかざして観賞するとその美しさが際立ちます。普及種ですが美しい優良品です。

ロックウッディー
Haworthia lockwoodii

周年、葉先が枯れ込んでいる姿はユニークです。写真の株は休眠中で薄茶色ですが、生育期にはグリーンになって美しくなります。

小人の座 こびとのざ
Haworthia angustifolia 'Liliputana'

細長い葉が展開する小型のハオルシア。子株がふえやすく、群生した姿はみごとです。2年に一度は植えかえを。株分けで簡単にふやせます。

アラクノイディア
Haworthia arachnoidea var.*arachnoidea*

レース系ハオルシアの代表的な姿で、葉にはこまかな毛が生えていて繊細な印象を与えます。夏の蒸れに敏感で、葉先が枯れ込まないように育てたいものです。

アラクノイディア・アラネア
Haworthia arachnoidea var.*aranea*

アラクノイディアの変種です。レース系のハオルシアは、写真のように、葉先が枯れ込まないように育てるのが理想です。

曲水の宴 きょくすいのうたげ
Haworthia bolusii var.*bolusii*

古くからよく普及している美しい品種です。レース系のハオルシアの中では育てやすい品種です。

クーペリー・クミンギー
Haworthia cooperi 'Cummingii'

ボルシーに似たレース系の品種です。葉先の枯れ込みを防ぐにはよい根を出させることが重要で、適度の遮光と水やり、湿度が必要です。

PART 1 ツルボラン科（ユリ科）

▶ハオルシア

デシピエンス
Haworthia decipiens var.*decipiens*

こまかいレース状の毛が美しい品種。いくつかの顔があるようです。

アラクノイディア・ギガス
Haworthia arachnoidea var.*gigas*

レース系ではいちばん豪快な草姿で、白いトゲのような毛が青い葉にさえる人気種です。

クーペリー・ゴードニアナ
Haworthia cooperi var.*gordoniana*

レース系は似たものが多く存在し、同定が困難な場合が多いようです。

姫絵巻 ひめえまき
Haworthia cooperi var.*tenera*

レース系では最小の小型種で、ひとつのロゼットは径3㎝ほど。半透明の葉の縁にはたくさんのやわらかい毛が生えています。生長は速く、よく群生します。

セミビバ
Haworthia semiviva

美しいレース系のハオルシア。白いレース状の毛が多く、肌が見えないほどです。

クーペリー・ベヌスタ
Haworthia cooperi var.*venusta*

白い短毛を全身にまとった美しいハオルシア。比較的新しい優良品です。幅は5㎝ほどで、乾燥ぎみに作ると形がよくなります。

エメリアエ・マジョール
Haworthia emelyae var.*major*

葉全体に小さなトゲが密生している、特異なハオルシアです。日陰で育てるとグリーンになりますが、日が強いと紫褐色になります。

新雪絵巻　しんゆきえまき
Haworthia 'Shin-yukiemaki'

「白雪姫」×ベヌスタの実生で、葉全体にやわらかな白い毛が密生する美しい品種です。株元から出る子株を分けてふやせます。写真の株は幅7㎝ほどです。

PART 1　ツルボラン科（ユリ科）

▶ハオルシア

未命名
Haworthia (major×venusta)

マジョール×ベヌスタの実生で、「新雪絵巻」同様に、美しい白い毛が密生する交配種です。毛はやや少なく、窓の模様も見ることができます。写真の株は幅10cmほどです。

ミラーボール
Haworthia'Mirrorball'

ドドソン系の紫オブツーサの交配種で、多肉質の葉の稜に小さな毛がたくさん生えています。小さな窓がたくさんある姿はミラーボールを連想させます。

西島コンプト にしじま
Haworthia emelyae var. comptoniana

エメリアエの変種のコンプトニアーナで、葉の丸い達磨タイプの美しい株です。神奈川県の西島氏の棚から出たもので、「西島ダルマコンプト」とも呼ばれています。

エメリア・コンプトニアーナ（斑入り）
Haworthia emelyae var. comptoniana f.variegata

コンプトニアーナはムチカによく似た軟葉系の大型種。本種はその斑入り品種。葉に黄色や白の縞模様が入って美しい。秋から春まではよく日に当てて育てます。

▌実方レンズコンプトスペシャル　みかた
Haworthia emelyae var.*comptoniana* 'Mikata-lens special'

網目の柄がすばらしい株。窓の透明度が高いものをレンズコンプト、ガラスコンプトなどと呼びますが、本種もそのひとつ。実方氏作出の品種です。

▌白鯨　はくげい
Haworthia emelyae var. *comptoniana* 'Hakugei'

大型のコンプトニアーナで、網目が太い、全体に白く見えるところから名づけられました。よく締まった美しい形の株です。

▌エメリア・ピクタ
Haworthia emelyae 'Picta'

葉の表面がザラザラしたハオルシアで、上部の窓には複雑な白点模様が入ります。この株は白点が散った、ピクタの基本的な模様のタイプです。

▌銀河系　ぎんがけい
Haworthia emelyae 'Picta'

ピクタの優良個体で、白点が大きくなってつながったものです。全体が白く輝くようなところから、「銀河系」と名づけられました。

PART 1　ツルボラン科（ユリ科）

▶ハオルシア

エメリアエ・ピクタ（斑入り）
Haworthia emelyae'Picta'f.*variegata*

ピクタに黄色の斑が入った、とても美しい品種です。黄色の部分には葉緑素がないので、栽培には注意が必要です。

白王 はくおう
Haworthia pygmaea'Hakuou'

ピグマエアは小型のハオルシア。葉のつるつるしたものや、ざらざらしたものなどいろいろなタイプがありますが、本種はざら肌に白い筋の入った優良品。

ピグマエア（斑入り）
Haworthia pygmaea f.*variegata*

黄色の斑が入った美しいピグマエアの斑入り種。こちらは葉がつるつるしたタイプです。

レツーサ
Haworthia retusa

レツーサの基本型で、大型に育ちます。薄い緑色の三角形の葉が展開し、頂部は窓になっています。晩春に花茎を伸ばして小さな白色の花を咲かせます。

レツーサ・キング
Haworthia retusa 'King'

特に大型のみごとなレツーサで、鮮明な斑が入った美種です。関上氏が実生で作出したものです。

ピグマエア・スプレンデンス
Haworthia pygmaea var.*splendens*

スプレンデンスの中でも特に美しいタイプ。窓に入るストライプの部分には光沢があり、日やけのぐあいによって金色や赤銅色に輝きます。

ピグマエア・スプレンデンス
Haworthia pygmaea var.*splendens*

スプレンデンスにはいろいろなタイプがありますが、これは窓の部分に白い霜が降りたような葉が特徴の美しい個体です。葉の形も端正です。

竜鱗 りゅうりん
Haworthia venosa ssp. *tessellata*

テッセラータにはいろいろなタイプがありますが、これは標準型。葉の表面がすべて窓になっているユニークな形で、鱗のように入った模様が個性的です。

▶ハオルシア

▍**未命名**
Haworthia (pygmaea×springbokvlakensis)

スプリングボクブラケンシスの交配種です。扁平に育つ株ができる、人気の品種です。

▍**ベイエリー・ジュピター**
Haworthia bayeri 'Jupiter'

窓の部分の網目模様の柄が特徴の、すばらしい株です。葉の形も丸みを帯びていてすてきです。

▍**シルバームチカ**
Haworthia mutica 'Silvania'

肉厚の三角形の葉がロゼット状に重なるハオルシア。窓の部分が美しい銀色に輝きます。日本で作られた美種ですが、交配なのか突然変異なのかは不明です。

▍**スーパー銀河** すーぱーぎんが
Haworthia emelyae 'Picta Super Ginga'

「銀河系」によく似た美しい品種で、白い斑点が夜空に星をちりばめたようにきれいです。

ラビアンローズ（斑入り）
Haworthia 'Lavieenrose' f. *variegata*

窓の部分にこまかい毛が密生するラビアンローズ（毛蟹×ピグマエア）に、鮮やかな黄色の斑が入る美しい品種です。写真の株は幅8cmほどです。

墨染 すみぞめ
Haworthia 'Sumizome'

ざら肌の葉に黒褐色の模様が入り、透明な窓が並ぶ美しい交配種です。葉は先がとがらないずんぐりした形、大型で幅20cmほどになります。写真の株は幅12cmほどです。

酒呑童子 しゅてんどうじ
Haworthia 'Syuten Douji'

葉先の半透明の窓の色と模様が美しい交配種です。春と秋に花茎を伸ばして白い花を咲かせます。写真の株は幅10.5cmほどです。真夏は水やりを控えましょう。

静鼓錦 せいこにしき
Haworthia 'Seiko Nishiki'

この組み合わせでできた交配の斑入りは外国でもあり、いずれもきれいな群生株を形成します。

ハオルシア（硬葉系）
Haworthia

DATA

科　　名	ツルボラン科（ユリ科）
原産地	南アフリカ
生育型	春秋型
水やり	春秋は週1回、夏は2週に1回、冬は月1回
根の太さ	太根タイプ
難易度	★☆☆☆☆

　ハオルシアの中でもかたい葉をもつものを「硬葉系」のハオルシアと呼んでいます。草姿はアロエやアガベなどに似ていて、先のとがった三角形の葉が放射状につきます。葉に透明な窓はありません。

　「冬の星座」や「十二の巻」などが代表種で、葉に白い点が多くつき、白点の形や大きさがさまざまな品種が栽培されています。日本でも、小型で完成株になり、姿も美しい、世界に誇るすばらしい交配種がいくつも誕生しています。

　栽培の仕方は軟葉系の種類とそれほど差はありません。直射日光を遮ったやわらかい光線の中で栽培しましょう。春先（2～3月）に日ざしが強いと、葉先から枯れ込んでくることがあるので注意しましょう。しかし、概して丈夫な品種が多く、一部の栽培困難種を除けば、育てるのはそれほど難しくありません。

　夏の高温と強い日ざしには弱いので、風通しのよい半日陰で管理します。冬は屋内にとり込み、0度以下の低温を避けます。

霜降り十二の巻　しもふりじゅうにのまき
Haworthia attenuata 'Simofuri'

「十二の巻」にはいろいろなタイプがありますが、この株は白いバンドが特に太く、すばらしいものです。スーパーゼブラと呼ばれることもあります。

コアルクタータ・バッカータ
Haworthia coarctata 'Baccata'

「冬の星座」に似ていますが、葉幅が広く、葉が重なって塔状に生長していきます。葉やけしないように、直射日光は避けます。

瑠璃殿白斑 るりでんしろふ
Haworthia limifolia f.variegata

人気のある原種の「瑠璃殿」に白い斑の入った品種です。白斑はとても珍しく、あまり普及していません。

瑠璃殿錦 るりでんにしき
Haworthia limifolia f.variegata

こちらは「瑠璃殿」に黄色の斑の入った美しい品種。黄色の斑入りは白斑入りよりは普及しています。

瑞鶴 ずいかく
Haworthia marginata

「瑞鶴」にはいろいろなタイプがありますが、写真の株は「白折鶴」と呼ばれるものです。葉の縁に白い斑が入り、さわやかな印象を与えます。

マキシマ・ミニドーナツ
Haworthia maxima (pumila) 'Mini Donuts'

マキシマ、プミラ、両方の呼び名があります。写真の株は極小型の扁平なタイプで、かわいらしくて人気があります。

PART 1 ツルボラン科（ユリ科）

▶ ハオルシア

▎ドーナツ冬の星座 ふゆのせいざ
▎*Haworthia maxima (pumila) 'Donuts'*

葉の白点がドーナツのような輪になる美しい交配種で、わりとよく普及している人気の品種です。

▎ドーナツ冬の星座錦 ふゆのせいざにしき
▎*Haworthia maxima (pumila) 'Donuts' f.variegata*

「ドーナツ冬の星座」は、白い斑点がドーナツ状になる美しい交配種で、本種は黄色の斑が入ります。育て方は「スバル」と同じです。

▎天使の泪 てんしのなみだ
▎*Haworthia 'Tenshi-no-Namida'*

葉に入っている白い模様を「天使の泪」にたとえて名づけられました。マルギナータ（*Haworthia marginata*）の交配種です。

▎ニグラ・ディバーシフォリア
▎*Haworthia nigra* var.*diversifolia*

ニグラの中でも最小で、ゴツゴツとした黒みを帯びた葉が魅力的です。やや強めの光に当てて育てると葉色に深みが増します。生長は遅く、群生します。

冬の星座 ふゆのせいざ
Haworthia minima

濃緑色の太い葉に白い斑が散る品種です。丈夫で作りやすい強健種です。

プミラ (斑入り)
Haworthia maxima (pumila) f.variegata

小型の原種プミラの斑入り品種です。黄色の斑が美しく、人気があります。

レインワーディ・カフィルドリフテンシス
Haworthia reinwardtii 'Kaffirdriftensis'

背が高く伸びる品種で、株元から子株をたくさん出して群生します。写真の株は高さ20cmほど。育てやすい強健種です。

錦帯橋 きんたいきょう
Haworthia (venosa × koelmaniorum) 'Kintaikyou'

ベノーサ×コールマニオルムで、日本で作出された優形ハイブリッドのひとつです。写真の株は特にすばらしい個体です。

PART 1 ツルボラン科（ユリ科）

万象
Haworthia maughanii

DATA

科　　名	ツルボラン科 (ユリ科)
原 産 地	南アフリカ
生育型	春秋型
水 や り	春秋は週1回、夏は2週に1回、冬は月1回
根の太さ	太根タイプ
難 易 度	★☆☆☆☆

多肉の世界では「まんぞう」と読みますが、「ばんしょう」が正しい読み方。「天地、宇宙に存在するさまざまな形」という意味です。刃物で切断したような葉先には、半透明の窓があり、ここから光をとり込みます。窓部分には白い模様が入り、個体差も豊富です。多くの模様違いがある、日本人好みのグループです。

マウガニー・シンデレラ
Haworthia maughanii 'Cinderella'

有名な品種で、この株はまだ若いので本来のすばらしさを発揮していませんが、年数を重ねると窓の白線が濃くなり、たいへん美しくなります。希少品です。

マウガニー・トリコロール
Haworthia maughanii 'Tricolore'

窓の色合いがとてもユニークで、マニアの間でもたいへん人気の高い品種です。高価なブランド品のひとつです。

白楽 はくらく
Haworthia maughanii 'Hakuraku'

ほかでは見られない白い窓が魅力です。神奈川県の関上氏が大型の「万象」を親に採種、実生したもので、白さを楽しむという意味で「白楽」と名づけられました。

玉扇
Haworthia truncata

DATA

科　　名	ツルボラン科（ユリ科）
原 産 地	南アフリカ
生 育 型	春秋型
水 や り	春秋は週1回、夏は2週に1回、冬は月1回
根の太さ	太根タイプ
難 易 度	★☆☆☆☆

　「万象」と同じで、頭をカットしたような分厚い葉が1列に並び、真横から見ると扇形に生育します。葉の先端にはレンズ状の窓があり、窓の模様が多彩です。栽培は楽で、ゴボウ根を伸ばすので深鉢で育てます。株元から子株が発生します。一般には「ぎょくせん」と読みますが、命名者は「たまおうぎ」と読んでいました。

ツルンカータ・クレオパトラ
Haworthia truncata 'Cleopatra'

葉の窓の部分に入る筋が鮮明な、美しいタイプです。葉色や全体の形もよい優良品です。

ツルンカータ・ブリザード（斑入り）
Haworthia truncata 'Blizzard' f. *variegata*

黄色の斑が入った、珍しいタイプの「玉扇」です。斑の色や入り方、草姿とも申し分のない絶品です。

未命名
Haworthia truncata cv.

窓の部分が白い、珍しいタイプの「玉扇」です。交配実生の中から生まれました。

アガベ
Agave

DATA

科　　名	キジカクシ科（ユリ科）
原 産 地	アメリカ南部、中米
生 育 型	夏型
水 や り	春～秋は2週に1回、冬は月1回
根の太さ	太根タイプ
難 易 度	★☆☆☆☆

　メキシコを中心に、アメリカ南部から中米にかけて100種類以上が知られている多肉植物で、葉の先端にトゲがあり、品種ごとに特徴的なフォルムと斑模様が楽しめます。生長期は春～秋の夏型です。日当たりのよい場所で乾燥ぎみに育てます。

　テキーラの原料にもなる大型の種類は、「センチュリーフラワー」とも呼ばれ、100年に一度開花するといわれていますが、多くは実生して30年ほどで開花するようです。新発見種のアルボピロサなどを除けば、強健で暑さ寒さにも強く、栽培は容易ですが、最終のサイズを考えないと置き場に困るようになります。

　日本では「雷神」や「笹の雪」などのような小型のものが好まれます。マクロアサンサ、「雷神」系、ホリダ系、アテヌアータなどは寒さに弱いので冬は室内で管理します。「吹上」、「青の竜舌蘭」、「吉祥天」、「笹の雪」系、プミラなどは比較的寒さに強く、関東地方なら屋外で越冬します。

アルボピローサ
Agave albopilosa

2007年に発見された今世紀最大の新発見種です。断崖絶壁に生育しているため、発見が遅くなりました。葉の先の毛が特徴です。生育はきわめてごく遅いようです。
写真提供：Köhres-kakteen

アテニュアータ（斑入り）
Agave attenuata f.variegata

人気の美しいアガベの斑入り種です。写真の株は黄色の覆輪斑ですが、白斑の品種もあります。背が高く育ちます。「翡翠盤」という和名もあります。

ボビコルヌータ
Agave bovicornuta

中型のアガベで、葉の縁に並ぶ赤く鋭いトゲと葉色のコントラストが美しい、個性的な姿が人気です。まだ数の少ない、珍しい種類です。

ブラクテオーサ（綴化）
Agave bracteosa f.cristata

トゲのない細葉の小型種で、白い斑の入るものもあります。葉が折れやすいので注意しましょう。写真の株は生長点が変化した綴化（せっか）種です。

白糸の王妃錦 しらいとのおうひにしき
Agave filifera f.variegata

きれいな中斑入りの小型のアガベです。コンパクトに育つアガベの斑入り種は、人気があります。

ジプソフィラ（斑入り）
Agave gypsophila f.variegata

葉がうねるユニークな草姿の中型種です。写真の株は黄色の覆輪が入る、希少な個体です。

PART 1 キジカクシ科（ユリ科）

▶アガベ

イツスメンシス（斑入り）
Agave isthmensis f.variegata

「雷神（*Agave potatorum*）」より少し小型のアガベです。写真は黄色の縞斑入りの、すばらしい株です。

王妃雷神 おうひらいじん
Agave potatorum 'Ouhi Raijin'

日本で選抜された超小型の人気種です。生長しても径15cmほどにしかなりません。幅広の葉が特徴です。寒さに敏感なので、冬の管理には注意します。

王妃雷神錦 おうひらいじんにしき
Agave potatorum 'Ouhi Raijin' *f.variegata*

美しい黄色の中斑が入った美しい「王妃雷神」で、少しやわらかいライトグリーンの葉が特徴です。葉やけを防ぐために夏は遮光しましょう。

王妃甲蟹（覆輪） おうひかぶとがに（ふくりん）
Agave isthmensis f.variegata

「王妃雷神」系の突然変異種で、葉の縁にあるトゲが数個つながっているのが特徴です。小型で人気の高い品種です。

PART 1 キジカクシ科（ユリ科）

王妃甲蟹錦 おうひかぶとがにしき
Agave isthmensis f.variegata

「王妃甲蟹」に黄色の覆輪斑が入った品種です。やはり斑が入るとトゲが落ちますが、写真の株はすばらしい個体です。

五色万代 ごしきまんだい
Agave lophantha f.variegata

白や黄色の美しい縞斑が入る中型のアガベで、早くに普及した人気の高い品種です。やや寒さに弱いので、冬の管理には注意が必要です。

姫乱れ雪錦 ひめみだれゆきにしき
Agave parviflora f.variegated

「姫乱れ雪」の黄中斑種で、コンパクトできれいな優良品です。葉に入る白いライン状のトゲと、このトゲが生長とともに変化していく様子が楽しめます。

雷神錦(シゲタスペシャル) らいじんにしき
Agave potatorum f.variegata 'Sigeta Special'

幅30cmほどになる中型のアガベ「雷神」に、黄覆輪が入った美しい品種です。トゲも大きくすばらしいタイプです。

43

▶アガベ

吉祥冠錦 きっしょうかんにしき
Agave potatorum 'Kisshoukan' f. *variegata*

幅広の葉と赤いトゲが美しい「吉祥冠」にはいろいろの斑入り品種がありますが、これは白中斑の珍品です。

吉祥冠錦 きっしょうかんにしき
Agave potatorum 'Kisshoukan' f. *variegata*

こちらは黄中斑の「吉祥冠」。いずれも小型で、生長には時間がかかります。冬の寒さにやや弱いので注意しましょう。

ポタトルム・ベッキー
Agave potatorum 'Becky'

ポタトルムの小型種「姫雷神」の斑入りが、「ベッキー」と呼ばれています。美しい白中斑でコンパクトに育つ人気の品種です。

プミラ
Agave pumila

三角形の葉がユニークな小型のアロエです。比較的寒さに強く、関東以西では冬でも屋外栽培ができます。写真の株は幅15cmほどです。

吹上 ふきあげ
Agave stricta

細い葉が放射状に広がり、生長するとハリネズミのような雰囲気になります。いろいろなタイプがありますが、小型のものが人気です。

チタノータ・ナンバーワン
Agave titanota 'No.1'

葉の縁のトゲがアガベの中では最も強く、豪壮なイメージです。寒さに弱く、関東でも冬の屋外栽培は無理です。写真の株は幅20cmほどです。

姫笹の雪 ひめささのゆき
Agave victoriae-reginae 'Compacta'

小型の優形種です。生長はきわめて遅く写真の株(幅15cmほど)になるには5年はかかります。関東以西では、冬でも屋外栽培が可能です。

氷山 ひょうざん
Agave victoriae-reginae f.*variegata*

「笹の雪」に白覆輪が入る珍品で、白い斑や模様が氷山を思わせます。育て方などは「笹の雪」と同じです。

PART 1 キジカクシ科(ユリ科)

サンセベリア
Sansevieria

DATA
科　名	キジカクシ科（ユリ科）
原産地	アフリカ
生育型	夏型
水やり	春から秋は週1回、冬は月1回
根の太さ	太根タイプ
難易度	★☆☆☆☆

　アフリカなどの乾燥地帯が原産地です。大型の種類が観葉植物としてよく知られている属ですが、小型の優形種が多肉植物ファンにも栽培されています。寒さに弱いので冬は室内で保護する必要がありますが、春から秋までは屋外で元気に育ちます。過湿や乾燥にも強く、丈夫で育てやすい仲間です。

ニロチカ
Sansevieria nilotica

ごく小型のサンセベリアで、葉先は棒状になります。ランナーを出してその先に子株を作り、横に広がるので、ふやすのも容易です。

アルボレスケンス・ラバノス（斑入り）
Sansevieria arborescens 'Lavanos' f. *variegata*

ラバノスはソマリア原産の小型のサンセベリアで、葉の縁が赤く染まります。本種はそれに黄色の縞斑が入る、とてもきれいな品種です。

エーレンベルギー・バナナ
Sansevieria ehrenbergii 'Banana'

矮性のエレンベルギーの品種で、葉幅が広く、肉厚のタイプです。写真の株は葉の長さが10cmほどですが、生長すると20cm以上になります。

ボウイエア
Bowiea

DATA
科　　名	キジカクシ科（ユリ科）
原 産 地	南アフリカ
生 育 型	夏型、冬型
水 や り	春秋は週1回、夏冬は月1回
根の太さ	太根タイプ
難 易 度	★★☆☆☆

　南アフリカに5〜6種が知られている小さな属です。茎がまるでタマネギのような形になる「コーデックス（塊茎植物）」のひとつです。生長期には茎（鱗茎）の先からつるを伸ばして、細長い葉をたくさんつけ、白い小花を咲かせます。栽培は比較的容易です。種類によって夏型種と冬型種があるので注意しましょう。

蒼角殿　そうかくでん
Bowiea volubilis

生長期は冬で、地際の球は径5〜6cmになります。花は自家受粉してタネをつけます。近縁種に、地際の球が径20cmにもなる「大蒼角殿」があります。

キアノチス
Cyanotis

DATA
科　　名	ツユクサ科
原 産 地	アフリカ、南アジア、オーストラリア北部
生 育 型	夏型
水 や り	春秋は週1回、夏は週2回、冬は2週に1回
根の太さ	細根タイプ
難 易 度	★★☆☆☆

　アフリカ、南アジア、オーストラリア北部に50種ほどが知られています。小型でやや多肉質のため、しばしば多肉植物の温室で見かけます。育て方は同じツユクサ科のトラデスカンチアなどとほぼ同じで、遮光を強めにして葉色をみずみずしく保ちましょう。暑さ寒さに強い丈夫な植物です。

銀毛冠錦　ぎんもうかんにしき
Cyanotis somaliensis f.variegata

ツユクサの仲間で、葉にはこまかい毛がたくさん生え、きれいな斑が入っています。小型で作りやすい種類で、ほかの多肉植物より多めの水やりで育てます。

チランジア
Tillandsia

DATA

科　　名	パイナップル科
原 産 地	アメリカ南部、中南米
生 育 型	夏型
水 や り	春から秋は週1回、冬は月2回
根の太さ	細根タイプ
難 易 度	★★★☆☆

　アメリカ南部から中南米にかけて700種以上が知られているパイナップル科の植物です。多くの種類が木や岩などに着生している着生植物で、ときには電線などに着生して育っています。森林や山地、砂漠など、自生地の環境はさまざまで、種類によって耐乾性は異なります。一般的に、葉の薄いものは雨の多い地域、葉の厚い種類は乾燥したところが原産と考えてよいでしょう。生長が遅いので、出回っている株はほとんどが輸入に頼っています。

　土がなくても育つところから、一般には「エアープランツ」の名で売られています。そのためか、「ときどき水をスプレーしていれば育つ」という間違った栽培法が広まったため、多くの人が満足に育てられず、あまり普及していません。思いのほか乾燥には弱いので、1週間に1回は30分ほど水につけて十分に吸水させます。停滞水はよくないので、よく水をきっておきましょう。置き場所は明るい半日陰が適しています。風通しがよいことも大切です。

アルバーティアナ
Tillandsia albertiana

アルゼンチン原産の小型種で、比較的群生株になりやすく、深紅の美花を咲かせます。水分を多めにすると調子がよく、株を素焼き鉢に入れておくと保湿になります。

アンドレアナ
Tillandsia andreana

コロンビア原産の細葉種で、針状の葉がイガのようにつきます。葉の赤い系統もあります。花に特徴があり、赤い大輪花を咲かせます。花後に数個の子株をつけます。

バンデンシス
Tillandsia bandensis

ボリビアからパラグアイにかけて分布し、群生します。花は毎年よく咲き、薄紫色で香りもあります。乾燥に弱いので水は多めに与えますが、停滞水は避けましょう。

ブッチー
Tillandsia butzii

全草に黒紫色の地模様があり、葉がうねる、特に奇抜な姿です。乾燥に弱く栽培下では水分を多めに与えます。葉の溝が閉じていたら、水不足の合図です。

カエルレア
Tillandsia caerulea

カエルレア（青い）の名のとおり、青い花が咲きます。花が咲きにくい系統もあるので、購入時には花つきの個体を選びましょう。ぶら下げて育てると管理が楽です。

カピラリス
Tillandsia capillaris

チリ、ペルー、エクアドル等の広い地域に分布し、いろいろなタイプがあります。写真の株は茎の長く伸びるタイプですが、ほとんど茎立ちしないものもあります。

PART 1 パイナップル科

▶チランジア

フックシー
Tillandsia fuchsii f. *fuchsii*

いくつかのタイプが知られるフックシーの中でも葉が短く小さな、かわいらしいタイプです。生育サイクルが短く、ほぼ1年で成熟・開花し、子株をつけます。

ホウストン・コットンキャンディー
Tillandsia houston 'Cotton Candy'

ホームセンターでもよく見かける強健な交配種です。トリコーム（白粉）の濃いやわらかな葉はまさにコットン。ピンクのふくよかな花を咲かせます。

イオナンタ（斑入り）
Tillandsia ionantha f. *variegata*

最もよく見られるチランジアの代表種。産地によって形や色が異なり、イオナンタだけをコレクションしている人もいます。この株は斑入りの美個体です。

イオナンタ・フェーゴ
Tillandsia ionantha 'Fuego'

イオナンタの中でも特に発色がよく「フェーゴ（火）」と名づけられた有名個体です。基本種は開花期に葉が赤く色づきますが、この個体は通年赤色できれいです。

PART1 パイナップル科

プセウドバイレイ
Tillandsia pseudobaileyi

プセウド＝偽のバイレイといわれる種で、バイレイよりもはるかに大型になります。葉は革質でかたくブッツィー同様、水分を多めに与えます。以前は安価に出回っていましたが、最近はあまり見かけなくなりました。肥培すると30cm近くまで大きくなります。

ウェルチナ
Tillandsia velutina

売られているのは小さな株が多いのですが、じっくり育てた成株はトリコームの白さと葉の緑色、赤色のコントラストが美しい。性質はかなり強健です。

ベルニコーサ・パープルジャイアント
Tillandsia vernicosa 'Purple Giant'

アルゼンチン、ボリビア、パラグアイに自生し、多くのタイプがあります。写真は個体名のついたもので基本種より大型で、よく日に当てると紫色をおび美しい。花はオレンジ色。

キセログラフィカ
Tillandsia xerographica

市販されているチランジアの中では王様的存在で、雄大な姿はとても人気があり、大きなものでは60cmを超えます。生長は比較的早いのですが、開花までには数年を要します。

51

ディッキア
Dyckia

DATA

科　名	パイナップル科
原産地	ブラジルなど
生育型	夏型
水やり	春～秋は週1回、冬は月1回
根の太さ	太根タイプ
難易度	★★★☆☆

　南米の山岳地帯の乾燥した岩場などに自生するパイナップル科の植物で、ブラジルを中心に、アルゼンチンやパラグアイ、ウルグアイなどに100種類以上が知られています。かたくて大きな葉をロゼット状に広げ、葉には大きな鋸歯があります。シャープなフォルムと造形的な鋭いトゲが魅力で、交配などによる園芸品種もたくさん作られています。

　暑さには非常に強く、日本の猛暑でも平気です。夏もよく日に当ててがっしりとした株に育てましょう。日照不足に注意しましょう。

　比較的耐寒性もあり、水をきって乾燥ぎみに管理すれば、0度くらいまでなら耐えますが、冬は室内にとり込んだほうが安全です。日当たりのよい窓辺などで管理します。

　春から夏にかけて長い花茎を伸ばし、黄色、オレンジ、赤などの花を多数咲かせます。ほかのパイナップル科の植物は、花が咲くとその株は枯れるものが多いのですが、ディッキアは枯れません。

縞剣山 しまけんざん
Dyckia brevifolia

古くから知られている有名種です。自生地は水をかぶるようなところで、水を好み、乾かすと下葉が枯れ込んでしまうので注意します。

ブレビフォリア・イエローグロー
Dyckia brevifolia 'Yellow Grow'

「縞剣山」の斑入り品種で、中心が美しい黄色に染まります。「縞剣山」と同様に、水は乾いたら与え、乾燥させないようにします。

ダウソニー
Dyckia dawsonii

わりと普通に見られる種で、数タイプがあります。写真は濃色同士の交配で生まれたもので、乾燥ぎみに育てると赤みが増し、水分が多いと黒っぽくなります。

プラティフィラ
Dyckia platyphylla

野生種とされていますが、多くのタイプが同名で出回っています。実生するとさまざまなものが生まれるので、自然交雑種か交配種かと思われます。

マルニエルラポストレー・エステベッシー
Dyckia marnierlapostollei var.*estevesii*

白粉で覆われた葉が美しい人気種です。写真は鋸歯が長く鱗片が多い変種。年間をとおして日当たりのよい場所で管理します。真夏の強光でも葉やけしません。

バールマルクシー
Dyckia burle-marxii

赤みの強い葉と、葉の縁の大きなトゲが美しい野生種です。優秀な野生種ですが、交配親にはあまり使われていないようです。

▶ ディッキア

レプトスタキア
Dyckia leptostachya

茎の基部がコーデックスのように肥大する珍しい種類で、匍匐枝が地中に入って子株ができます。写真の株はボリビアフォームの赤みが強い選抜品。

未命名
Dyckia(goehringii×'Arizona')

最近タイで交配され、輸入されているもので、まだ名前はついていません。葉の短いゴリンギーのような、美しい品種です。

ブロメリア
Bromelia

DATA

科　　名	パイナップル科
原産地	中南米
生育型	夏型
水やり	春〜秋は週1回、冬は月1回
根の太さ	太根タイプ
難易度	★★★☆☆

中南米を中心に多くの種が知られている属です。日本ではあまり出回っておらず、ごくたまに、写真のブロメリア・バランサエの斑入り個体を見かけるくらいです。一般的には大きくなりすぎるのと、葉の縁にある強いトゲが危険なため、栽培する方も少ないようです。寒さに強く、無霜地帯では地植えもできます。

バランサエ（斑入り）
Bromelia balansae f.variegata

ブロメリア属の基本種であるバランサエの斑入り品種。大型で、黄色の斑と赤いトゲの対比がきれいです。トゲがとても鋭く危険なので注意しましょう。

クリプタンサス
Cryptanthus

デウテロコーニア
Deuterocohnia

プヤ
Puya

いずれも南アメリカ原産のパイナップル科の植物です。クリプタンサスは多くは森林内に自生し、カラフルな葉が魅力で観葉植物としても利用されます。栽培は容易です。デウテロコーニアは小型の高山性の属で、暑さが苦手です。プヤは比較的大型で、鋭いトゲがあるので、けがをしないように注意しましょう。

クリプタンサス・ワラシー
Cryptanthus warasii

クリプタンサスは薄い葉で観葉植物とされるものが多いのですが、本種は白い鱗片（トリコーム）のついたかたい葉が美しく、多肉ファンにも人気があります。

デウテロコーニア・クロランサ
Deuterocohnia chlorantha

それぞれのロゼットは幅1.5cm程度と小型ですが、密生した群生株になります。埼玉県加須市の浜崎氏は１mを超す株を栽培しています。旧アブロメテイラ属です。

プヤ・コリーマ
Puya sp. *Colima Mex.*

プヤはチリやアルゼンチン原産のものが多いのですが、本種はメキシコのコリーマ原産の特異な種類。白みがかった葉がきれいです。

PART 1 パイナップル科

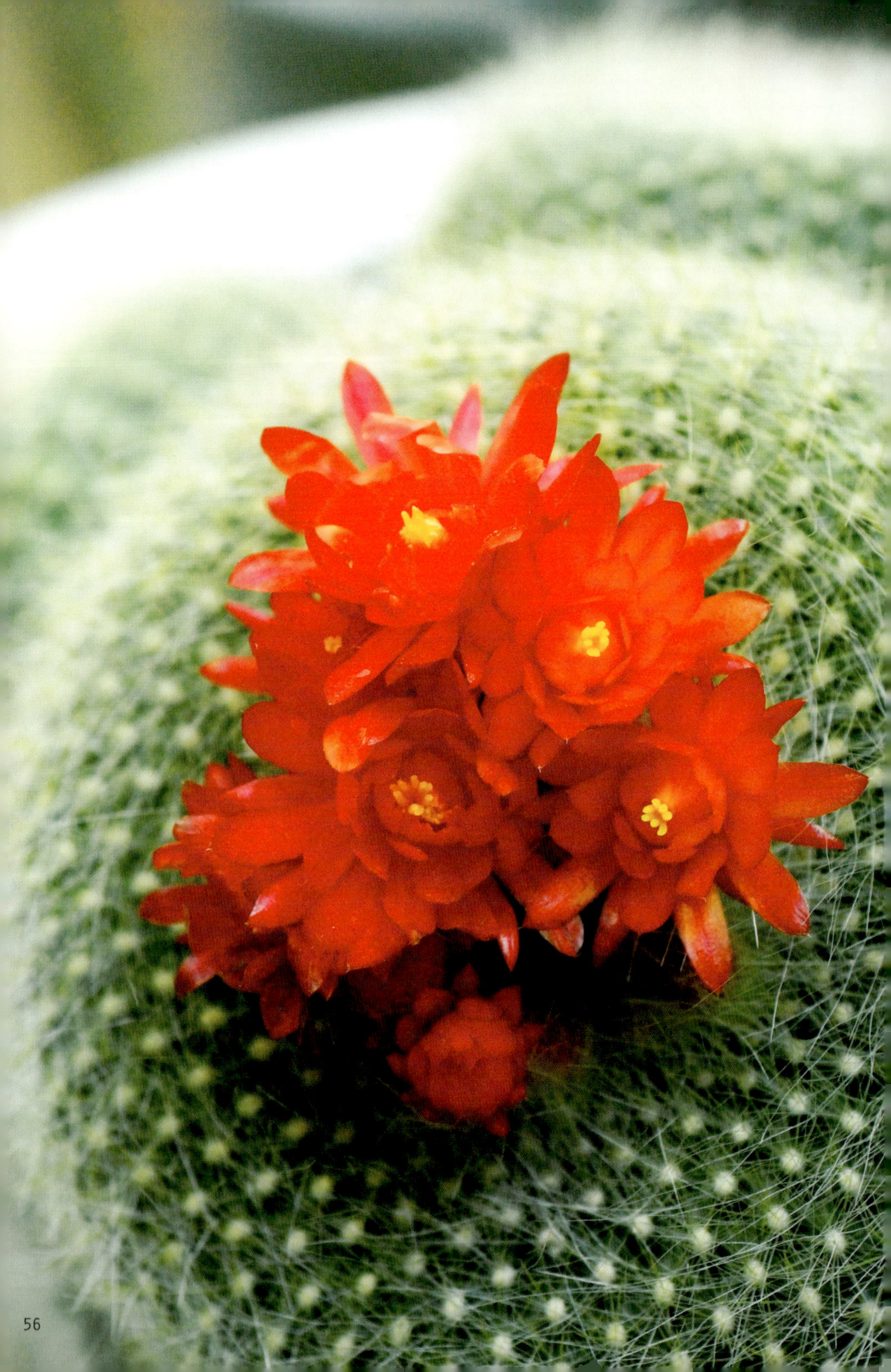

PART2
サボテン

メキシコを中心に南北アメリカ大陸に2000種以上が知られている多肉植物の代表で、古くから多くの種類が観賞用に流通しています。茎が多肉化し、その形によって団扇サボテン、柱サボテン、玉サボテンに分けられますが、多肉化の進んだ玉サボテンの人気が高いようです。多くは葉がトゲに変化して水分の蒸散を防いでいますが、トゲのない種類もあります。

アリオカルプス
Ariocarpus

DATA

科　　名	サボテン科
原 産 地	メキシコ
生 育 型	夏型
水 や り	春～秋は週2回、冬は月1回
根の太さ	細根タイプ
難 易 度	★★☆☆☆

　以前はアリオカルプス属とロゼオカクタス属に分かれていましたが、現在はアリオカルプス属に統合されています。生長はゆっくりですが、栽培テクニックが進んで、美しい内地球（日本で実生、栽培された個体）が出回るようになりました。寒さに弱いので、冬の最低温度は5度以上を保つようにします。

花牡丹　はなぼたん
Ariocarpus furfuraceus

アリオカルプス属きっての大輪の花を咲かせます。「岩牡丹」と酷似しているので、間違えないようにしましょう。写真の株は幅15cmほどです。

黒牡丹　くろぼたん
Ariocarpus kotschoubeyanus

それぞれは小型ですが、子株を出して群生します。よい群生株にするには数十年かかるので、気長に育てましょう。

亀甲牡丹　きっこうぼたん
Ariocarpus fissuratus

刺座の白い毛が美しい種類です。寒さに弱いので、冬は室内のなるべく暖かい場所で栽培しましょう。

ゴジラ
Ariocarpus fissuratus 'Godzilla'

「亀甲牡丹」の突然変異種です。怪獣ゴジラを連想させる、人気の品種です。

姫牡丹 ひめぼたん
Ariocarpus kotschoubeyanus var. *macdowellii*

「黒牡丹」の変種で、小型で花が白色です（花は赤花の「黒牡丹」との中間のピンクのものもある）。写真の株は幅5cmほどです。

龍角牡丹 りゅうかくぼたん
Ariocarpus scapharostrus

小型で群生するタイプです。牡丹類全般にいえることですが、どこか多肉植物に似ていて人気があります。

三角牡丹 さんかくぼたん
Ariocarpus trigohus

葉（いぼ）が三角なのでこのように呼ばれます。写真の株は細葉タイプで、花は淡い黄色です。写真の株は幅20cmほどです。

PART 2 サボテン科

アストロフィツム
Astrophytum

DATA

科　　名	サボテン科
原 産 地	メキシコ
生 育 型	夏型
水 や り	春〜秋は週2回、冬は月1回
根の太さ	細根タイプ
難 易 度	★★☆☆☆

球体に星をちりばめたような白点があることから「有星類」と呼ばれます。多くの種類はトゲがなくて扱いやすく、変種や交配種が豊富で、いつの時代にもファンが多いサボテンです。斑入り種も人気があります。寒さは苦手で冬は5度以上を保ちます。強烈な日ざしには弱いので、夏は遮光して管理しましょう。

兜 かぶと
Astrophytum asterias

本属でいちばんの人気種で、トゲのないサボテンです。交配により美しいタイプがたくさん作られ、外国でも人気を博しています。

碧瑠璃兜 へきるりかぶと
Astrophytum asterias var.nudum

白点のない「兜」で、刺座の綿毛の大きさなどの変化が魅力です。直径は8〜15cm。頂点に淡い黄色の花を咲かせます。冬場は水やりを控えます。

碧瑠璃兜錦 へきるりかぶとにしき
Astrophytum asterias var.nudum f.variegata

「碧瑠璃兜」の斑入り種で、白点がないので黄色の斑がさえます。写真の株は片斑で、斑がある部分のほうが生長が速いので、やがて傾いてしまいます。

四角鸞鳳玉 しかくらんぽうぎょく
Astrophytum myriostigma

基本は5稜ですが、写真の株は4稜なので「四角鸞鳳玉」と呼ばれます。3稜のものもありますが、これらはやがて増稜し、最終的には綴化種となります。

碧瑠璃鸞鳳玉 へきるりらんぽうぎょく
Astrophytum myriostigma var.*nudum*

「鸞鳳玉」の白点のないタイプです。写真の株のように稜がふっくらとして丸いタイプが好まれます。

鸞鳳玉錦 らんぽうぎょくにしき
Astrophytum myriostigma f.*variegata*

「鸞鳳玉」の斑入り品種です。写真の株は白点を感じさせないほどの派手な斑で、すばらしく美しい個体です。

碧瑠璃鸞鳳玉錦 へきるりらんぽうぎょくにしき
Astrophytum myriostigma var.*nudum* f.*variegata*

「碧瑠璃鸞鳳玉」の黄斑入りです。白点がないので、グリーンの肌に黄色の斑が映えます。美しい斑入りサボテンのひとつです。

コピアポア
Copiapoa

DATA

科　　名	サボテン科
原 産 地	チリ
生 育 型	夏型
水 や り	春〜秋は週2回、冬は月1回
根の太さ	細根タイプ
難 易 度	★★☆☆☆

　チリ原産のサボテンで、降雨量のごく少ない乾燥地に生息します。きわめて生長が遅いため、これまでは成球（成株）は輸入に頼ってきましたが、現在では実生よりりっぱな株ができるようになり、多くの優良株が出回っています。花は黄色の小輪。少なめの水やりで、じっくりと育てましょう。

黒王丸　こくおうまる
Copiapoa cinerea

コピアポア属の代表的なサボテンです。青白い肌に黒いトゲが映えます。生長は遅いのですが、やがてよい群生株になります。

黒子冠（国子冠）　こくしかん
Copiapoa cinerea var. *dealbata*

「黒王丸」の変種で、黒いトゲが長いのが特徴です。「黒王丸」同様に、子株を出して群生株を作ります。最初は球形ですが、やがて円柱状に伸びます。

ヒポガエア・バルクテンシス
Copiapoa hypogaea var. *barquitensis*

チリ原産のヒポガエアの、トゲがない（ごく短い）かわいい変種です。小型でそれぞれの径は3cmほど。春から夏に黄色の花を咲かせます。

ディスコカクタス
Discocactus

DATA

科　名	サボテン科
原産地	ブラジル
生育型	夏型
水やり	春〜秋は週2回、冬は月1回
根の太さ	細根タイプ
難易度	★★☆☆☆

　ブラジル原産のサボテンです。属名のごとく円盤のように平たい姿が特徴です。寒さには弱いので、冬の休眠期には断水しましょう。開花ステージの苗になると、生長点に花座を形成して花を咲かせます。花は白で夜咲き、1輪咲いても温室中が香るほどよい香りが楽しめます。

白条冠　はくじょうかん
Discocactus arauneispinus

白くて長いトゲが鳥の巣のように巻きついて、肌が見えないほどです。古くなると子株を出して群生します。

ホルスティ
Discocactus horstii

ディスコカクタス属中で最小の種類で、径5〜6cmほどにしかなりません。トゲは球体に密着して、さわっても痛くないのも人気の理由です。

トリコルニス・ギガンテウス
Discocactus tricornis var.*giganteus*

トリコルニスの、やや大型に育つ変種です。黒くて強いトゲが魅力で、ディスコカクタスの中でも人気の種類です。

エキノセレウス
Echinocereus

DATA

科　　名	サボテン科
原 産 地	アメリカ南部、メキシコ
生 育 型	夏型
水 や り	春～秋は週2回、冬は月1回
根の太さ	細根タイプ
難 易 度	★★☆☆☆

メキシコからニューメキシコ、アリゾナ、テキサス、カリフォルニアにかけて50種ほどが知られています。

小型で群生するものが多く、春から夏にかけてピンクやオレンジ、黄色など大きく美しい花を咲かせるので、花サボテンとして人気があります。

衛美玉 えいびぎょく
Echinocereus fendleri

メキシコ北部原産の柱サボテンで、多数のトゲで覆われているのが特徴。春～秋にあざやかなピンクの花を咲かせます。開花はたいてい1日限りです。

紫太陽 むらさきたいよう
Echinocereus pectinata var.rigidissimus 'Purpleus'

メキシコ原産。本属の中で最も人気の種で、紫のトゲの濃淡（1年で1段の輪）が年々重なってきれいです。よく日に当てると美しくなります。花期は春。

麗光丸 れいこうまる
Echinocereus reichenbachii

アメリカ南部、メキシコ原産で多くの変種がありますが、本種が基本種です。花はピンクで径6～7cmほどで春咲き。日当たりと風通しを好みます。

エピテランサ
Epithelantha

DATA

科　　名	サボテン科
原産地	メキシコ、アメリカ
生育型	夏型
水やり	春〜秋は2週に1回、冬は月1回
根の太さ	細根タイプ
難易度	★★☆☆☆

　北米からメキシコが原産地の小さな球形または円筒形のサボテンです。「かぐや姫」や「月世界」「大月丸」などの品種があります。小型種が多く、トゲは繊細で群生するタイプが多いのが特徴です。群生株は特に風通しに注意して栽培します。

天世界　てんせかい
Epithelantha grusonii

小型でよい群生株を作ります。白いトゲが密生して地肌が見えないほどです。赤いのは花後にできる実で、長く楽しめます。

小人の帽子　こびとのぼうし
Epithelantha horizonthalonius

小型で群生株を作ります。短いトゲが肌に密着しているので、さわっても痛くありません。カイガラムシがつくと退治しにくいのがこの属の難点です。

かぐや姫
Epithelantha micromeris var.*longispina*

名前もかわいい人気種。白いやわらかなトゲに覆われ、株元から子株を出して群生します。先が黒い直刺があるので不用意に触れないこと。冬は室内で管理。

PART 2　サボテン科

エキノカクタス
Echinocactus

DATA

科　　名	サボテン科
原 産 地	メキシコ、アメリカ
生育型	夏型
水やり	春～秋は2週に1回、冬は月1回
根の太さ	細根タイプ
難易度	★★☆☆☆

　多稜で、刺座（しざ）から鋭いトゲを出すサボテンです。形状は球形または樽形で、生長すると50cm以上の大株になるものも多くあります。

　ひなたを好み、日照が不足するとトゲが貧弱になることがあります。冬でも5度以上の温度が必要です。昼夜の気温の差が大きいほど速く生長します。

金鯱 きんしゃち
Echinocactus grusonii

サボテンの代表ともいえる種ですが、自生地の水没で絶滅が伝えられており、いまある株は貴重です。黄色のトゲが特徴で、大きく育つと1m以上になります。

黒刺太平丸 くろとげたいへいまる
Echinocactus horizonthalonius f.

「太平丸」の黒トゲタイプ。写真の個体は国内で実生されたもののようで、みごとな株です。生長が遅いので、じっくり育てましょう。

大竜冠 だいりゅうかん
Echinocactus polycephalus

栽培困難種のひとつにあげられていた種類ですが、最近は国内で実生された株が出回っており、輸入株は姿を消したようです。写真の株も国内実生株です。

エキノプシス
Echinopsis

DATA

科　　名	サボテン科
原 産 地	南アメリカ
生 育 型	夏型
水 や り	春～秋は週2回、冬は月1回
根の太さ	細根タイプ
難 易 度	★★☆☆☆

　南部ブラジル、ウルグアイ、パラグアイ、アルゼンチン、ボリビアにかけて百数十種が知られ、園芸品種も数多く作出されています。日本でも大正時代から栽培されていて、民家の軒先などでも見かけます。丈夫で育てやすく、接ぎ木の台木として使われるものもあります。

世界の図　せかいのず
Echinopsis eyriesii f.variegata

基本種のエリシー（短毛丸）は民家の軒先などでも群生株がよく見られたサボテンの最普及種。本種はその黄斑入り品種です。写真の株は幅10cmほどです。

エスコバリア
Escobaria

DATA

科　　名	サボテン科
原 産 地	アメリカ南西部、メキシコ
生 育 型	夏型
水 や り	春～秋は週2回、冬は月1回
根の太さ	細根タイプ
難 易 度	★★☆☆☆

　メキシコからテキサスにかけて20種ほどが知られている、目立たない小属です。多くは小型で群生株となり、体のわりに大きな花を咲かせて喜ばせてくれます。花色もさまざまです。自生地も少なく、ワシントン条約の第1類に指定されて保護されています。

レーイ
Escobaria leei

小型の種類で群生株を作ります。「竜神木」などに接ぎ木をすると、数年で写真のような群生株ができます。写真の株は幅10cmほどです。

PART 2　サボテン科

フェロカクタス
Ferocactus

DATA

科　　名	サボテン科
原 産 地	アメリカ南西部
生育型	夏型
水 や り	春〜秋は週1回、冬は月1回
根の太さ	細根タイプ
難 易 度	★★☆☆☆

　エキノカクタス同様、トゲが美しい種類が多いサボテンです。トゲは色の違いも重要で、黄色のトゲをもつ強健種の「金冠竜（きんかんりゅう）」や、赤いトゲをもつ「赤鳳（せきほう）」などが知られています。適切な植えかえが大切で、根詰まりして生育が悪くなるとトゲにも障害が出てきます。

金冠竜　きんかんりゅう
Ferocactus chrysacanthus

黄色のりっぱなトゲをもった球形タイプ。たまに赤トゲ種も見られます。日当たりと風通しのよい環境で育てます。多湿にすると刺座が汚れやすくなるので注意。

龍鳳玉　りゅうほうぎょく
Ferocactus gatesii

美しいトゲを見るサボテンです。特に、出たばかりのトゲは赤くて美しく、見ごたえがあります。夏は休ませて冬に育てます。

日の出丸　ひのでまる
Ferocactus latispinus

トゲの美しいサボテンで、黄色の幅広のトゲと赤いトゲの組み合わせがきれいです。出回っているのは小さなものが多いのですが、生長すると径40cmにもなります。

ゲオヒントニア
Geohintonia

DATA
科　　名	サボテン科
原 産 地	メキシコ
生 育 型	夏型
水 や り	春～秋は週2回、冬は月1回
根の太さ	細根タイプ
難 易 度	★★☆☆☆

　前世紀の末にメキシコの山地の石灰岩の斜面で発見され、1992年に記載されたゲオヒントニア・メキシカーナ1種のみからなる、1属1種の新属です。属名は発見者のジョージ・セバスチャン・ヒントン氏の名にちなみます。生長はきわめて遅く、径10cmほどにしかなりません。

メキシカーナ
Geohintonia mexicana

アズテキウム・ヒントニー(82ページ)と同じく、生長はゆっくりです。この写真の株は実生して6年の開花株で、幅6cmほどです。

ホマロケファラ
Homalocephala

DATA
科　　名	サボテン科
原 産 地	テキサス、ニューメキシコ、メキシコ北部
生 育 型	夏型
水 や り	春～秋は週2回、冬は月1回
根の太さ	細根タイプ
難 易 度	★★☆☆☆

　ホマロケファラ・テキセンシスただ1種が知られている、1属1種のサボテンです。日本にも古くに導入され「綾波」の和名で親しまれています。
　球状、単頭で群生はしません。花はピンクの漏斗状で白い苞があります。栽培はエキノカクタス属に準じます。

綾波モンスト　あやなみ
Homalocephala texensis f.monstrosa

アメリカ西部からメキシコにかけて自生する「綾波」の、生長点がふえた石化個体です。なお、「綾波」は、エキノカクタス属とされることもあります。

ギムノカリキウム
Gymnocalycium

DATA

科　　名	サボテン科
原 産 地	アルゼンチン、ブラジル、ボリビア
生 育 型	夏型
水 や り	春〜秋は2週に1回、冬は月1回
根の太さ	細根タイプ
難 易 度	★★☆☆☆

　アルゼンチン、ブラジル、ボリビアにかけての草原地帯に70種ほどが知られている、南米のサボテンです。直径4cmから15cmほどの小型の種が多く、形も地味なものが多いので、昔から渋好みの愛好家に人気があります。

　草原地帯に自生するサボテンです。普通のサボテンより強光を好まないものも多く、水やりも少し多めにします。寒さにはあまり強くないので、冬は室内にとり込んで最低5度以上を保ちましょう。

　冬場に日当たりよく管理すれば花つきがよくなり、春から秋にツクシのような形のつぼみを出して次々に開花します。花つきはよく、赤花の「緋花王」や黄花の「稚竜玉」を除けば、ほぼ白い花を咲かせます。

　「緋牡丹」などの赤い種類や斑入り種は、葉緑素が少ないため、普通種よりは栽培管理が難しくなります。全体が赤いものは葉緑素がなく、自分では育たないので、「三角柱」や「竜神木」に接ぎ木して育てます。

▎翠晃冠錦　すいこうかんにしき
Gymnocalycium anisitsii f.variegata

「翠晃冠」の赤黄斑入り品種です。サボテンの斑入りは片斑が多いのですが、この株は均等に斑が入った絶品です。斑入り品種ですが丈夫です。

▎鳳頭　ほうがしら
Gymnocalycium asterium

コンパクトな草体にきわめて短い黒トゲがよく似合います。渋好みの一品です。

怪竜丸 かいりゅうまる
Gymnocalycium bodenbenderianum f.

本種にはいろいろなタイプのものがありますが、写真の株は優形種です。この扁平な姿が魅力です。

麗蛇丸 れいじゃまる
Gymnocalycium damsii

つややかな球体が魅力のサボテンで、表面には凹凸があります。この属の中では最も弱光条件を好むので、室内の窓際などでの栽培がおすすめです。

良寛 りょうかん
Gymnocalycium chiquitanum

「良寛」に対する学名が混乱していて、ふたつの系統が出回っているようです。写真はトゲが長いタイプです。

ヒボプレルム・フェロシオール
Gymnocalycium hybopleurum var.*ferosior*

ギムノカリキウム属中で最強のトゲをもちます。「闘鷲玉」、「猛鷲玉」と並び、強刺ファンを魅了する種類です。

PART 2 サボテン科

▶ギムノカリキウム

緋牡丹錦 ひぼたんにしき
Gymnocalycium mihanovichii var.friedrichii f.variegata

「牡丹玉（G.mihanovichii）」の変種で、あざやかな赤斑が入る「あかぐろ」と呼ばれるタイプです。栽培は難しく、直射日光が苦手なので遮光して育てます。

緋牡丹錦五色斑 ひぼたんにしきごしきふ
Gymnocalycium mihanovichii var.friedrichii f.variegata

赤、緑、黄、オレンジ、黒の5色の「緋牡丹錦」。すばらしい斑入り種です。写真の株は幅5cmほどです。

白刺新天地錦 しろとげしんてんちにしき
Gymnocalycium saglione f.variegata

ギムノカリキウム属の中では大型で、単球で50cmほどに育ち、貫禄のある株になります。写真はトゲが白いタイプです。

バッテリー（1本トゲタイプ）
Gymnocalycium vatteri

トゲはふつう1本ですが、2～3本あるものもあります。1本トゲの優良品を「春秋の壺」と呼んでいました。

ロフォフォラ
Lophophora

DATA

科　　名	サボテン科
原産地	メキシコ、テキサス
生育型	夏型
水やり	春〜秋は週2回、冬は月1回
根の太さ	細根タイプ
難易度	★★☆☆☆

　テキサスからメキシコにかけて3種が知られている小属です。やわらかい体でトゲはなく、無防備な姿ですが、毒成分をもつことで鳥や動物の食害を防いでいるといわれます。トゲがないために扱いやすく、性質は丈夫で、長く栽培するとよい群生株に仕立てることができます。

翠冠玉　すいかんぎょく
Lophophora tiegleri

淡いグリーンのやわ肌で、花は白の小輪です。「白冠玉」(*Lophophora echinata* var. *deffusa*) とは別種という意見もあります。

烏羽玉　うばたま
Lophophora williamsii

ロフォフォラ属の代表種です。育ちは遅いのですが、丈夫で作りやすい種類です。イボの先の毛に水をかけないように注意しましょう。

銀冠玉　ぎんかんぎょく
Lophophora williamsii var.*decipiens*

少し小ぶりのロフォフォラです。ピンクのかわいい花を咲かせます。

マミラリア
Mammillaria

DATA

科　名	サボテン科
原産地	アメリカ、南米、西インド諸島
生育型	夏型
水やり	春〜秋は2週に1回、冬は月1回
根の太さ	細根タイプ
難易度	★☆☆☆☆

　メキシコを中心に400を超す種類がある大きなグループです。球形から円筒形で、子株を出して群生するタイプも見られます。トゲの形状もさまざまです。小型種が多く、コレクション性も高いサボテンといえます。マミラリアとは「イボがある」という意味で、トゲがイボのてっぺんから生えているので「イボサボテン」とも呼ばれています。
　花は小さなものが多く、簡単に咲く種類と、なかなか開花しない種類があります。

　とにかく強健な種類が多く、最も栽培しやすいサボテンのひとつです。基本的に、日当たりと風通しに注意すれば丈夫に育てられます。よく日に当てると引き締まった球体で深みのある色彩になります。
　丈夫な種類とはいえ、夏の多湿には注意が必要です。水を与えすぎたり、乾きが遅かったりすると腐敗することがあります。できるだけ風通しをよくして栽培することが、じょうずに育てるコツです。

ブカレリエンシス・エルサム
Mammillaria bucareliensis 'Erusamu'

ブカレリエンシスをもとにしたトゲなしの品種で、刺座の頂部には綿毛だけがつきます。春先に小さなピンクの花を咲かせます。

カルメナエ
Mammillaria carmenae

形状は球形から円筒形。ひとつひとつのイボの先に、無数のこまかなトゲを放射状につけるのが特徴です。春に小さな白とピンクの花をつけます。

高崎丸 たかさきまる
Mammillaria eichlamii

地名が和名になった珍しいサボテンです。群馬県の栽培家くらいしか作っていない珍品です。

金手毬 きんてまり
Mammillaria elongata

細い円筒形のマミラリアで、反り返るこまかな黄色いトゲをもっています。株元から子吹きして群生するタイプ。石化（せっか）種も多く出回っています。

白鳥 はくちょう
Mammillaria herrerae

メキシコに分布するマミラリア。白くて繊細なトゲがきれいです。基部から子株を出してよくふえます。花は大きく、雄しべがグリーンできれいです。

姫春星 ひめはるぼし
Mammillaria humboldtii var.caespitosa

子株をたくさん出してドーム状の群生株になります。花は紫桃色で春咲き。よく日に当てて育てます。写真の株は幅10cmほどです。

▶マミラリア

ラウイー
Mammillaria laui

小型の球形で群生しやすいマミラリア。春から初夏にかけてピンクの小花を咲かせます。冬に日当たりよく管理すると花つきがよくなります。

ルエッティー
Mammillaria luethyi

1990年代に再発見されたサボテンで、ピンクの美しい大輪花を咲かせます。出回っているものはほとんどが接ぎ木ですが、接ぎおろしも楽です。

雅卵丸 がらんまる
Mammillaria magallanii

淡いピンクのトゲに包まれた小型のマミラリア。よく子株を出して、形のよい群生株を作ります。花は白で、ピンクの中筋が入ります。

陽炎 かげろう
Mammillaria pennispinosa

メキシコに分布するマミラリア。赤いトゲと白く繊細な毛が美しい。触れるとトゲや毛がとれてしまうので注意します。栽培困難種としても知られています。

白星 しらぼし
Mammillaria plumosa

メキシコに分布するマミラリア。雪のように白い毛が株全体を覆います。白い毛を汚さないために、頭から水をかけないようにします。

松霞 まつがすみ
Mammillaria prolifera

古くからある古典的なサボテンのひとつです。寒さに強く、関東以西なら屋外で越冬します。花のあとに赤い実をたくさんつけて楽しませてくれます。

銀の明星 ぎんのみょうじょう
Mammillaria schiedeana f.

「明星」のトゲが白い品種です。「明星」より少し小型ですが、群生してよい姿になります。花は白で、あまり目立ちません。

月影丸 つきかげまる
Mammillaria zeilmanniana

小さな株でもよく開花します。実生から短期間で開花するので園芸店などでもよく見かけますが、案外作りにくい種類です。子株を出して群生します。

PART 2　サボテン科

ノトカクタス
Notocactus

DATA

科　　名	サボテン科
原 産 地	メキシコ〜アルゼンチン
生 育 型	夏型
水 や り	春〜秋は週2回、冬は月1回
根の太さ	細根タイプ
難 易 度	★★☆☆☆

　メキシコからアルゼンチンにかけて30種ほどが知られている球状のサボテンで、旧エリオカクタス属の「金晃丸」も加わり、大家族になりました。生長が速く、すぐに開花株になってたくさんの花を咲かせます。その分老化するのも早く、美しい群生株はあまり見かけません。

ヘルテリー
Notocactus herteri

大輪の美しい花を咲かせる、丈夫で育てやすいサボテンです。同じような姿の近縁種がたくさんあります。

金晃丸　きんこうまる
Notocactus leninghausii

生長すると径は30cmほどの円筒形になり、株元から子株を出して群生します。春〜夏に4cm程度の黄花をつけます。エリオカクタス属からこの属に編入しました。

紅小町　べにこまち
Notocactus scopa var.*ruberri*

白い繊細なトゲ(毛)に紫のトゲが入ってきれいです。小型種ですが、子株をたくさん出して群生株になります。

オプンチア
Opuntia

DATA

科　　名	サボテン科
原 産 地	アメリカ、メキシコ、南米
生 育 型	夏型
水 や り	春〜秋は週2回、冬は月1回
根の太さ	細根タイプ
難 易 度	★★☆☆☆

扁平なうちわ状の茎をもつサボテンです。へら状の茎節が50cm以上になるものや、指先程度のものまでさまざまなサイズがあります。丈夫で繁殖力も強く、栽培は容易で、日当たりと風通しのよい場所で管理すれば、すくすくと育ちます。挿し芽などで簡単にふやせます。

金烏帽子　きんえぼし
Opuntia microdasys

かわいい姿の小型のウチワサボテンです。こまかいトゲが多くあり、刺さるとなかなかとれなくて痛い思いをするので、さわらないように注意しましょう。

象牙団扇　ぞうげうちわ
Opuntia microdasys var.albispina

別名バニーカクタス。小型のウチワサボテンで、黄色の小花を咲かせる、育てやすい品種です。繁殖力も旺盛で茎の端から新芽をたくさんつけていきます。

白鶏冠　はくけいかん
Opuntia clavarioides f.cristata

ユニークな形の珍品で「茸団扇」の綴化種です。ウチワサボテンの仲間で、オプンチアとされていましたが、最近はアウストロキリンドロオプンチア属とされています。

PART 2　サボテン科

79

ツルビニカルプス
Turbinicarpus

DATA

科　　名	サボテン科
原 産 地	メキシコ
生 育 型	夏型
水 や り	春〜秋は週2回、冬は月1回
根の太さ	細根タイプ
難 易 度	★★☆☆☆

　メキシコに10種ほどが知られている、すべて小型のサボテンで、群生株を作ります。自生地では絶滅がささやかれ、ワシントン条約の第1類に指定されて保護されていますが、自家受粉してタネのとれるものもあり、日本では多くの実生苗が簡単に確保できます。

精巧殿　せいこうでん
Turbinicarpus pseudopectinatus

ユニークな形の棘座が並んだ美しい種類です。手に刺さるトゲはなく安全です。生長は遅いのですが、確実によい株になるおすすめの種類です。

ロゼイフローラ
Turbinicarpus roseiflora

小さな株が群生し、黒いトゲを出します。この属では珍しく、ピンクの可憐な花を咲かせます。

昇竜丸　しょうりゅうまる
Turbinicarpus schmiedickeanus

ツルビニカルプス属の代表種で、小型ですが、群生株になると見ごたえがあります。写真の株は、全体で幅15cmほどです。

ユーベルマニア
Uebelmannia

DATA

科　　名	サボテン科
原 産 地	ブラジル東部
生 育 型	夏型
水 や り	春〜秋は週2回、冬は月1回
根の太さ	細根タイプ
難 易 度	★★☆☆☆

　1966年に発見された比較的新しい属で、属名は発見者のユーベルマン氏に由来します。ペクチニフェラやフラビスピナなど5〜6種がブラジル東部に分布します。

　生長は遅いのですが、たいへん強健で、小苗の時期を過ぎればあとは順調に生育します。

PART 2　サボテン科

長城丸　ちょうじょうまる
Turbinicarupus pseudomacrochele

メキシコ原産のツルビニカルプスで、棘座の毛と屈曲したトゲがユニークです。春にやや大輪のピンクの花を咲かせます。

フラビスピナ
Uebelmannia flavispina

黄色のトゲのユーベルマニアで、花も黄色です。写真の株は幅10cmほどですが、大きくなると柱状に長く育ちます。

ペクチニフェラ
Uebelmannia pectinifera

ユーベルマニア属の代表種です。夏の間は緑色ですが、秋に紅葉すると肌が紫に染まり、みごとです。写真の株は幅10cmほどです。

81

アズテキウム
Aztekium

ブラジリカクタス
Brasilicactus

セレウス
Cereus

アズテキウムはメキシコにリッテリー1種のみが知られていましたが、1992年にヒントニーが発見されて2種になりました。ブラジリカクタスもブラジルに2種のみが知られている小属です。セレウスは広範囲に分布する柱サボテンの仲間です。

アズテキウム・ヒントニー
Aztekium hintonii

最近発見された新種です。生長は非常にゆっくりですが、とりたてて難しいところはなく、順調に育てば幅、高さとも10cmほどになります。

雪晃 せっこう
Brasilicactus haselbergii

密生した白いトゲと朱色の花の対比がきれいです。花期は春と秋です。生長が速く、すぐに開花株になりますが、衰えるのも早くなります。

金獅子 きんじし
Cereus variabilis f.monstrosa

トゲは褐色でやわらかく、石化（せっか）してこぶ状になることが多い品種です。冬は室内で管理し、5度以上を保ちます。挿し木で簡単にふやせます。

エスポストア
Espostoa

クラインジア
Krainzia

レウクテンベルギア
Leuchtenbergia

　エスポストアはペルーに6種ほどが分布する全体が白毛に覆われた柱サボテンです。クラインジアはメキシコに2種が知られている小属で、はじめ球状でのち柱状に生長します。レウクテンベルギアはメキシコに1種のみが知られます。自生地は雑草の中なので、強い光の当たらない場所で育てましょう。

老楽 おいらく
Espostoa lanata

白毛が密生し、全身を覆う柱サボテン。長い白毛は直射日光を避ける日よけの役割と、寒さをしのぐ保温材としての役割があるといわれています。

薫光殿 くんこうでん
Krainzia guelzowiana 'Kunkouden'

クラインジア属は本種のほかに2～3種があるだけの小属です。やわらかいイボを傷つけないように気をつけましょう。

晃山 こうざん
Leuchtenbergia principis

和名は「光山」とも書きます。1属1種で、多肉植物のようなユニークな姿です。フェロカクタス属との交配種(フェロベルギア)も作られています。

PART 2　サボテン科

ロビビア
Lobivia

ミルチロカクタス
Myrtillocactus

ネオポルテリア
Neoporteria

　ロビビアはアルゼンチンからペルーに150種ほどが分布する大属で、多花性で美花が多く、花サボテンとして愛されています。ミルチロカクタスは「竜神木」に代表される柱サボテンで、メキシコに4種が知られています。ネオポルテリアはチリに20種ほどが知られている中型の玉サボテンです。

▎花鏡丸　はなかがみまる
Lobivia 'Hanakagamimaru'

ロビビア属は花サボテンとして人気です。姿は地味ですが、開花の季節はみごとです。

▎竜神木綴化　りゅうじんぼくせっか
Myrtillocactus geometrizans f.*cristata*

「竜神木」の綴化種で、奇異な姿がおもしろく、なぜかイタリア人には特別人気があります。カイガラムシがつきやすいので注意します。

▎恋魔玉　こいまぎょく
Neoporteria coimasensis

灰色の鋭いトゲが魅力です。生長すると頭頂部に花をつけます。早春に、他のサボテンに先立って美しいピンクの大輪花を咲かせます。

オブレゴニア
Obregonia

オレオケレウス
Oreocereus

オルテゴカクタス
Ortegocacutus

オブレゴニアはメキシコ原産の1属1種の球形のサボテン。オレオケレウスはペルー、チリに6種ほどが自生する小型の柱サボテンで、長いトゲと長毛が特徴です。オルテゴカクタスはマクドウガリー1種がメキシコに自生する、体色が黄緑色をした、ユニークな1属1種のサボテンです。

帝冠 ていかん
Obregonia denegrii

牡丹類（*Ariocarpus*）にも似たところがある、1属1種のサボテンです。小苗のときは生長が遅く、枯れやすいのですが、成球になると丈夫になります。

ライオン錦 らいおんにしき
Oreocereus neocelsianus

フサフサとしたテグス状の白長毛をまとうサボテンで、黄色の鋭いトゲをもちます。花は夏咲きで、くすんだピンク。真夏は日陰で風通しよく育てましょう。

オルテゴカクタス・マクドウガリー
Ortegocacutus macdougallii

1属1種のユニークなサボテンです。青磁色のごつごつした体に小さなトゲをつけ、黄色の花を咲かせます。写真の株は幅10cmほどです。

ペレキフォラ
Pelecyphora

リプサリス
Rhypsalis

ステノカクタス
Stenocactus

　ペレキフォラはメキシコ原産の小属です。リプサリスはフロリダ～アルゼンチンに60種ほどが知られている森林性のサボテンで、木の枝などに着生しています。強い日ざしを避け、水は多めに与えましょう。ステノカクタス（旧エキノフォスロカクタス）はメキシコに30種ほどが知られ、球状で多くの稜があるのが特徴です。

精巧丸 せいこうまる
Pelecyphora aselliformis

ツルビニカルプス属の「精巧殿」（80ページ）に似ていますが、花のつき方が異なり、本種はピンクの小輪花が頂生します。

リプサリス・セレウスクラ
Rhypsaris cereuscula

森林性のサボテンといわれるリプサリス属の小型種です。花は小さく目立ちませんが、その後に実る実がかわいくてキュートです。

千波万波 せんぱまんぱ
Stenocactus multicostatus

波打つようなひだ（稜）が魅力の、「縮玉」の優形種です。ひだの数はサボテンの中でもいちばん多いといわれています。写真の株は幅10cmほどです。

ストロンボカクタス
Strombocactus

スルコレブチア
Sulcorebutia

テロカクタス
Thelocactus

ストロンボカクタスは1属1種で、メキシコに「菊水」のみが知られています。スルコレブチアはボリビアに30種ほどが知られている小型球形のサボテンです。テロカクタスはテキサス〜メキシコに20種ほどが分布しており、大きなイボと強いトゲが特徴です。

菊水 きくすい
Strombocactus disciformis

1属1種のユニークな小型サボテン。生長がきわめて遅く、実生1年で1〜2mmにしかなりません。写真の株(径5cmほど)になるには10年以上かかります。

紫ラウシー むらさき
Sulcorebutia rauschii

ラウシーにはグリーンのタイプもありますが、紫のタイプが人気です。スルコレブチア属ですが、レブチアとはかなり違っています。

緋冠竜 ひかんりゅう
Thelocactus hexaedrophorus var.fossulatus

「強刺サボテン」といわれます。赤みを帯びた長いトゲが魅力のサボテンで、トゲの美しさの選抜が進み、最近はみごとな株が見られます。

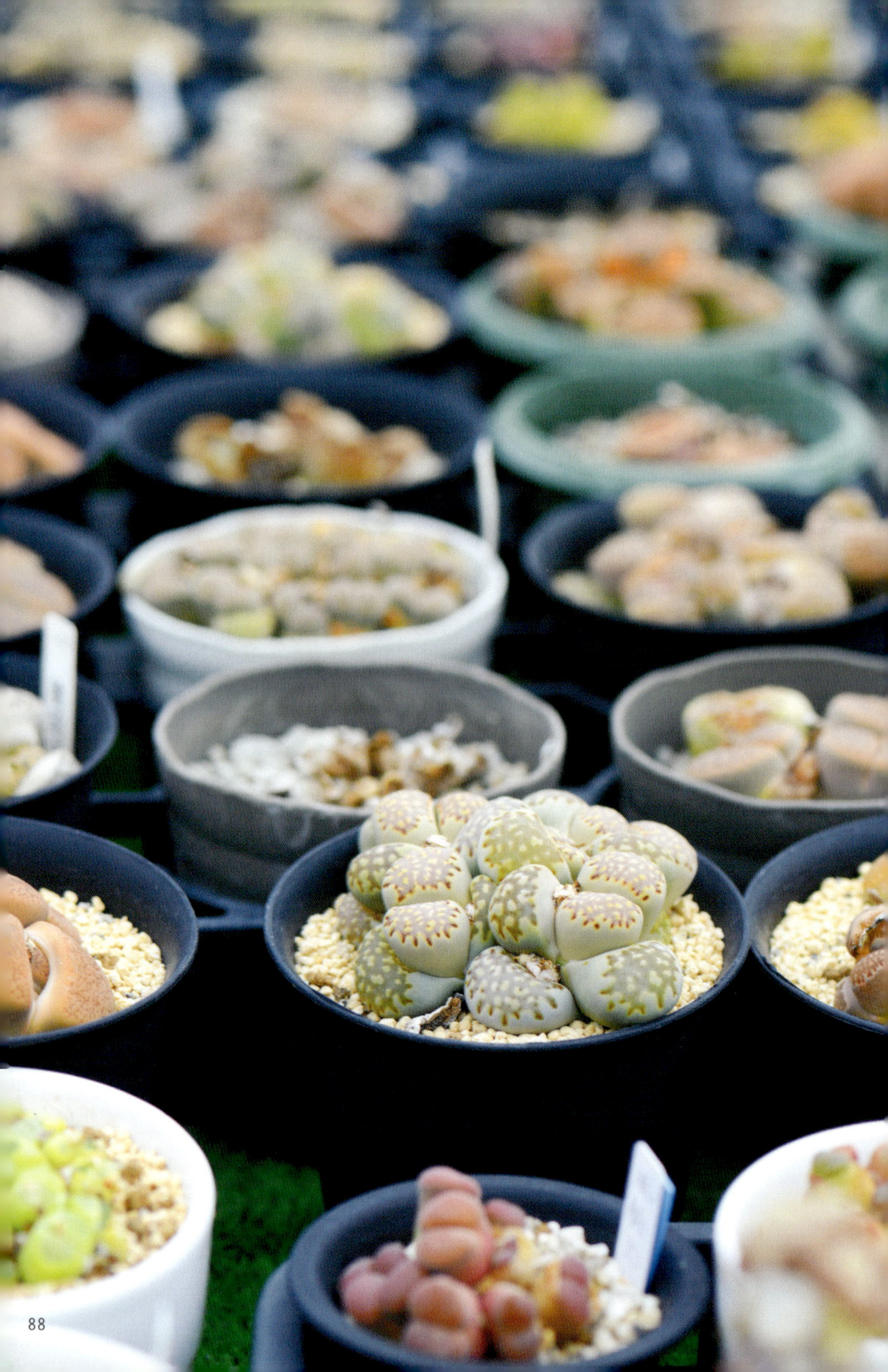

PART 3
メセン類

南アフリカを中心に千数百種が知られている多肉植物で、現在はツルナ科とされますが、ハマミズナ科、マツバギク科などとも呼ばれ、多肉植物愛好家の間ではメセンと呼ばれることが多いようです。コノフィツムやリトープスなど、葉が高度に多肉化して球状になった玉型メセンと呼ばれる仲間が代表です。美しい花を咲かせるものが多く、花を主に観賞するものは花物メセンと呼ばれます。

アンテギバエウム
Antegibbaeum

DATA
科　　名	ツルナ科
原 産 地	南アフリカ
生 育 型	冬型
水 や り	秋〜春は2週に1回、夏は月1回
根の太さ	細根タイプ
難 易 度	★★☆☆☆

　やわらかなふくらみのある葉が特徴のメセン類です。南アフリカに自生し、乾燥した砂礫土壌で生育しています。日本での生長期は秋〜春の冬型です。メセン類の中では丈夫で育てやすい種類です。冬は0度以上をキープしましょう。夏は水やりを控えて休眠させます。

碧玉　へきぎょく
Antegibbaeum fissoides

花ものメセン類として扱われ、早春に紫紅色の花をたくさん咲かせます。栽培は日当たりと風通しに気をつけましょう。夏の直射日光は避け、遮光下で管理します。

アルギロデルマ
Argyroderma

DATA
科　　名	ツルナ科
原 産 地	南アフリカ
生 育 型	冬型
水 や り	秋〜春は2週に1回、夏は月1回
根の太さ	細根タイプ
難 易 度	★★☆☆☆

　ケープ州南西部に50種ほどが知られている属で、属名は「銀白色の葉」という意味です。なめらかな肌の葉が2枚ずつ交互に出て、古くなると群生します。葉は主に青磁色ですが、赤みを帯びるものもあります。冬型ですが、秋から冬の生長期でも多湿にすると身割れするので注意しましょう。

宝槌玉　ほうついぎょく
Argyroderma fissum

南アフリカ原産のアルギロデルマの代表種です。本属中では小型で高さ4cmほど、銀白色の葉を対生し、5〜10頭立ちの群生株になります。

ブラウンシア
Braunsia

DATA
科　　名	ツルナ科
原 産 地	南アフリカ
生 育 型	冬型
水 や り	秋〜春は週1回、夏は月1回
根の太さ	細根タイプ
難 易 度	★★★☆☆

　南アフリカ南端に計5種が知られている小属です。茎は立ち上がるか匍匐し、多肉質の葉を多数つけ、冬から早春にピンクの花を咲かせます。夏は風通しのよい場所に置き、強い日ざしを避けて休眠させます。冬は0度以上を保ちます。エキヌス属（*Echinus*）とされることもあります。

碧魚連　へきぎょれん
Braunsia maximiliani

この属の中で最も普及し、人気もある種。魚のような小型の葉をもつことからこの名があります。茎は横に伸びます。早春に2cmほどの桃色花を咲かせます。

ケファロフィルム
Cephalophyllum

DATA
科　　名	ツルナ科
原 産 地	南アフリカ
生 育 型	冬型
水 や り	秋〜春は2週に1回、夏は月1回
根の太さ	細根タイプ
難 易 度	★★☆☆☆

　南アフリカ南西部原産で、小ナマクワランドからカルーにかけて、50種前後が知られています。黄色、赤、ピンクなどの美しい花を咲かせます。
　冬型で夏は休眠するので、水やりを減らし涼しいところで育てます。秋に挿し木をしてふやすことができます。

ピランシー
Cephalophyllum pillansii

南アフリカのナマクワランド原産で、地を這うように群生し、径6cmほどの黄色の大輪花を咲かせます。夏を涼しく過ごさせるのが栽培のポイントです。

ケイリドプシス
Cheiridopsis

DATA

科　　名	ツルナ科
原 産 地	南アフリカなど
生 育 型	冬型
水 や り	秋～春は2週に1回、夏は断水
根の太さ	細根タイプ
難 易 度	★★★★★

　水分をたっぷり含んだ多肉性の強いメセンの仲間です。100種程度が知られ、半円形や細長い円筒形の葉をもちます。秋～春に生長する冬型で、基本的には梅雨入りから8月中は断水し、夏の直射日光を避けて栽培します。また、多湿を嫌うので風通しにも気をつけましょう。初秋には脱皮して新しい葉が出てきます。

ブラウニー
Cheiridopsis brownii

株元から2つに分かれた肉厚の葉が展開します。冬から早春にかけて、あざやかな黄色い花を咲かせます。脱皮中は水やりを控え、涼しい場所で管理します。

神風玉　じんぷうぎょく
Cheiridopsis pillansii

淡いグリーンの肉厚葉が愛らしい。花は冬咲きで直径5cm程度、淡い黄色が普通ですが、桃や紅、白花などの園芸品種もあります。栽培はやや難しく、夏季でも少量の水やりが必要です。

ツルビナータ
Cheiridopsis turbinata

葉が細長く先端がとがるタイプ。長葉のケイリドプシスは、半円形の品種よりも比較的栽培しやすく、生長も速い傾向があります。

コノフィツム
Conophytum

DATA

科　　名	ツルナ科
原 産 地	南アフリカ、ナミビア
生 育 型	冬型
水 や り	秋～春は1～2週に1回、夏は断水
根の太さ	細根タイプ
難 易 度	★★★★★

　南アフリカからナミビアにかけての地域に多くの種類が自生する小型の多肉植物です。分類が難しく、正確な種数はよくわからないようです。メセン類を代表する多肉植物で、2枚の葉が合体してひとつの玉のようになった姿が愛らしく、あざやかな花も魅力です。品種も豊富で、葉の形態はバリエーションに富み、丸形、足袋型、コマ型、鞍型などに分類されます。葉の色彩や透明度、模様なども品種によってさまざまで、収集欲を駆り立てられます。

　生長期は秋～春。夏は休眠し、初秋に脱皮して分球します。だいたい5月ごろから葉のハリがなくなり、脱皮の準備を始めます。生長期には日当たりのよい場所で管理し、1～2週に1回たっぷり水やりします。休眠期は、風通しのよい明るい日陰に移動。初夏から少しずつ水やりを控え、夏の間は断水します。植えかえは初秋、2～3年に一度の割合で行います。挿し芽の際は、根元を少し残して切り、切り口を2～3日乾燥させてから挿します。

淡雪　あわゆき
Conophytum altum

南アフリカのナマクワランド周辺に自生する小型、足袋型のコノフィツムで、群生して黄色の花を咲かせます。葉色は光沢ある緑で、斑模様はありません。

ブルゲリ
Conophytum burgeri

まん丸な姿で人気のコノフィツムです。葉色は透明感のある美しい緑色で、休眠期前には赤く染まります。夏に腐りやすいので注意が必要です。

▶ コノフィツム

クリスチャンセニアナム
Conophytum christiansenianum

大きめの葉を伸ばす足袋型のコノフィツムです。みずみずしいやわらかな質感が魅力です。花は黄色の秋咲き。特に夏場の環境に注意して栽培しましょう。

マーベルズファイヤー
Conophytum ectipum 'Mabel's Fire'

エクティプムは南アフリカ原産の小型のコノフィツムで、いろいろなタイプがあります。本種はケープ州小ナマクワランド産で、脈模様があり、黄色い花を咲かせます。

寂光 じゃっこう
Conophytum frutescens

丸みを帯びた足袋型の灰緑色のコノフィツム。初夏にオレンジの花をつける早咲き種です。生長期は、他の品種よりやや乾燥ぎみに育てるとよいでしょう。

グラブルム
Conophytum grabrum

南アフリカ西部に自生する、幅1.5cmほどの鞍型のコノフィツムです。葉には模様がなく、花はピンクの一重咲きで、昼間に開花します。

翼　rex つばされっくす
Conophytum herreanthus ssp.*rex*

南アフリカの岩場に生える足袋型のコノフィツム。花は昼咲きで、よい香りがあります。コノフィツムとしてはかなり異質な種類です。

カミエスベルゲンシス
Conophytum khamiesbergensis

ゴツゴツした感じの足袋型のコノフィツム。よく分頭して、ドーム状に群生します。冬にピンクの花を咲かせます。「京稚児」と呼ばれることもあります。

リトープソイデス・アーツゴファロ
Conophytum lithopsoides ssp.*arturofago*

リトープソイデスは南アフリカ原産の小型のコノフィツムで、窓の部分が透明で美しく人気があります。本種は、その窓の斑点が明瞭なタイプです。

玉彦 たまひこ
Conophytum obcordellum 'N.Vredendal'

名前のように丸いコノフィツムで、ケープ州原産。白からクリーム色の花を夜に咲かせます。葉の模様にはいろいろなタイプがあります。「白眉玉」とも呼ばれます。

PART 3　ツルナ科

▶コノフィツム

ウルスプルンギアナム
Conophytum obcordellum 'Ursprungianam'

95ページの「玉彦」の斑紋が大きくてあざやかなタイプです。白色の地に大きな透明の斑点が入り、美しく人気があります。

青春玉　せいしゅんぎょく
Conophytum odoratum

ぷっくりと丸みを帯びた姿がかわいらしいコノフィツム。全体は灰緑色で、表面には斑点模様が入ります。花はあざやかなピンクの夜咲き。別名「青蛾」。

オビプレサム
Conophytum ovipressum

小型の丸い形が特徴の品種で、生長すると、わきからたくさんの葉が生まれて群生します。葉の表面には濃い緑色の斑点があります。

大納言　だいなごん
Conophytum pauxillum

鞍型で群生する種類です。葉は濃緑色で根元近くは赤みを帯びます。花は白色で夜開きます。「細玉（ほそだま）」と呼ばれることもあります。

ペルシダム・テリカラー
Conophytum pellucidum var.*terricolor*

葉の頂面には多少のくぼみがあり、全体が赤紫色を呈する種類。濃い紫色の斑点模様は、点が連なりライン状になるものも。夜間に白い花を咲かせます。

勲章玉 〈くんしょうぎょく〉
Conophytum pellucidum

南アフリカ原産の、高さ2cmほどの中型の鞍型のコノフィツムです。窓の模様にはいろいろなタイプがあり、左のテリカラーもそのひとつです。

ピランシー
Conophytum pillansii

南アフリカ中西部に分布するやや大型の玉型のコノフィツムです。幅は2.5cmほどになります。花の色はピンクが基本で、濃淡には幅があります。

ルゴサ
Conophytum rugosum

丸い葉がかわいいコノフィツムです。古くから知られている普及種ですが、出所はよく分かりません。花色は淡いピンクで、花は夜になっても閉じません。

PART 3　ツルナ科

▶コノフィツム

小槌 こづち
Conophytum wettsteinii

南アフリカの岩の多い斜面に生える、灰緑色の足袋型のコノフィツムです。早咲きで、6〜7月に橙色の花を咲かせます。

ウィルヘルミー
Conophytum wilhelmii

丸く上部が平坦なコマ型。球径は2〜4cm程度。昼咲き種で、薄紫色の大きな花をつけます。黄花タイプもあります。

ウィッテベルゲンセ
Conophytum wittebergense

南アフリカ原産の、小型の樽型のコノフィツムです。いろいろなタイプがありますが、これは窓の模様が唐草模様のようにつながっていて、緑色のタイプです。

ウィッテベルゲンセ
Conophytum wittebergense

窓の斑点がつながらないタイプのウィッテベルゲンセ。色はやや青みがかっています。花は遅咲きで、秋から冬に白い細弁の花を咲かせます。

愛泉 あいせん
Conophytum 'Aisen'

日本で作出された、小型の足袋型のコノフィツムです。葉の縁が美しい紅色に染まります。

秋茜 あきあかね
Conophytum 'Akiakane'

足袋型の小型のコノフィツム。昼咲きで、冬に黄色の花を咲かせます。

オーロラ
Conophytum 'Aurora'

肉厚の足袋型のコノフィツムです。葉の頭には赤い筋が入ります。花は黄色。日本で作出された交配種です。

綾鼓 あやつづみ
Conophytum 'Ayatuzumi'

古くからある美しい品種です。頂面がやや くぼみ、斑点の一部が多少連なるのが特徴です。花はピンクがかった肉色です。

▶コノフィツム

紅の潮 べにのしお
Conophytum 'Beni no Sio'

緑色の足袋型のコノフィツム。冬に赤橙色の美しい花を咲かせます。花は昼咲き。秋から春までは日当たりのよい場所で育てます。

円空(赤花) えんくう
Conophytum ×*marnierianumu*

丸みを帯びた足袋型の小型の交配種(エクティブム×ビロブム)です。花は普通は赤橙色ですが、写真の個体は赤みが強い濃赤花タイプです。

円空(黄花) えんくう
Conophytum ×*marnierianumu*

「円空」の黄花タイプです。右上の赤花タイプも同様ですが、比較的よくふえて群生株を作ります。

銀世界 ぎんせかい
Conophytum 'Ginsekai'

白花品種としては大型の、足袋型のコノフィツムです。昼咲きで、光沢のある白い花を咲かせます。花も大きく、見ごたえがあります。

御所車 ごしょぐるま
Conophytum 'Goshoguruma'

短いハート形の葉で、花弁が巻くのが特徴です。6〜8月は完全断水で休眠。9月に脱皮して2〜3倍にふえます。写真の株は全体の幅5cm、高さ2cmほどです。

花車 はなぐるま
Conophytum 'Hanaguruma'

中型の足袋型コノフィツムで、花が渦巻き状に咲く「巻花系」の代表種です。花は赤橙色で、中心部は黄色です。

桜姫 さくらひめ
Conophytum 'Sakurahime'

肉厚の足袋型の、小型のコノフィツムです。花は藤色で中心部は白と黄色、あまり群生しません。日本で作られた交配種です。

神楽 かぐら
Conophytum 'Kagura'

淡いグリーンの、典型的な足袋型のコノフィツムです。日本で作出された中型種です。

PART 3 ツルナ科

▶コノフィツム

桐壷 きりつぼ
Conophytum ectypum var.*tischleri* 'Kiritubo'

エクティブム・ティシュエリーの大型の優良タイプです。葉は黄色みを帯び、頂面の線模様も大きく鮮明で、きれいです。

黄金の波 こがねのなみ
Conophytum 'Koganenonami'

足袋型のコノフィツムで、葉の縁が紅色になる美しい品種です。昼咲きで、オレンジ色の花を咲かせます。

小平次 こへいじ
Conophytum 'Koheiji'

高さ6cmほどになる大型の足袋型コノフィツム。先が3つに分かれることもあります。葉の縁が赤く縁取られてきれいです。夏から秋にオレンジ色の花を咲かせます。

明珍 みょうちん
Conophytum 'Myouchin'

樽型の小型のコノフィツム。表面にこまかい点がたくさんついています。夜咲きで、冬の夜に細い花弁の小さな花を咲かせます。花には少し香りがあります。

オペラローズ
Conophytum 'Opera Rose'

小型の足袋型のコノフィツムです。鮮やかな明桃色の大輪花を咲かせる人気の品種です。

王将 おうしょう
Conophytum 'Oushou'

コノフィツムの中ではかなり大型の、足袋型の交配種です。オレンジ色の美しい花を咲かせます。

佐保姫 さほひめ
Conophytum 'Sahohime'

卵型系では珍しい紫赤色の美しい花を咲かせます。葉は緑色で斑模様はありません。群生しやすい小型種で、日本で作出された交配種です。

聖像 せいぞう
Conophytum 'Seizou'

卵型系の中型のコノフィツムです。葉は緑色で斑模様はありません。花はオレンジ色。やや群生しにくい性質があります。日本で作出された交配種です。

▶コノフィツム

信濃深山桜 しなのみやまざくら
Conophytum 'Shinanomiyamazakura'

大型の足袋型コノフィツムで、ピンクの美しい大輪花を咲かせます。花は径3cmほど、昼間開いて夜は閉じます。写真の株は全体の幅8cm、高さ5cmほどです。

白雪姫 しらゆきひめ
Conophytum 'Shirayukihime'

足袋型で特徴のあまりないコノフィツムです。日本で作られた交配種で、白い清楚な花を咲かせます。

静御前 しずかごぜん
Conophytum 'Shizukagozen'

鞍型のコノフィツムで、中央部が白く弁先が紫桃色の、細弁の大輪花を咲かせます。美しく形のよい花で、人気があります。

天祥 てんしょう
Conophytum 'Tenshou'

丸みを帯びた鞍型のコノフィツムです。昼咲きで、白〜ピンクの美しい大輪花を咲かせます。細弁、大輪花の代表品種です。

花水車 はなすいしゃ
Conophytum 'Hanasuisha'

足袋型のコノフィツムで、花が渦巻き状に咲く「巻花系」です。巻花系では珍しい紫花で、オレンジ色の雄しべとのコントラストがきれいです。群生しにくい性質があります。

花園 はなぞの
Conophytum 'Hanazono'

実生品。数タイプある「花園」のひとつで、鮮やかな花色が魅力です。本来の「花園」は開花初期から中期には黄色がほとんどありませんが、本種は黄色が出ます。

ドラコフィルス
Dracophilus

DATA

科　　名	ツルナ科
原 産 地	南アフリカ
生 育 型	冬型
水 や り	秋〜春は2週に1回、夏は月1回
根の太さ	細根タイプ
難 易 度	★★☆☆☆

　南アフリカ南西端の海岸が自生地で、4種が知られています。葉は白青磁色の多肉質で、2枚ずつが対になって出ます。やがて小さな群生株を作り、藤色の花を咲かせます。生長期は冬ですが、冬は室内で最低温度を0度以上に保つようにしましょう。

モンティス-ドラコニス
Dracophilus montis-draconis

ナミビアから南アフリカの一部に自生するドラコフィルスの代表種です。葉は青緑色で小さな鋸歯がつき、長さ3〜4cm。冬には赤く色づきます。花は藤色です。

デロスペルマ
Delosperma

DATA
科　　名	ツルナ科
原 産 地	南アフリカ
生 育 型	夏型
水 や り	春〜秋は週2〜3回、冬は月1〜2回
根の太さ	細根タイプ
難 易 度	★★☆☆☆

マツバギクに近縁の多肉植物です。とても丈夫で、露地植えにすれば何も手をかけなくても育つほどで、グラウンドカバーとしても利用されます。花つきもよく、条件さえよければ一年中花を咲かせます。寒さに強く「耐寒性マツバギク」とも呼ばれます。

夕波(麗人玉)　ゆうなみ(れいじんぎょく)
Delosperma corpuscularia lehmannii

丸みのある2枚の葉を次々に伸ばして塔状に育ちます。最近はきれいな黄斑入りの品種が出回っています。

スファルマントイデス
Delosperma sphalmantoides

小さな棒状の葉を多数群生させ、冬に美しいピンクの花を咲かせます。夏は風通しのよい場所で、乾燥ぎみに管理しましょう。

細雪　ささめゆき
Delosperma pottsii

茎がよく分岐して、小さな多肉質の葉が群生します。白い小輪の花を咲かせます。

フォーカリア
Faucaria

DATA
科　　名	ツルナ科
原 産 地	南アフリカ
生 育 型	冬型
水 や り	秋〜春は週1回、夏は断水
根の太さ	細根タイプ
難 易 度	★☆☆☆☆

葉の縁に、ノコギリの歯のようなトゲがたくさんあるのが特徴。比較的栽培は容易ですが、高温多湿に弱いので、夏の間は断水するか、または水やりをごく少なくするのがポイント。雨にも当てないように注意します。生育地は比較的温暖な場所なので、冬は室内にとり込みます。

巌波　いわなみ
Faucaria sp.

トゲのある三角形の葉がいくつも重なっておもしろいフォルムを見せます。秋から冬にかけて比較的大輪の黄色の花を咲かせます。

フェネストラリア
Fenestraria

DATA
科　　名	ツルナ科
原 産 地	南アフリカ
生 育 型	冬型
水 や り	秋〜春は2週に1回、夏は断水
根の太さ	細根タイプ
難 易 度	★★★★☆

円柱状の葉をもつメセンの仲間で、自生地では先端の窓だけを地上に出して土にもぐっているといいますが、日本では深植えは禁物、過湿で腐ってしまいます。高温多湿には特に弱く、夏は完全に断水して雨に当てないように注意します。生育期の秋から春までも風通しのよい場所で水やりは控えめに。

五十鈴玉　いすずぎょく
Fenestraria aurantiaca

日当たりが悪かったり水やりが多すぎたりすると徒長して腐りやすくなります。日によく当ててがっしりと育てましょう。黄色の花を秋から冬に咲かせます。

PART 3　ツルナ科

ギバエウム
Gibbaeum

DATA

科　　名	ツルナ科
原 産 地	南アフリカ
生 育 型	冬型
水 や り	秋〜春は2週に1回、夏は断水
根の太さ	細根タイプ
難 易 度	★★☆☆☆

　一対の葉の中央がぱっくりと割れて新しい葉が出てくるメセンの仲間。球形の葉や、やや細長い葉のものなど、20種ほどが知られています。冬型のメセンの中では育てやすいほうですが、夏は完全に水をきって休眠させるのが安心です。よく分球するので繁殖は容易です。

無比玉　むひぎょく
Gibbaeum dispar

白粉を帯びた緑色が美しい多肉植物。表面に微毛がたくさん生えているのでこのように見えます。秋から冬にピンクの花を咲かせます。

グロッチフィルム
Glottiphyllum

DATA

科　　名	ツルナ科
原 産 地	南アフリカ
生 育 型	冬型
水 や り	秋〜春は週1回、夏は月1回
根の太さ	細根タイプ
難 易 度	★☆☆☆☆

　南アフリカに60種ほどが知られています。多くの種は3稜形〜舌状の肉質の葉を出し、黄色の美しい花を咲かせます。冬型メセン類の中では育てやすく、夏の暑さにも比較的よく耐え、暖地では冬でも屋外で育てられます。丈夫でよくふえます。

ロンガム
Glottiphyllum longum

多肉質の葉の間から黄色の花を咲かせます。寒さには比較的強く、関東以西では冬でも屋外で栽培できます。

イーレンフェルディア
Ihlenfeldtia

DATA	
科　　名	ツルナ科
原 産 地	南アフリカ
生 育 型	冬型
水 や り	秋〜春は2週に1回、夏は断水
根の太さ	細根タイプ
難 易 度	★★☆☆☆

　近年、ケイドリプシス属より分離された新しい属で、南アフリカに3種ほどが知られています。ケイドリプシス同様の多肉質の葉が対になって出て、その間から光沢のある黄色の花を咲かせます。日本で普通に出回っているのはバンジリーだけです。

バンジリー
Ihlenfeldtia vanzylii

南アフリカ南西部原産で、現地では石のかたまりのように群生します。高さ5cmほどで、黄色の花を咲かせます。「麗玉（れいぎょく）」という和名があります。

ラピダリア
Lapidaria

DATA	
科　　名	ツルナ科
原 産 地	南アフリカ、ナミビア
生 育 型	冬型
水 や り	秋〜春は週1回、夏は月1回
根の太さ	細根タイプ
難 易 度	★★☆☆☆

　南アフリカからナミビアの、標高660〜1000mあたりの乾燥地帯に、「魔玉」（マルガレタエ）1種のみが知られている、1属1種の多肉植物です。通常、1年に2〜3対の白っぽい多肉質の葉を出します。冬に黄色の花を咲かせます。生長すると群生株になります。

魔玉　まぎょく
Lapidaria margaretae

石を割ったような姿がユニークな多肉植物です。生長は遅く、大きな群生株になるには時間がかかります。

リトープス
Lithops

DATA

科　名	ツルナ科
原産地	南アフリカ、ナミビアなど
生育型	冬型
水やり	秋〜春は2週に1回、夏は断水
根の太さ	細根タイプ
難易度	★★★★☆

　南アフリカやナミビアなどを中心に多くの種類が自生する、「生きた宝石」とも呼ばれる玉型メセンです。個体変異が多く、正確な種数はよくわからないようです。一対の葉と茎が合体した不思議な姿が特徴で、これは動物の食害から身を守るために進化した結果。石に擬態しているとされています。頂部には模様の入った窓があり、光をここから吸収しています。レッドやグリーン、イエローなどさまざまな色合いと模様があり、多くの品種が出回るコレクション性の高い属といえます。

　生長期は秋〜春にかけての冬型で、夏に休眠します。とにかく日光を好むので、日当たりと風通しのよい場所で管理しましょう。夏は遮光した半日陰で涼しくして断水します。表面のハリがなくなってきますが、秋まで水をやらずに見守ります。春または秋になると新葉を形成して脱皮します。冬の生長期でも、水を与えすぎると腐ってしまうので、なるべく乾かしぎみに育てるとよいでしょう。

日輪玉 にちりんぎょく
Lithops aucampiae

赤褐色の葉で、頂面には黒褐色の模様が入ります。リトープスの中でも栽培しやすい品種で、よく脱皮して株もふえやすい一般種です。花は黄色の秋咲き。

ブロムフィールディー・ラウディナエ
Lithops bromfieldii var.*graudinae*

赤っぽい色をした頂面に明瞭なくぼんだ溝が不規則に刻まれます。中型で、10頭以上の群生株になります。「柘榴玉」系で、秋に黄花を咲かせます。

黄鳴弦玉 きめいげんぎょく
Lithops bromfieldii var.*insularis* 'Sulphurea'

あざやかな黄緑色を呈する小型種で、頂面には濃い褐色の模様があり、比較的群生させやすい品種です。花は黄金色で初秋に開花します。

神笛玉 じんてきぎょく
Lithops dinteri

ナミビア原産のリトープスで、秋にあざやかな黄色の花を咲かせます。窓の部分に入る赤い模様が特徴で、いろいろなタイプの個体があります。

麗虹玉 れいこうぎょく
Lithops dorotheae

灰緑、もしくはやや赤みを帯びる色彩で、頂面に濃い褐色の模様が入ります。丸みのある立性で群生しやすいタイプです。秋に咲く花は黄色。

聖典玉 せいてんぎょく
Lithops framesii

丸形の大型種で、球の側面は灰緑色、頂面は白色の網目模様が入ります。群生しやすく、リトープスの中でも大型株になるタイプ。花は白色で晩秋に開花します。

PART 3 ツルナ科

▶リトープス

楽地玉 らくちぎょく
Lithops fulviceps var.*lactinea*

フルビセプスの変種です。扁平球で頂部は平たく、ほとんど円形。合着しないこまかな斑点模様も特徴です。濃い黄花を咲かせます。

双眸玉 そうぼうぎょく
Lithops geyeri

グリーン系のリトープスで、頂面は濃い緑色の斑点模様。秋に咲く花は白色。多湿が苦手なので、特に夏は風通しよく育てるのがコツです。

巴里玉 ばりぎょく
Lithops hallii

赤みを帯びた褐色の網目模様が美しい品種で、花は大輪の白花です。日当たりが悪いと縦に長く伸びて、形がくずれてしまいます。

青磁玉 せいじぎょく
Lithops helmutii

透き通るような明るい緑色の体色をもつリトープス。群生しやすく、大株に仕立てることも可能です。花は黄色で晩秋に開花します。

レッドブラウン
Lithops hookeri var.*marginata* 'Red-Brown'

名前のように全体が赤茶色のリトープス。窓の部分にしわが寄ったようになる、おもしろい品種です。秋に美しい黄色の花を咲かせます。

福来玉 ふくらいぎょく
Lithops julii var. *fulleri*

窓の部分にひび割れのような模様が入るリトープス。秋に白い花を咲かせます。赤みが強い「紅福来玉」、茶色の「茶福来玉」などもあります。

琥珀玉 こはくぎょく
Lithops karasmontana ssp.*bella*

頂面が黄色に色づくタイプ。模様は褐色のラインが鮮明にあらわれる中型種で、よく群生します。花は白色。「赤琥珀」は肌が赤色の変種です。

カラスモンタナ・ティッシェリー
Lithops karasmontana var.*tischeri*

「花紋玉」系の中型のリトープスです。頂面は平坦で割れ目は浅く、葉は合着します。15頭くらいの株になります。

PART 3　ツルナ科

▶ リトープス

カラスモンタナ・トップレッド
Lithops karasmontana 'Top Red'

色あざやかな赤い模様を強調させた、カラスモンタナの改良品種です。頂面部分は平坦でバランスのよい美しい形状。花は白色。

紫勲 しくん
Lithops lesliei

古くから親しまれている品種です。赤い色合いの扁平大型種で、球径5cmにまで生長します。頂面は黒褐色のこまかな模様で覆われます。初秋に黄色い花が咲きます。

小型紫勲 こがたしくん
Lithops lesliei

「紫勲」系の小型の種で、分頭して30頭以上になります。色は「紫勲」と同様。窓は半透明でこまかい枝模様があり、まわりは無数の点に囲まれます。

レスリー・アルビニカ
Lithops lesliei 'Albinica'

美しい緑色をしたレスリーの品種のひとつです。「白花黄紫勲（しろばなきしくん）」とも呼ばれます。

宝留玉 ほうるぎょく
Lithops lesliei var.*hornii*

「紫勲」系の中〜大型種で、分頭して15頭くらいになります。割れ目は浅く、頂面は平らです。

レスリー・キンバリーフォーム
Lithops lesliei 'Kimberly form'

レスリーにはいろいろなタイプがあり、6つのグループに分けられています。本種はキンバレー（地名）に自生するもので、窓にあるこまかい模様が特徴です。

レスリー・ルブロブルネア
Lithops lesliei 'Rubrobrunnea'

濃い桃褐色の美しいリトープスで、窓は半透明の暗灰緑色になります。「紫褐紫勲」とも呼ばれます。

レスリー・オレントン
Lithops lesliei 'Warrenton'

「紫勲」系のリトープスにはいろいろなタイプがありますが、本種もその中のひとつ。径5cmほどになり、花径3〜4cmほどの黄色の美しい花を咲かせます。

▶ リトープス

絢爛玉　じゅんらんぎょく
Lithops marthae

黄緑色で頂面が少しふくらむ、変わったリトープスです。花は黄色です。「春雷玉（しゅんらいぎょく）」と呼ばれることもあります。

レッドオリーブ
Lithops olivacea var.*nebrownii* 'Red Olive'

美しい紅紫色が人気のリトープス。窓の部分は模様が少なく、透明感があります。「紅オリーブ玉」とも呼ばれます。

紅大内玉　べにおおうちぎょく
Lithops optica 'Rubra'

ナミビアに自生するオプティカの品種で、全体が透明感のある赤色に染まります。窓に模様はありません。花は白色で花弁の先はピンクになります。

大津絵　おおつえ
Lithops otzeniana

グリーンから褐色の葉をもち、丸みを帯びた窓部分には大きめの斑点模様が入ります。秋に2cm程度の小さな黄花を咲かせます。

麗春玉 れいしゅんぎょく
Lithops peersii

「碧瑠璃」系の中型種で、6〜8頭くらいになります。頂面には暗青緑色の透明点が散在して、はっきりした「窓」は作りません。

瑞光玉 ずいこうぎょく
Lithops dendritica

窓の部分に木の枝のような模様が入るリトープス。リトープスの多くは秋に咲きますが、本種は春から夏に咲くことも多いようです。

李夫人 りふじん
Lithops salicola

灰緑色の肌をもつ立性タイプで、リトープスの中でも育てやすい品種です。頂面には茶色の模様と黄色の点模様があります。秋に白花が咲きます。

紫李夫人 むらさきりふじん
Lithops salicola 'Bacchus'

「バッカス」とも呼ばれる、全体が紫色の美しい品種で、特に上面の透明な窓がきれいです。秋に、白い清楚な花を咲かせます。

▶リトープス

サリコーラ・マキュラータ
Lithops salicola 'Maculate'

「李夫人」系の中〜小型種で、「マキュラータ李夫人」とも呼ばれます。葉は丈の高い倒円錐形で、よくふえ、50頭以上の群生株になります。

碧朧玉 へきろうぎょく
Lithops schwantesii var. *urikosensis*

帯褐灰色のリトープスです。頂面は扁平な円形で、紅色の模様が入ります。花は黄色です。「招福玉(しょうふくぎょく)」、「瑞玉(ずいぎょく)」とも呼ばれます。

シュワンテシー・グリエルミー
Lithops schwantesii ssp. *gulielmi*

頂面はやや扁平で、透明感のある薄茶色の地に濃い茶色の模様が入る、美しい品種です。シュワンテシーの亜種とされています。

碧瑠璃 へきるり
Lithops terricolor 'Prince Albert form'

窓の部分のこまかい模様が美しいリトープスで、「プリンスアルバート」とも呼ばれます。秋に、鮮やかな黄色の美しい花を咲かせます。

オフタルモフィルム
Ophthalmophyllum

DATA

科　名	ツルナ科
原産地	南アフリカ
生育型	冬型
水やり	秋～春は2週に1回、夏は断水
根の太さ	細根タイプ
難易度	★★★★★

　南アフリカのケープ州の周辺に20種類ほどが自生している、小型の玉型メセンです。全体の形は一対の葉で構成された円筒形で、コノフィツムによく似ています。最近はコノフィツム属とされることもあります。葉は緑、ピンク、赤などときれいで、葉先の窓が大きく透明で美しく、人気があります。花も美しく、園芸品種も多数出回っています。
　性質や育て方はコノフィツムとほぼ同じです。生育がよければ1対の葉の間から2株が出てふえますが、分球は少なく、群生しにくい種類です。繁殖はほとんどが実生によります。
　生長期は秋～春の冬型で、夏は断水して休眠させます。休眠中は直射日光は避け、涼しい日陰で管理します。寒さにはそれほど弱くありませんが、冬は室内にとり込んだほうが安全です。できれば直射日光の当たる窓辺などに置くと充実した株になります。
　花は多くが秋咲きで、昼咲き種と夜咲き種があります。

風鈴玉　ふうりんぎょく
Ophthalmophyllum friedrichiae

古くから知られている品種で、あざやかな銅赤色の色彩が目を引きます。頂部はふくらみがあり、大きな窓になっています。真夏の強い日ざしは避けましょう。

リトルウッディー
Ophthalmophyllum littlewoodi

南アフリカ北西部のウムダウス原産です。赤みを帯びた美しい緑色で人気があります。花は白色、分頭はあまりよくありません。

▶ オフタルモフィルム

ロングム
Ophthalmophyllum longm

透明な窓が美しい種類で、白〜淡いピンクの花を秋から冬に咲かせます。水は控えめに与えるのがよく、生長期でも水を与えすぎると身割れすることがあります。

リディアエ
Ophthalmophyllum lydiae

南アフリカ原産の、緑色の窓が美しい種類です。原種は入手が困難で、出回っているのはほとんどが交配種で、写真の株も交配種と思われます。

秀鈴玉 しゅうれいぎょく
Ophthalmophyllum schlechiteri

薄いピンクの花を秋に咲かせます。「風鈴玉」によく似ていて、透明の窓が美しい種類です。育て方も同じで、夏は水をきって休眠させます。

ベルコーサム
Ophthalmophyllum verrucosam

ベージュに暗茶色の斑点が入ったオフタルモフィルムで、窓の部分は透明感があります。花は白で、あまり群生することはありません。

オドントフォルス
Odontophorus

DATA
科　　名	ツルナ科
原 産 地	南アフリカ
生 育 型	冬型
水 や り	春秋は週1回、夏は断水、冬は週1回
根の太さ	細根タイプ
難 易 度	★★☆☆☆

　南アフリカの西北部のナマクワランドに5～6種が自生している小属で、「妖鬼」「騒鬼」「笑鬼」「歓鬼」などの、おもしろい和名がつけられています。白から黄色の花を咲かせます。夏は日陰に置いて断水します。冬は日当たりのよい室内で、最低5度以上を保ちます。

アングスティフォリウス
Odontophorus angustifolius

オドントフォルスの基本種で、縁に鋸歯があり葉を左右に交互に広げます。横に広がりやすく、わりあい容易に群生します。黄色の美しい花を咲かせます。

オスクラリア
Oscularia

DATA
科　　名	ツルナ科
原 産 地	南アフリカ
生 育 型	冬型
水 や り	秋～春は週1回、夏は月2回
根の太さ	細根タイプ
難 易 度	★☆☆☆☆

　南アフリカのケープ半島に数種が自生するだけの小さな属ですが、丈夫で花も美しいため「白鳳菊」や「琴爪菊（きんそうぎく、*O.caulescens*）」などが古くから栽培されています。茎は立ち上がって低木状になります。冬型としましたが、暑さにも耐え、夏型とすることもあります。

白鳳菊　はくほうぎく
Oscularia pedunculata

白い粉をまとった肉厚の葉が美しい、花ものメセンの仲間です。春にピンクの美しい花を咲かせます。茎が伸びやすいので摘芯して側枝を出させるとよいでしょう。

プレイオスピロス
Pleiospilos

DATA
科　　名	ツルナ科
原 産 地	南アフリカ
生 育 型	冬型
水 や り	秋～春は2週に1回、夏は断水
根の太さ	細根タイプ
難 易 度	★★★★★

　ぷっくりと丸い葉と斑点模様の玉型メセンの仲間です。葉を形よく肥大させるためには、春と秋の生長期に十分日光に当てることが大切。この時期に日照不足になると、生育も止まり、花つきも悪くなります。ただ真夏の間は風通しのよい涼しい場所に移動して断水します。

明玉　めいぎょく
Pleiospilos hilmari

淡い紅色の肌に濃い緑色の斑点が入る小型種で、葉の長さは3cmほど。花は大きめの黄花を咲かせます。4月ごろから少しずつ水やりを控えて夏越しに備えます。

帝玉　ていぎょく
Pleiospilos nelii 'Teigyoku'

メセンの仲間では比較的大型で、直径が5cmほどになり、まるで石ころのようです。暑さ寒さには比較的強く、冬でも屋外で生育します。できるだけ日に当てるのがポイント。

紅帝玉　べにていぎょく
Pleiospilos nelii var. *rubra*

「帝玉」の紅葉変種で、「紫帝玉（していぎょく）」とも呼ばれます。花も紫色できれいです。基本種の「帝玉」よりは少し作りにくいようです。

ナンサス
Nananthus

DATA
科　　名	ツルナ科
原 産 地	南アフリカ
生 育 型	冬型
水 や り	秋〜春は2週に1回、夏は月1回
根の太さ	細根タイプ
難 易 度	★★☆☆☆

　南アフリカの中央部に10種ほどが自生する小属です。断面が三角形の多肉質の葉をつけ、白や黄色、黄色に赤い筋入りなどの花を咲かせます。地下には太い塊根性の茎があり、長年栽培するとコーデックス（塊根植物）のような貫禄のある姿になります。

アロイデス
Nananthus aloides

南アフリカ中央部原産。茎の基部が太るコーデックスの一種で、幅12cmほどの群生株になります。生長が遅く、写真の株で15年ほど。冬咲きで花は黄色です。

トリコディアデマ
Trichodiadema

DATA
科　　名	ツルナ科
原 産 地	南アフリカ
生 育 型	冬型
水 や り	秋〜春は2週に1回、夏は月1回
根の太さ	細根タイプ
難 易 度	★★☆☆☆

　南アフリカの広い範囲に50種ほどが分布する大きな属で、葉は小さくて先に細いトゲがあります。花は赤、白、黄色と多彩です。何年も栽培していると根茎が肥大するコーデックスのひとつで、味わいのある株になります。寒さには強く、冬でも屋外で栽培できます。

紫星晃 しせいこう
Trichodiadema densum

ピンクの花が美しい種類で、長年栽培すると株元が肥大して塊根状になります。寒さには比較的強く、関東以西では冬でも屋外で栽培できます。

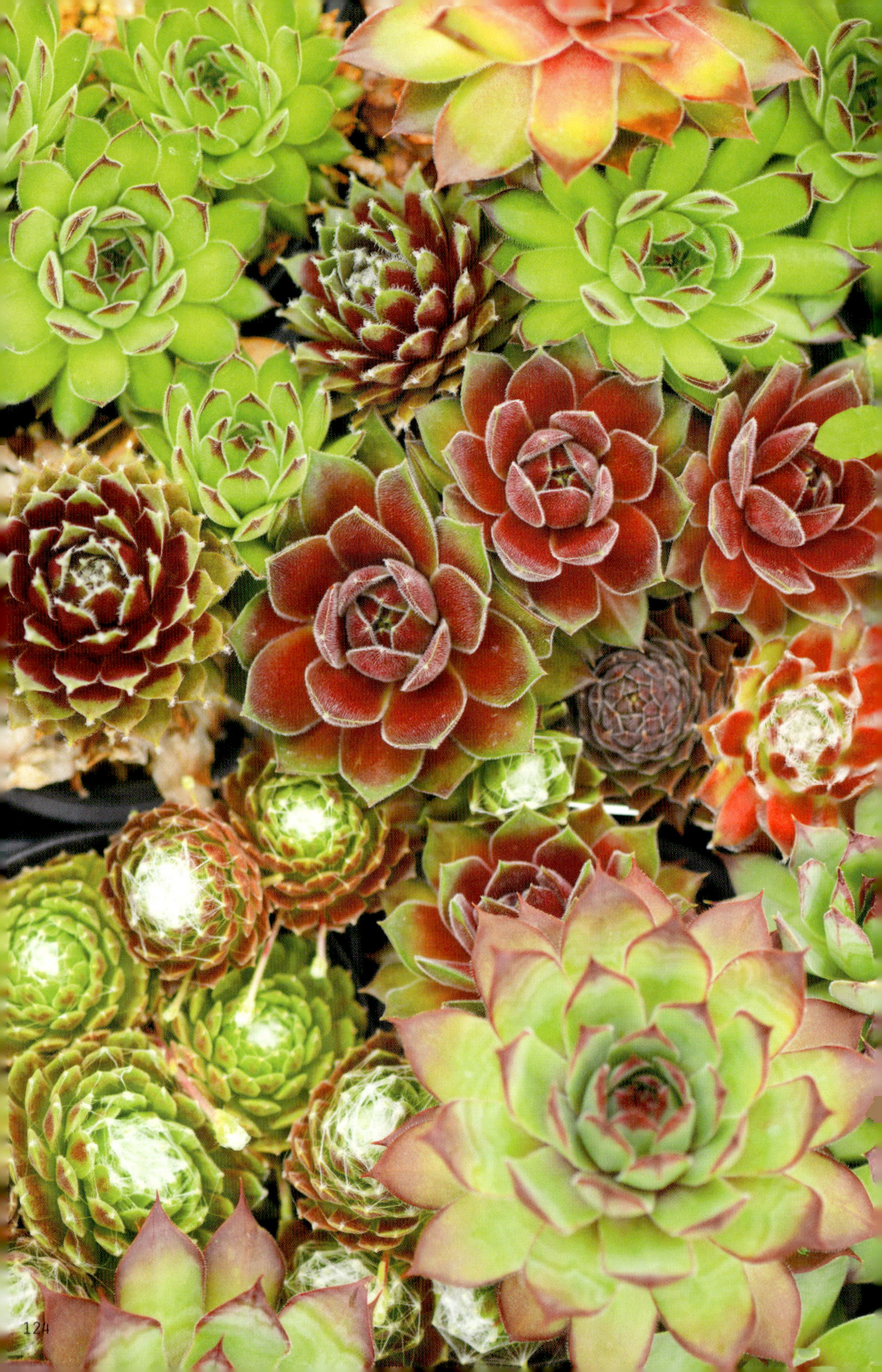

PART4
ベンケイソウ科

多肉植物を代表する科のひとつです。世界の各地に1400種ほどが知られ、いろいろなタイプのものがありますが、茎が短く、多肉質の葉をロゼット状に出すエケベリアやセンペルビブムなどが人気です。球状の葉をつけるセダムやパキフィツムなども人気で、丈夫でよくふえ、寄せ植えなどにもよく使われます。

アドロミスクス
Adromischus

DATA

科　名	ベンケイソウ科
原産地	南アフリカ
生育型	春秋型
水やり	春秋は週1回、夏冬は3週に1回
根の太さ	細根タイプ
難易度	★★☆☆☆

　南アフリカに30種ほどが知られている、奇妙な造形と個性的な模様が魅力の多肉植物です。変異が多く、バラエティー豊富な種類が多数あって、コレクションアイテムとしても高い人気を誇ります。高さ10cmほどの小型種が多く、生長はゆっくりです。花は地味で、あまり目立ちません。葉模様の柄や色合いは、栽培環境によっても変化します。

　丈夫な種類が多く、日当たりと風通しのよい場所で管理できれば、栽培は比較的容易です。

生長期は春と秋で、夏は休眠します。

　夏の直射日光には注意が必要で、真夏は20〜30％遮光した半日陰で栽培しましょう。室内ならレース越しの窓辺などがおすすめです。夏は水やりも控えめにします。寒さには比較的強く、関東以西では冬でも屋外での栽培が可能です。

　挿し芽や葉挿しで簡単にふやすことができます。時期は秋の初めがおすすめ。植えかえ適期も初秋です。

クーペリー
Adromischus cooperi

ぷっくりと太った葉と波打つ葉先、赤みを帯びる斑点模様が特徴です。基本種のほかに、矮性で葉が丸いダルマ型や、葉色が白っぽい白肌タイプなどがあります。

達磨クーペリー だるま
Adromischus cooperi f.compactum

クーペリーの極丸葉のタイプ

達磨神想曲 だるましんそうきょく
Adromischus cristatus var.*schonlandii*

卵形からこん棒状になる多肉質の葉をつけます。春と秋が主な生長期で、暑さに弱く、夏の管理には注意が必要です。

クリスタータス・セイヘリー
Adromischus cristatus var.*zeyheri*

クリスタータスの中では葉が薄く、ウエーブするタイプです。強健で育てやすい種類です。

天章(永楽) てんしょう(えいらく)
Adromischus cristatus

明るいグリーンの斧(おの)状の葉を展開させるアドロミスクス。葉に斑模様はなく、葉先は波打ちます。生長すると茎にこまかな気根が発生します。

フィリカウリス
Adromischus filicaulis

先端がとがる筒状の葉に、銅色の斑模様が入ります。葉色がシルバーやグリーンのタイプがあり、バリエーション豊富。色彩に深みのある斑模様がきれいです。

PART 4 ベンケイソウ科

▶アドロミスクス

フィリカウリス
Adromischus filicaulis

フィリカウリスの一型で、白い葉にゴマのような黒い斑点が入るのが特徴です。

松虫 まつむし
Adromischus hemisphaericus

茎の下部は塊根状で、ふくらみのある円形の葉をたくさんつけます。緑色の葉にはアドロミスクス特有の斑模様があらわれます。

雪御所 ゆきごしょ
Adromischus leucophyllus

白い粉のついた葉が魅力で、触れたり、水をかけたりして粉を落とさないように注意しましょう。新芽は赤色で白粉はついていません。夏は休眠させます。

御所錦 ごしょにしき
Adromischus maculatus

色彩に深みのある斑模様が美しく、比較的薄めの円形葉が特徴。模様がこまかく色合いが濃いタイプは「黒葉御所錦」と呼ばれます。

マリアンナエ
Adromischus marianiae

マリアンナエには変異が多いのですが、写真は代表的な種です。葉の模様ががとてもきれいな人気種です。初夏には花茎を伸ばして白い花を咲かせます。

マリアンナエ・ヘレー
Adromischus marianiae var.*herrei*

小さな突起がたくさんある奇妙な多肉質の葉をつけます。葉は長さ5cmほど。秋～春が生長期で、夏は断水します。葉色に特徴がある、いくつかの品種があります。

マリアンナエ・インマキュラツス
Adromischus marianiae var.*immaculatus*

マリアンナエの変種で、小苗のうちは「銀の卵」に似ていますが、葉先が茶色で、葉に凹凸がないのが特徴です。

銀の卵 ぎんのたまご
Adromischus marianiae 'Alveolatus'

葉はかたく、凹凸があり、綿毛をまとったような卵型で、上面には少し溝があります。秋から春が生長期ですが、生長が遅い、気難しい種類です。

PART 4 ベンケイソウ科

▶アドロミスクス

マリアンナエ・ブルヤンマッキン
Adromischus marianiae 'Bryan Makin'

イギリスのBryan Makin氏作の園芸種。逆三角形の厚い葉が特徴です。

シュルドチアヌス
Adromischus schuldtianus

マリアンナエと同様に、多くのタイプがある種類です。茎が伸びず、葉はあまり厚くありません。株元から子株を出して群生します。

トリギヌス
Adromischus trigynus

白い葉に入る褐色の斑点が特徴。マリアンナエにも似ているものがありますが、こちらは少し薄くて広葉です。

エスカップ
Adromischus 'Escup'

茎立ちして20cmほどに生長し、その後倒れた状態で枝を出して群生します。アドロミスクスの中では栽培しやすいほうで、丈夫です。

アエオニウム
Aeonium

DATA

科　　名	ベンケイソウ科
原 産 地	カナリア諸島、北アフリカなど
生 育 型	冬型
水 や り	秋～春は週1回、夏は月1回
根の太さ	細根タイプ
難 易 度	★★☆☆☆

　密に重なるロゼット状の葉が特徴です。冬は日当たりのよい窓際に置きます。夏は屋外の風通しのよい涼しい場所で、水やりを控えめに管理します。木立ちするものが多く、大きな株に仕立てることもできます。冬に日照不足になると徒長するので注意します。徒長した株は挿し芽をして更新します。

黒法師　くろほうし
Aeonium arboreum 'Atropurpureum'

つややかな黒い葉色が人気のアエオニウム。1mくらいに生長した大株では、春に黄色の花を咲かせます。日当たりのよい涼しい場所で管理するとよいでしょう。

艶日傘　つやひがさ
Aeonium arboreum ' Luteovariegatum'

アルボレウムの斑入り品種で、淡黄色の覆輪が入ります。中型で高さは50cmほどまで。ときどき先祖返りして緑葉に戻ります。

まだら黒法師　まだらくろほうし
Aeonium arboreum var.*rubrolineatum*

濃い紫色の葉にきれいな斑が入りますが、これは自然斑で、突然変異斑ではありません。生長すると茎が立ち上がってきます。

▶ アエオニウム

オーレウム
Aeonium aureum

ロゼット状の葉は密であまり広がらないのが特徴です。夏場の日ざしと暑さが苦手なので、涼しく管理しましょう。1995年にグリノピア属から転属されました。

笹の露 ささのつゆ
Aeonium dodrantale

夏の間は葉を閉じて休眠し、秋になると葉を開きます。わき芽がたくさん出るので、切り離してふやすことができます。グリノピア属から1995年に転属されました。

光源氏 ひかるげんじ
Aeonium percarneum

白い粉がかかったピンクの葉が美しいアエオニウムです。生長すると茎が伸びて木立ち状になり、ピンクの小花をたくさん咲かせます。

サンデルシー
Aeonium saundersii

まるで花を咲かせたかのように枝先にロゼットの葉をつけます。夏の休眠期にはロゼットがつぼまり、玉のようになります。

小人の祭 こびとのまつり
Aeonium sedifolium

長さ1cmほどの多肉質の葉をたくさんつけ、幹立ち状に群生します。葉は紅葉期にはオレンジ色に染まります。冬は室内の明るい場所で管理します。

明鏡 めいきょう
Aeonium tabuliforme

微毛のある複数の葉が重なり、テーブルのように広がっていく珍しい形状のアエオニウムです。草丈は低く、生長すると直径30cm程度まで大きくなります。

サンバースト
Aeonium urbicum 'Variegatum'

緑に黄色の鮮やかな斑がさえる大型種。春と秋の生長期に葉が紅葉するとさらに美しくなります。生長すると、夏場に淡いクリーム色の花を咲かせます。

ベロア
Aeonium 'Velour'

「黒法師」と「香炉盤」の交配で、暑さにも強く育てやすい品種です。株元からたくさんの子株を出し、冬に挿し芽でふやせます。別名「カシミヤバイオレット」。

PART 4 ベンケイソウ科

コチレドン
Cotyledon

DATA

科　名	ベンケイソウ科
原産地	南アフリカ
生育型	夏型
水やり	春〜秋は週1回、冬は月1回
根の太さ	細根タイプ
難易度	★★★☆☆

　アフリカ南部を中心に20種ほどが分布する多肉植物です。肉厚の葉は個性的でバリエーションに富み、冬に色づくものや白粉を帯びるもの、微毛があるもの、光沢感のあるものなどさまざまで、園芸品種も多数作られています。多くは茎が伸びて木立ち状に生長し、茎の下部は木質化していきます。

　夏型で、生育する期間は春〜秋です。基本的には日当たりと風通しのよい場所を好みますが、真夏の直射日光は避け、半日陰で管理しましょう。白粉葉タイプは葉に水がかからないように注意します。

　強い株を作るには屋外での栽培がおすすめですが、真冬は日当たりのよい室内に移動させます。休眠する冬季は水やりを控えめにしますが、断水ではなく、葉にハリがなくなってきたら与えましょう。

　繁殖は、葉挿しは向かず、春先に挿し芽で行います。株全体のバランスがくずれてきたら剪定して、切った枝を挿し穂にします。

熊童子　くまどうじ
Cotyledon ladismithiensis

クマの手のような肉厚の葉が特徴。微毛に覆われたぷっくりとした黄緑色の葉と、先端の小さな赤い爪が印象的です。高温多湿が苦手なので夏の管理に気をつけて。

熊童子錦　くまどうじにしき
Cotyledon ladismithiensis f.variegata

クマの手のような肉厚の葉が特徴の「熊童子」の斑入り品種です。夏型種にされていますが、高温多湿に弱いので、夏の管理は注意が必要です。

PART 4 ベンケイソウ科

子猫の爪 こねこのつめ
Cotyledon ladismithiensis cv.

「熊童子」と同じ仲間で形状も似ていますが、先端の突起が少なく、葉も細長いため、「子猫の爪」と名づけられました。真夏と冬は水を控えめにして育てます。

福娘 ふくむすめ
Cotyledon orbiculata var.*oophylla*

白粉を吹いた紡錘形の葉と、縁の紅色があざやかな品種。初夏から秋にかけて花茎を長く伸ばして、数輪の花をつけます。花は釣り鐘状のオレンジ色。

嫁入娘 よめいりむすめ
Cotyledon orbiculata cv.

葉の表面に白い粉を吹き、白っぽく見える葉が特徴のオービキュラータ。葉の先端は縁をなぞるように紅色が入り、紅葉期には全体が赤く色づきます。

白眉 はくび
Cotyledon orbiculata cv.

数あるオルビキュラータの交配種のひとつで、白い大きな葉にエッジが赤くなる美種です。

135

▶コチレドン

旭波錦 きょくはにしき
Cotyledon orbiculata'Kyokuhanishiki'f.variegata

葉の縁が波打つのが「旭波」、あまり波打たないのが「旭波錦」で、本種はその斑入り品種です。「旭波の光」と呼ばれることもあります。

パピラリス
Cotyledon papilaris

光沢のある楕円形の葉の先端をあざやかな紅色が縁取ります。草丈はあまり高くならず、群生させるとたくさんの赤花が咲いてみごと。花期は春〜初夏。

ペンデンス
Cotyledon pendens

丸い葉がかわいいコチレドンです。茎が這うように伸びて、大きな赤い花が咲きます。夏は強い日ざしを避け、半日陰で管理しましょう。

銀波錦 ぎんぱにしき
Cotyledon undulata

先端がフリルのように波打つ扇状の葉が美しいコチレドン。葉の表面には白い粉をまといます。葉になるべく水がかからないように注意しましょう。

クラッスラ
Crassula

DATA

科　　名	ベンケイソウ科
原 産 地	南部〜東部アフリカ
生 育 型	夏型、冬型、春秋型
水 や り	生長期は1〜2週に1回、休眠期は控えめに
根の太さ	細根タイプ
難 易 度	★★☆☆☆

　アフリカ南部を中心に500種ほどが知られている、魅力あふれる多肉植物の一大グループです。属名は「厚い」という意味で、ほとんどの種類が多肉質の葉をもちます。変化に富んだ形態が楽しめる仲間で、さまざまな品種が出回っています。なかには植物らしからぬ姿をした品種もあります。

　クラッスラは種類によって生長期が異なるので注意が必要です。夏型種や冬型種、春秋型種もあります。大型の種類は夏型、小型の種類は冬型が多い傾向があります。

　基本的には日当たりと風通しのよい場所で育てます。特に夏に休眠する冬型種や春秋型種は、日本の夏の高温多湿が苦手です。強い直射日光を避けた明るい日陰で、風通しよく夏越しさせるのがポイントです。夏型種は屋外で雨ざらしでもかまいませんが、「神刀」や「呂千絵」など白粉を吹くタイプは、雨が当たると汚れたり腐ったりするので、水やりの際にもなるべく水がかからないように注意しましょう。

火祭 ひまつり
Crassula americana 'Flame'

先のとがった赤い葉が炎のように見え、気温が低くなると赤みがいっそう増します。この紅葉を楽しむためには水と肥料を控えて、日によく当てるのがコツです。

クラバータ
Crassula clavata

南アフリカ原産の小型種で、肉厚の赤い葉が特徴です。日当たりが悪いと緑色になりますが、冬の寒さに当て、乾燥ぎみに育てるとよく色づきます。

PART 4 ベンケイソウ科

137

▶ クラッスラ

エルネスティ
Crassula ernestii

小さな葉を無数につけるクラッスラ。春〜秋に生長し、群生しやすく、日当たりよく育てると冬の乾燥期に紅葉が楽しめます。春に白い小花を咲かせます。

神刀 しんとう
Crassula falcata

刀型の葉を左右に交互に出して生長するクラッスラの仲間です。大株に育つと子株をわきから出します。耐寒性が低いので、冬は日当たりのよい室内で管理しましょう。

巴 ともえ
Crassula hemisphaerica

草丈があまり伸びないロゼットタイプのクラッスラ。反り返った葉を放射状に広げます。全体の直径が4〜5cmの小型種で、生長期は秋〜春の冬型。

銀盃 ぎんぱい
Crassula hirsuta

棒状のやわらかい葉をたくさん出し、秋から冬には赤く色づきます。夏は風通しのよい場所で乾きぎみに管理し、冬は室内で5度以上を保ちましょう。

PART 4 ベンケイソウ科

若緑 わかみどり
Crassula lycopodioides var.pseudolycopodioides

こまかな葉をひも状に重ねた姿が特徴的な夏型種。日照不足になると徒長して枝が垂れてきます。春から夏に摘芯するとわき芽が出て、こんもりと仕立てられます。

銀箭 ぎんせん
Crassula mesembrianthoides

他のクラッスラには見られない草姿。あざやかな緑色を呈したバナナ状の小さな葉には、白くこまかい毛が密に生えます。性質は丈夫で栽培しやすい品種です。

ナディカウリス・ヘレー
Crassula nadicaulis var.hereei

多肉質の葉を2枚ずつ対生させ、寒くなると赤く色づきます。夏は直射日光を避けて乾燥ぎみに、冬は凍らないように管理します。

オービキュラータ
Crassula orbiculata

ロゼット状のあざやかな葉色が印象的なクラッスラ。株元からたくさんランナーを伸ばして子株を作るタイプです。子株を植えつけるだけで簡単にふやせます。

▶ クラッスラ

ブルーバード
Crassula ovata 'Blue Bird'

「金の成る木」にはたくさんの品種があり、写真の株もその一種です。夏型のクラッスラで、丈夫でよくふえます。

黄金花月　おうごんかげつ
Crassula ovata 'Ougon Kagetu'

「金の成る木」(*Crassula ovata*) の園芸品種で、冬に黄色に紅葉して、葉が金貨のようになります（黄色でも紅葉という）。

ゴーラム
Crassula ovata 'Gollum'

おなじみの「金の成る木」(*C.* 'Money Plant') が変異した品種で、「宇宙の木」と呼ばれることもあります。夏型種として管理し、冬は室内で保護します。

ペルシダ・マルギナリス
Crassula pellucida var. *marginalis*

5mmほどの小さな葉をつけた10cmくらいの茎をたくさん出して、ブッシュ状になります。夏の高温は避けましょう。

星乙女 ほしおとめ
Crassula perforata

三角形の葉が対生して星形に見えるクラッスラ。春秋型で、冬の乾燥期は赤く色づきます。夏の多湿を嫌うので、雨は避けて風通しよく。挿し芽でふやせます。

南十字星 みなみじゅうじせい
Crassula perforate f.variegata

小さめの三角形の葉が連なるようにして縦に伸びていきます。枝分かれはしにくいので、群生させるには挿し芽でふやすとよいでしょう。春秋型で、真夏は半日陰で管理します。

プベッセンス
Crassula pubescens

こまかい毛が密生した棒状の葉をつけます。葉は、春と秋の生長期には緑色になりますが、夏や冬の休眠期には赤紫色に紅葉してきれいです。

紅稚児 べにちご
Crassula radicans

木立ち性の小型種で、生育は春〜秋の夏型。丸みを帯びた小さな葉をたくさんつけ、秋からあざやかな赤に色づき、かわいらしい白花を咲かせます。

PART 4 ベンケイソウ科

▶ クラッスラ

ロゲルシー(斑入り)
Crassula rogersii f.variegata

丸い多肉質の葉が特徴で、アトロプルプレア(*Crassula atropurpurea*)とよく間違えられます。写真の株は斑入り品種です。

稚児星錦 ちごぼしにしき
Crassula rupestris 'Pastel'

小さな葉が重なり合って伸びる小型のクラッスラ。日本産で、「稚児星」の斑入り品種です。このタイプは、よく似た種類がいくつかあります。

サルメントーサ
Crassula sarmentosa

緑色の葉に黄色の斑が入るクラッスラ。葉の縁にこまかいギザギザの切れ込みがあり、紅葉するとほんのりピンクに染まります。寒さに弱いので冬は室内で管理。

小夜衣 さよごろも
Crassula tecta

多肉質の葉を株元から出す冬型のクラッスラ。多肉質の葉には、こまかい白点がたくさんついていて、とてもきれいです。夏の高温には特に弱いので注意します。

PART 4 ベンケイソウ科

玉椿 たまつばき
Crassula teres

径1cmほどの棒状に伸びるクラッスラで、冬に白い花を咲かせます。葉はウロコのようにピッタリと張りついています。夏は直射日光を避け、乾きぎみに管理します。

桃源郷 とうげんきょう
Crassula tetragona

細長い葉をもつ木立ち性の夏型種。性質は丈夫で育てやすい品種。日当たりが悪いと徒長しやすく、葉色も悪くなるので注意します。

ブッダテンプル
Crassula 'Buddha's Temple'

「神刀」と「緑塔」の交配種です。三角形の葉が密に上向きに重なり合って独特の形状を作りだします。生長期は春〜秋。春に株元からたくさん子株を出します。

アイボリーパゴダ
Crassula 'Ivory Pagoda'

白い微毛に覆われた葉が重なり合うようにして生長するクラッスラの園芸品種。暑さや蒸れに弱いので、夏は特に風通しよく、水を控えめにして過ごさせます。

ダドレア
Dudleya

DATA

科　名	ベンケイソウ科
原産地	中米
生育型	冬型
水やり	春〜秋は2週に1回、冬は月1回
根の太さ	細根タイプ
難易度	★★☆☆☆

　カリフォルニア半島からメキシコにかけて40種程度が自生する多肉植物。人気種はロゼット状の葉で、粉吹きしたマットな質感が魅力です。極度の乾燥地帯がふるさとなので、日本の夏の高温多湿が苦手。風通しには十分な注意が必要です。

アテヌアータ・オルクッティー
Dudleya attenuata ssp.*orcutii*

茎は短く、多くの枝を出してその先に棒状の葉をつける小型種です。パウダーはそれほど濃くありません。花は淡い黄色、写真の株は幅5cmほどです。

仙女盃 せんにょはい
Dudleya brittoni

ダドレア属の代表種。大型で、古くなると短い茎を立ち上げます。写真の株は幅30cmほど。花は黄色。世界でいちばん白い植物といわれます。

グノマ
Dudleya gnoma

カリフォルニア半島原産で、白い粉のついた美しい多肉植物です。手で触ったりしないようにしましょう。「グリーニ」という間違った名前で流通していることもあります。

パキフィツム
Dudleya pachyphytum

白い粉をつけた肉厚の葉をもつ中型種。強い日ざしを好むので、屋外での栽培がおすすめ。葉に水がかからないようにし、一年中日当たりのよい場所で育てます。

プルベルレンタ
Dudleya pulverulenta

無茎で幅50cmにもなる大型種（写真の株は幅30cmほど）。「仙女盃」(144ページ)より葉は幅広で薄く、多くのパウダーがつきます。花は黄色です。

ビスシダ
Dudleya viscida

バハカリフォルニアの、カールスバッド原産。葉に粘り気があり、小昆虫を捕獲して肥料にします。食虫植物ともいえる珍奇種です。写真の株は幅15cmほどです。

ビリダス
Dudleya viridas

「グリーン仙女盃」とも呼ばれますが、「仙女盃」とは別種です。自生地では同じ場所に白い株と白くない株があるので混同されます。写真の株は幅20cmほど。

PART 4 ベンケイソウ科

エケベリア
Echeveria

DATA

科　　名	ベンケイソウ科
原 産 地	中米
生 育 型	春秋型
水 や り	春秋は週1回、夏は3週に1回、冬は月1回
根の太さ	細根タイプ
難 易 度	★★☆☆☆

　バラの花を思わせるようなロゼット型の葉が美しい多肉植物です。メキシコを中心に100種以上の原種があります。大きさもさまざまで、直径3cm程度の小型種から直径40cmにもなる大型種まであり、葉の色も緑や赤、黒、白、青色系など変化に富んでいます。また、季節に咲く花や秋ごろから色づく紅葉も美しく、見どころの多い仲間といえるでしょう。葉の形や色などの変異も多く、交配種や園芸品種が数多く作出され、出回っています。

　エケベリアの生長期は春と秋。生長期には十分な日当たりと風通しを確保して育てます。屋外で育てるのがおすすめです。品種によっては夏の高温が苦手なタイプや、逆に冬の低温に弱いタイプがあるので、夏と冬の管理には注意しましょう。適した環境下では、引き締まった形のよい株に生長します。

　全般的に生育が旺盛なので、毎年春先に一回り大きな鉢に植えかえるとよいでしょう。葉挿しや芽挿しで簡単にふやすこともできます。

古紫　こむらさき
Echeveria affinis

深い赤紫色の葉が特徴のシックなエケベリアです。よく日に当てると葉色が濃くなります。15cmほどの花茎を伸ばして濃紅色の花をつけます。写真の株は幅8cmほど。夏の暑さには弱いので注意します。

アガボイデス・ギルバ
Echeveria agavoides 'Gilva'

アガボイデスとエレガンスのハイブリッドで、タイプの異なるものが多数存在します。冬には赤く色づき、きれいです。

PART 4 ベンケイソウ科

相生傘 あいおいがさ
Echeveria agavoides 'Prolifera'

古くから栽培されているもので、アガボイデスの中では葉が細く、紅葉も派手ではありませんが、いろいろな品種の交配親として有名です。写真の株は幅20cmほど。

アガボイデス・レッドエッジ
Echeveria agavoides 'Red Edge'

葉の先端が鋭いのが特徴で、冬には縁が黒くなり迫力があります。寒さにも強い大型種で写真の株は幅30cmほどです。昔は「リップスティック」と呼ばれていました。

アガボイデス・ロメオ
Echeveria agavoides 'Romeo'

ドイツでアガボイデス・コーデロイの実生から生まれた美種。「レッドエボニー」という名前で流通していますが、この名前は無効。写真の株は幅15cmほどです。

鯱 しゃち
Echeveria agavoides f.cristata

アガボイデスの綴化品種。綴化すると葉は小さくなり矮性化します。綴化から戻ると、元のサイズに育ちます。写真の株は幅15cmほどです。

147

▶エケベリア

アガボイデス・コーデュロイ
Echeveria agavoides 'Corderoyi'

アガボイデスの変種で、葉先の赤い爪が特徴です。赤いアガボイデス・ロメオ（147ページ）は本種の実生から生まれた突然変異種です。

アモエナ・ラウ065
Echeveria amoena 'Lau 065'

アモエナの基本種と比べると、葉が青磁色で無茎です。子株を出してよくふえ、よい群生株を作ります。写真の株は幅10cmほどです。

アモエナ・ペロテ
Echeveria amoena 'Perote'

メキシコのペロテ産の株です。茎は少し長くなり、「ラウ065」より小型です。それぞれの株は幅2cmほどです。

カンテ
Echeveria cante

「エケベリアの女王」とも呼ばれる品種。生長するとロゼット径が30cmにもなる大型種です。葉は白い粉で覆われ、葉の縁が赤く、秋から冬には赤みが強まります。

銀明色 ぎんめいしょく
Echeveria carnicolor

茶色の「銀明色」が多く出回っていますが、名のとおり銀色の葉のものがきれいです。無茎で全体に扁平な草姿で、花は冬咲き。写真の株は幅4cmほどです。

チクレンシス・アンカシペルー
Echeveria chiclensis 'Ancach Peru'

ペルー原産の小型のエケベリアで、グリーン葉とブルー葉があります。写真の株はブルー葉で、幅7cmほど。無茎で、子株を出して群生します。

チワワエンシス
Echeveria chihuahuaensis

黄緑色の肉厚葉は白粉を帯び、先端がピンクに染まる中型のエケベリア。花はオレンジ色。写真は生長点がばらけずに育った株で、幅8cmほどです。

チワワエンシス・ルビーブルシュ
Echeveria chihuahuaensis 'Ruby Blush'

昔からのチワワエンシスのように生長点がばらけないで、きれいに育ちます。少し小型で、爪は大きく赤く染まります。写真の株は幅5cmほどです。

PART 4 ベンケイソウ科

▶ エケベリア

コッキネア(綴化)
Echeveria coccinea f.*cristata*

昔からよく出回っているコッキネアの綴化品種です。葉に短い毛があります。高山性の植物で、暑さに弱いので注意しましょう。写真の株は幅15cmほどです。

コロラータ
Echeveria colorata

エケベリア属の中型種の代表で、いろいろなタイプがあります。写真の株は標準型で、幅20cmほど。端正な姿で、多くの交配種の親となっています。

コロラータ・ブランディティ
Echeveria colorata var.*brandtii*

コロラータの変種で、基本種よりやや小型で、葉が細いのが特徴です。冬に紅葉すると、すばらしい紅色になります。写真の株は幅15cmほどです。

コロラータ・リンゼアナ
Echeveria colorata 'Lindsayana'

コロラータの優形種です。1992年の『メキシカンソサエティー』誌にすばらしい苗の写真が発表されましたが、その子孫が本当のリンゼアナでしょう。幅15cmほど。

コロラータ・タパルパ
Echeveria colorata 'Tapalpa'

コロラータの小型の変種です。特に白く、コンパクトな葉が特徴です。花は基本種と同じですが、サイズはやや小型です。写真の株は幅10cmほどです。

クライギアナ
Echeveria craigiana

クライギアナにはいくつかのタイプがありますが、写真は「ワンダフリー・カラード」と呼ばれる優形種。生長は遅く葉は軟質です。写真の株は幅10cmほどです。

クスピダタ
Echeveria cuspidata

中型の白いエケベリア。葉先の爪が、赤くなったあとに黒くなるのが特徴です。強健で育てやすく、多花性で交配にも使いやすい種類です。

クスピダタ・サラゴサエ
Echeveria cuspidata var.*zaragosae*

クスピダタの変種で、小型のエケベリアの人気種です。「ザラゴサ」とも呼ばれますが、正確に「サラゴサエ」と呼びたいものです。写真の株は幅6cmほど。

PART 4 ベンケイソウ科

▶エケベリア

■ **静夜** せいや
Echeveria derenbergii

小型エケベリアの代表種で、数多くの優形交配種の交配親になっています。幅6cmほどで、多くの子株をつけて群生します。初春にオレンジ色の花を咲かせます。

■ **ディフラクテンス**
Echeveria diffractens

小型のエケベリアで、ロゼットは幅5cmほどです。茎は伸びず、多くの花をつけます。以前はディフラガンス(*difragans*)と呼ばれていました。

■ **エレガンス**
Echeveria elegans

エケベリアの小型種の代表的な存在で、幅7cmほど。多くの優形種の交配親になっています。冬でも紅葉しないのが特徴で、エッジが半透明できれいです。

■ **エレガンス・アルビカンス**
Echeveria elegans 'Albicans'

エレガンスの優形品種で、葉が厚く、先端は少し紅葉します。子株を出して群生株になります。

エレガンス・エルチコ
Echeveria elegans 'Elchico'

メキシコのエルチコ産のエレガンスの新品種。葉の縁や爪が赤く染まるのは、いままでのエレガンスにはない特徴です。幅6cmほどです。

エレガンス・ラパス
Echeveria elegans 'La Paz'

メキシコのラパス産のエレガンスの実生苗ですが、産地がヒアリナ（155ページ）と同じなので同種とも考えられます。大ぶりで葉も多く幅8cmほどになります。

エレガンス・トラントンゴ
Echeveria elegans 'Tolantongo'

メキシコのトラントンゴ産の新品種で、どのエレガンスとも違う雰囲気です。この株は幅5cmほどで、まだ開花ステージになっていません。

エウリチラミス・ペルー
Echeveria eurychlamys 'Peru'

ペルー原産のエケベリアです。色は個性的な紫色で、メキシコのエケベリアとは少し雰囲気が違います。幅7cmほどです。

153

▶ エケベリア

寒鳥巣錦 かんとりすにしき
Echeveria fasciculata f.variegata

古くからありますが、謎のエケベリアです。写真の株は斑入り種で、幅7cmほど。夏の暑さに弱く、保存するのも大変です。栽培者のテクニックはみごとです。

フミリス
Echeveria fumilis

小型紫系の優良種。産地によりいろいろなタイプがありますが、写真はメキシコのシマパン産。暑さに弱く、夏は涼しくすることが大切。幅7cmほどです。

グラウカ・プミラ
Echeveria glauca var.*pumila*

庭のグラウンドカバーとして利用されているほど、丈夫なエケベリアです。幅10cmほどの美しい品種です。セクンダ（161ページ）の仲間だと考えられています。

グロブローサ
Echeveria globulosa

超栽培困難種です。高山性のエケベリアで、暑さに弱く、関東以西では夏越しが困難です。写真の株は幅5cmくらいです。

ヒアリナ
Echeveria hyaliana (Echeveria elegans)

『The genus Echeveria』に掲載されている「ヒアリナ」は葉数が少なくラフな感じですが、日本で流通しているのはこのタイプ。幅5cmほどとコンパクトです。

ラウイー
Echeveria laui

白エケベリアの王様がカンテなら、本種は女王といえるでしょう。幾多の交配種が作られていますが、この原種を超えるものはいまだに存在しません。幅10cmほど。

白兎耳 はくとじ
Echeveria leucotricha 'Frosty'

プルビナータ・フロスティ（159ページ）に似ていますが、こちらのほうが大型です。写真の株は幅10cmほど。葉先が茶色になるのが特徴です。

リラキナ
Echeveria lilacina

幅20cmほどの白粉を帯びる美種。リラシナ、ライラシナなどとも呼ばれますが、学名（ラテン語）をローマ字読みするのは難しいものです。

PART 4 ベンケイソウ科

▶エケベリア

リーオンシー
Echeveria lyonsii

2007年に承認された新種で、まだ非常に珍しい種類です。写真の株はメキシコのラパス産で、幅10cmほど。生長期には葉の縁がグリーンになります。

マクドウガリー
Echeveria macdougallii

木立ち性の小型のエケベリアで、幅は2cmほど、高さは15cmほどまでです。冬には赤く紅葉してかわいらしい感じです。

ミニマ
Echeveria minima

小型のエケベリアの代表種で、小さな品種作りの親として世界中で利用されています。葉色や爪の色の違うものは、いずれも交配種と思われます。

モラニー
Echeveria moranii

葉の縁が赤く色づくのが特徴で、交配親に使うとこの性質をもった子株が期待できます。幅6cmほどで群生します。高山性で暑さに弱いので注意しましょう。

紅司 べにつかさ
Echeveria nodulosa

木立ち性のエケベリアで、幅5cm、高さ15cmほどになります。いくつかの変種が知られていますが、写真の株は標準的なタイプ。高山性で暑さが苦手です。

紅司錦 べにつかさにしき
Echeveria nodulosa f.variegata

「紅司」の黄斑入りの品種です。増殖が難しく、苗はあまり見かけません。写真の株は幅8cmほど。夏は遮光下で涼しく過ごさせます。

パリダ・ハイブリッド
Echeveria pallida hyb.

パリダは丈夫で生長が速く、花粉も多いので「白鳳」などの交配親に使われていますが、本種もその交配種のひとつ。茎立ちするのと寒さに弱いのが難点。幅20cmほど。

ピーコッキー
Echeveria peacokii

ピーコッキーの基本種です。青磁色で幅広の葉が特徴で、周年、葉色は変化しません。写真の株は幅10cmほどです。

▶エケベリア

ピーコッキー・サブセシリス
Echeveria peacockii var.*subsessilis*

丸薄葉で大型になる、ピーコッキーの変種です。写真の株は幅15cmほど。エッジが少しピンクに紅葉します。

ピーコッキー・サブセシリス(斑入り)
Echeveria peacockii var.*subsessilis* f.*variegata*

ピーコッキー・サブセシリスの黄覆輪種です。葉挿しでは繁殖しないので、苗数は多くありません。暑さに弱いので夏季は注意しましょう。幅6cmほどです。

ピーコッキー・グッドルッカー
Echeveria peacockii 'Good Looker'

メキシコのプエブラ産のピーコッキーの優形種。少しコンパクトですが葉幅が広く、厚く、がっしりとした感じです。

花うらら
Echeveria pulidonis

エケベリアの中でも最も多く交配親として使われた有名な種類です。コンパクトでエッジが赤く色づくので、よい子供が期待できます。幅8cmほどです。

プルビナータ・フロスティー
Echeveria pulvinata 'Frosty'

プルビナータの白葉品種。背の低い立木性です。生長が速く丈夫で、寄せ植えの材料などに使われます。写真の株は左右15cmほどです。

大和錦 やまとにしき
Echeveria purpusorum

「大和錦」として流通している、赤くぷっくりした葉の品種は交配種の「ディオニソス」です。原種は写真のように葉が鋭くとがり、自然斑もくっきりときれいです。

ロドルフィー
Echeveria rodolfii

2003年に承認された新種です。マットでつや消しの紫色の葉が渋くて魅力的。多数の花をつけますが、花を咲かせすぎると株が弱るので注意。幅15cmほどです。

ルブロマルギナータ・エスペランサ
Echeveria rubromaruginata 'Esplranza'

ルブロマルギナータにはいくつかのタイプがありますが、本種もその一型。中型でセレクションほどではありませんが、少しフリルがあります。写真の株は幅15cmほど。

▶ エケベリア

■ ルブロマルギナータ・セレクション
Echeveria rubromaruginata 'Selection'

この株は、原種のルブロマルギナータからセレクションされた小型の選抜種です。葉のエッジを飾る小さいフリルが特徴です。

■ ルンヨニー
Echeveria runyoni

いくつかのタイプがありますが、これが基本型。青白い、端正な優形種です。写真の株は幅10cmほどです。

■ ルンヨニー・サンカルロス
Echeveria runyonii 'San Calros'

サンカルロスのシエラ山で最近発見されたルンヨニーの新顔。基本種より大型で扁平、ゆるやかなウエーブの葉が美しい品種。写真の株は幅15cmほど。

■ ルンヨニー・トプシーツルビー
Echeveria runyonii 'Topsy Turvy'

ルンヨニーの突然変異種で、葉が逆に折れ曲がっているのが特徴です。英語読みでトプシータビーともいわれます。強健種な普及品で、写真の株は幅10cmほどです。

セクンダ
Echeveria secunda var.*secunda*

たくさんのセクンダの中の基本的なタイプです。丈夫で、よく子株を出して群生株になります。写真の株は全体で幅15cmほどです。

セクンダ・レグレンシス
Echeveria secunda var.*reglensis*

セクンダの中では最も小型のタイプで、実生から1年で開花します。それぞれのロゼットは幅2cmほどですが、子株を出してかわいい群生株を作ります。

セクンダ・プエベラ
Echeveria secunda 'Puebla'

『The genus Echeveria』の247ページに掲載されているセクンダです。メキシコのプエブラ産で、セクンダの中では最も美しい。写真の株は幅10cmほどです。

セクンダ・テナンゴドロー
Echeveria secunda 'Tenango Dolor'

メキシコのテナンゴドロー産の、青磁色の美しいセクンダです。小型でよく子株を出して群生します。写真の株は幅5cmほどです。

▶エケベリア

セクンダ・サモラーノ
Echeveria secunda 'Zamorano'

メキシコのサモラーノ産の、葉の先の爪が赤くなる美種です。セクンダの中では少し栽培が難しい種類です。写真の株は幅6cmほどです。

セトーサ
Echeveria setosa var.*setosa*

葉に毛のあるのが特徴のセトーサの基本種です。セトーサ・ミノール（和名「青い渚」）に似ますが、ミノールはより小さく葉の先がとがります。写真は幅6cmほど。

セトーサ・デミヌータ
Echeveria setosa var.*deminuta*

セトーサの微毛、小型種です。セトーサすべてにいえることですが、夏の暑さに弱いので注意しましょう。写真の株は幅5cmほどです。

セトーサ・ミノール・コメット
Echeveria setosa var.*minor* 'Comet'

セトーサ・ミノールの実生苗の中からひとつだけ生えた突然変異種。放射状の葉の先がとがっているのが特徴です。「コメット」は彗星という意味。幅8cmほどです。

PART 4 ベンケイソウ科

シャビアナ・グリーンフリル
Echeveria shaviana 'Green Frills'

シャビアナの基本種には、ブルーフリルやピンクフリルなど、いろいろな葉のバリエーションがありますが、これはペレグリナ産のグリーンフリルです。

シャビアナ・ピンクフリル
Echeveria shaviana 'Pink Frills'

葉全体が薄紫に染まります。葉の表面は白粉を帯び、先端は軽く波打ちます。花は淡いピンク。夏の暑さにやや弱いので、しっかり遮光してください。

ストリクティフローラ・ブスタマンテ
Echeveria strictiflora 'Bustamante'

ブスタマンテ地方産のストリクティフローラの一型です。菱形で、白く輝くようなベージュ色の葉がユニークです。

サブコリンボサ・ラウ026
Echeveria subcorymbosa 'Lau 026'

026はアルフレッド・ラウ農場のコレクションナンバー。中広葉で少し大型になるエケベリアです。葉色はLau030よりも白く、あまり紅葉しません。幅6cmほどです。

▶エケベリア

サブコリンボサ・ラウ030
Echeveria subcorymbosa 'Lau 030'

小型でよく子株を出し、かわいい群生株となります。写真は幅4cmほどです。

サブリギダ
Echeveria subrigida

白い粉を帯び葉縁が赤く色づく大型種。写真の株は幅10cmほどですが、20〜30cmになります。葉挿しは難しいのですが、花茎についた小葉を使うとよく発根します。

トリマネンシス
Echeveria tolimanensis

白粉を帯びる棒状の葉がユニークな強健種です。花茎は短く、オレンジ色で多花性です。写真の株は幅7cmほどです。

トリアンティナ
Echeveria trianthina

紫葉の小型で地味な種類ですが、繁殖が難しいために、市場にはあまり出回らない珍品のひとつです。写真の株は幅5cmほどです。

ツルギダ・シエラデリシャス
Echeveria turgida 'Sierra Delicias'

葉が肉巻きするユニークな姿で、葉先の爪もかわいい種類です。夏の暑さに弱いので注意しましょう。デリシャス山産で、写真の株は幅7cmほどです。

エクシチュエンシス
Echeveria xichuensis

エケベリアの中で最も珍しいもののひとつです。タネの発芽率も悪く、栽培も難しいため、あまり出回りません。小型で葉の溝がユニークです。葉は4cmほど。

アグラヤ
Echeveria 'Aglaya'

茎が長い大型種のギガンテアに無茎のラウイーを交配したもので、無茎で葉はギガンテアのように大きくなります。花はラウイのように垂れ下がります。写真は幅20cmほど。

アフターグロー
Echeveria 'Afterglow'

サブリギダ×シャビアナとされていましたが、カンテ×シャビアナに変更されました。以前カンテとサブリギダを世界中が取り違えていたからです。幅30cmほど。

PART 4 ベンケイソウ科

▶ エケベリア

アフロディテ
Echeveria 'Aphrodite'

名前は「美と愛の女神」の意味。茶紫のユニークな葉色の、内側に曲がる厚葉が美しく魅力的です。写真の株は幅10cmほどです。

ベビードール
Echeveria 'Baby doll'

コロラータ・ブランディティにむっちりした丸い葉のケッセリンギアナをかけあわせてできた交配種です。写真の株は幅7cmほどです。

ベンバディス
Echeveria 'Ben Badis'

有名な交配種で、葉先の爪と葉裏の赤い筋がきれいです。写真の株は幅7cmほどです。

ブラックプリンス
Echeveria 'Black Prince'

アフィニス×シャビアナとされている交配種です。生長は速いのが特徴。夏の強光線には弱いので注意しましょう。写真の株は幅10cmほどです。

ブルーバード
Echeveria 'Blue Bird'

昔からある優形交配（カンテ×ピーコッキー）のひとつです。両親のよいところを受け継いだ、白く締まった葉が魅力です。無茎で、写真の株は幅15cmほどです。

ブルーエルフ
Echeveria 'Blue Elf'

「エルフ」は「小妖精」という意味。ピーコッキーにエル・エンキノを交配した、赤い爪をつけた、きれいな小型種です。写真の株は幅4cmほどです。

ブルーライト
Echeveria 'Blue Light'

日本の優形交配種のひとつで、作者は帯向氏。その当時の流行歌「ブルー・ライト・ヨコハマ」から名前をとったといわれます。写真の株は幅20cmほどです。

ボンビシナ(綴化)
Echeveria 'Bonbycina' f.*cristata*

普及種のボンビシナ（セトーサ×プルビナータ）の綴化株ですが、あまり見かけません。やはり暑さに弱いので、繁殖がよくないようです。写真の株は幅7cmほど。

PART 4 ベンケイソウ科

▶ エケベリア

ブラッドブリアナ
Echeveria 'Bradburyana'

よい交配種ですが、古い苗のためウイルスが入っているようで、きれいに作れないのが残念です。写真の株は幅7cmほどです。

カディ
Echeveria 'Cady'

カンテ×アフィニスで、ドイツのコーレスの交配種です。中型の紫葉で「ブループリンス」によく似ていますが、別種です。写真の株は左右20cmほどです。

カサンドラ
Echeveria 'Casandra'

カンテとシャビアナの交配種で、両親のよいところを受け継いでいます。フリルは小さくカンテに近い雰囲気。ピンクのグラデーションがみごとです。幅20cmほど。

カトルス
Echeveria 'Catorse'

Echeveria sp.とされていましたが、近年「カトルス」として承認されました。セクンダに似ていますが花の咲き方と葉数が少ないところが違います。幅6cmほどです。

チャークローズ
Echeveria 'Chalk Rose'

ルンヨニーの交配種ですが片親は不詳。ルンヨニーより扁平で葉も黄色です。「チャイナローズ」という間違った名前で流通していました。写真の株は幅6cmほど。

クリスマス
Echeveria 'Christmas'

「プリドニス・グリーンフォーム」の名前で流通していますが、プリドニスとアガボイデスの交配種で、プリドニスの変種ではありません。写真の株は幅6cmほどです。

コメリー
Echeveria 'Comely'

ミニマ×クスピダタ・サラゴサエで、ミニマの爪が赤く大きくなりました。葉色はクスピダタに近い青磁色。写真の株は幅4cmほどで、これで開花ステージです。

コンフォート
Echeveria 'Comfort'

「コンフォート」は「安楽」という意味。エル・エンキノ×コロラータで、コロラータの交配はやはりよいものが出ます。エル・エンキノもよい品種。幅6cmほど。

▶エケベリア

■ **花月夜** はなつきよ
Echeveria 'Crystal'

エレガンスとブリドニスの交配で、小型でかわいい人気品種。幅10cmほど。「花月夜」という和名がありますが、最近は「クリスタル」という名で流通しています。

■ **エミネント**
Echeveria 'Eminent'

クスピダタ×コロラータで、爪の感じなどはクスピダタに近いのですが、やはりコロラータの肉厚の葉が受け継がれています。写真の株は幅10cmほどです。

■ **エスポワール**
Echeveria 'Espoir'

「大和美尾(大和錦×ミニマ)×リラキナの3種の交配。「大和錦」の雰囲気がかなり残っていますが、リラキナの葉の感じもあります。

■ **フェアリーイエロー**
Echeveria 'Fairy Yellow'

チャークローズとドミンゴの交配でできたイエロータイプ。同じ交配でできた姉妹株に、紫色の「フェアリーパープル」もあります。写真の株は幅5cmほど。

フェミニン
Echeveria 'Feminine'

ラウイーとプリドニスの交配種はいくつかありますが、みんなきれいなものができています。写真の株もそのひとつで、幅は6cmほど。フェミニンは「優しい女性」の意味。

フットライツ
Echeveria 'Foot Lights'

パリダ×プリドニス。パリダの交配種の多くは背が高くなりますが、まれに無茎のものが出ます。本種もそれで幅7cmほど。「フットライト」は「脚光」の意。

グレース
Echeveria 'Grace'

グレースは「優美」という意味。モラーニ×サンカルロスで、両者の特徴がどこにあるのかよくわかりませんが、きれいな交配種です。写真の株は幅8cmほど。

銀武源 ぎんぶげん
Echeveria 'Graessner'

デレンベルギー×プルビナータで、普段は青緑色ですが、紅葉して黄色になります。花茎は短く、丈夫で、すぐによい群生株となります。写真の株は左右20cmほど。

PART 4 ベンケイソウ科

171

▶ エケベリア

白鳳 はくほう
Echeveria 'Hakuhou'

パリダ×ラウイーの、日本産の有名な優形種です（富沢氏作）。パリダの交配種としては珍しい無茎種で、緑からピンクへのグラデーションがきれいです。幅12cmほど。

花いかだ錦 はないかだにしき
Echeveria 'Hanaikada' f. *variegata*

「花いかだ」の斑入り種。作出したファームの名をとって「祥福錦」とも呼ばれます。幅15cmほど。

花の宰相 はなのさいしょう
Echeveria 'Hananosaishou'

パリダ×セクンダで「パリダ・プリンス」とも呼ばれます。写真は紅葉前の姿ですが、紅葉するとエッジがみごとに赤くなります。写真の株は幅8cmほど。

ヘリオス
Echeveria 'Helios'

モラニー×ピーコッキーで、ピーコッキーの葉姿にモラニーの赤いエッジが入ります。冬には紅葉してより赤くなります。幅6cmほど。ヘリオスは「太陽神」。

インピッシュ
Echeveria 'Impish'

ツルギダ×ミニマで、ツルギタをより小さくして、葉先の爪もキュンとなった小型の交配種です。幅3cmほど。「インピッシュ」は「小鬼のような」という意味です。

イノセント
Echeveria 'Innocent'

「花月夜(クリスタル)」×パリダ。大ぶりなパリダの葉姿はなく、「花月夜」に似てコンパクト。写真の株は幅3cmほどで、まだ開花ステージに達していません。

J.C.バンケペル
Echeveria 'J.C.Van Keppel'

古くからある交配種(エレガンス×アガボイデス)で、「アイボリー」の名でも流通しています。写真は夏の姿で幅7cmほど。冬は葉先がピンクになります。

ジェットレッドミニマ
Echeveria 'Jet-Red minima'

いままでの「レッド・ミニマ」は、原種のミニマとほとんど変わらなかったのですが、やっと「赤いミニマ」の名にふさわしいハイブリッドが出現しました。

PART 4 ベンケイソウ科

▶ エケベリア

ジュリース
Echeveria 'Jules'

交配親不明。エケベリアとされていますが、花はグラプトペタルムに近く、グラプトベリアかもしれません。冬は紫色に紅葉してきれいです。写真の株は幅10cmほど。

ラコロ
Echeveria 'La Colo'

ラウイー×コロラータ。この交配は世界中で行われており、有名なラウリンゼ（ラウイー×リンゼアナ〈=コロラータ〉）も同様です。写真の株は幅25cmほどです。

ラウリンゼ
Echeveria 'Laulindsa'

ラウイーとリンゼアナ（コロラータ）をかけた有名な交配種。親により少しずつ違うものができ、楽しませてくれます。ラコロもそのひとつ。幅20cmほどの大型種です。

ローラ
Echeveria 'Lola'

リラシナ×デレンベルギーとされていましたが、ティッピー×リラシナが正しいようです。似たものにデレンセアナがあり、小苗のうちは見分けがつきません。

ラバブル
Echeveria 'Lovable'

ミニマ×モラニーです。やはりミニマの交配種は小型になり、「かわいい」の一言につきます。写真の株は幅4cmほど。「ラバブル」は「愛らしい」という意味です。

ルキーラ
Echeveria 'Lucila'

ラウイー×リラシナで、両親のちょうど中間といった感じの交配種です。葉はリラシナに似ており、花はラウイーに似ています。写真の株は幅20cmほどです。

マリア
Echeveria 'Malia'

アガボイデスにも同じ名前のものがあったので、現在ではセルエストラット('Cel Estrellat')と変更されました。写真の株は幅7cmほどです。

メキシカンジャイアント
Echeveria 'Mexican Giant'

コロラータの変種ともいわれますが、よく観察すると葉の形や大きさ、そして何より花の咲き方が全然違うので、別種としたほうがよさそうです。幅25cmほど。

▶ エケベリア

メキシカンサンセット
Echeveria 'Mexican Sunset'

次々と子株を出して群生株になります。まれにロゼット型に戻るものがあり、コロラータの花をつけたので、片親がコロラータとわかりました。冬には紅葉します。

碧牡丹 みどりぼたん
Echeveria 'Midoribotan'

昔、輸入された株 (*Echeveria palmeri*か？) に、この名前がつけられました。「ブルーライト」は、これとカンテの交配種とされています。幅は15cmほどです。

桃太郎 ももたろう
Echeveria 'Momotarou'

175ページのマリアに似ています。より爪が強いのが特徴ですが、この程度なら栽培条件で変わる範囲内です。本種が韓国に渡り、マリアという名前で逆輸入されたともいわれます。

モンスター
Echeveria 'Monster'

ラウイーとサブリギダの交配種。超大型でロゼットの直径は50cmほど。肥培して大きくした株とは違い、普通に栽培していても大きく育ちます。

ムーンリバー
Echeveria 'Moomriver'

「高砂の翁（たかさごのおきな）」の白斑入り種です。大型の斑入りは少ないので貴重です。みごとな株になる美種で、写真の株は幅20cmほどです。

野バラの精 のばらのせい
Echeveria 'Nobaranosei'

デレンベルギー×サラゴサエで、短い茎にデレンベルギーより少し大ぶりのロゼットをつけます。花もデレンベルギーに似ています。写真の株は幅5cmほどです。

パルピテーション
Echeveria 'Palpitation'

ロメオ×トリマネンシスで、赤いトリマネンシスといった感じです。写真は夏姿で冬はさらに赤く紅葉します。幅6cmほど。「パルピテーション」は「ときめき」。

プチ
Echeveria 'Petit'

ミニマ×セクンダ・グラウカ。ブルーの葉に赤い爪の小型種で、すぐによい群生株を作ります。写真は左右7cmほど。「プチ」は「小さくてかわいい」という意味。

PART 4　ベンケイソウ科

177

▶エケベリア

ピンキー
Echeveria 'Pinky'

シャビアナ×カンテ。古い交配種で、「カサンドラ」とは交配の母と父が逆です。ピンクで無茎のすばらしいエケベリアで、写真の株は幅20㎝ほどです。

ピンウィール
Echeveria 'Pinwheel'

「ピンウィール」は「小さい風車」。「3/07」という整理ナンバーで入ってきましたが、いまは「ピンウィール」として承認されました。小型で幅5㎝ほどです。

パウダーブルー
Echeveria 'Powder Blue'

片親がサブリギダで「ホワイトローズ」と似ていますが、少し小型で群生株となります。ひとつのロゼットは幅10㎝ほどです。

プリマ
Echeveria 'Prima'

「プリマ」は「主役の女性」。ピンキー×サンカルロスで、写真の株はまだ小苗ですが、サンカルロスのようにフリルが出るとおもしろいでしょう。幅5㎝ほどです。

錦の司 にしきのつかさ
Echeveria 'Pulv-Oliver'

プルビナータとハムシーの交配種で、品種名は「プルブ オリバー」と読みます (プルボリバーは間違い)。短毛の生えた葉がきれいです。立木性で高さ20cmほど。

パス
Echeveria 'Puss'

パスは「小娘」という意味。リラキナとデレンベルギーの交配でできた新顔です。両親のいいところを受け継いで、小さくきれいな姿になりました。幅5cmほど。

レインドロップス
Echeveria 'Raindrops'

葉にこぶができるのが特徴です。ディックライトの交配種で、こぶは固定しています。シャビアナ同様、遮光下で育てます。写真の株は幅15cmほどです。

レレナ
Echeveria 'Relena'

ルンヨニー×ロンギッシマで、ドイツのコーレスの交配です。ロゼットはルンヨニー、葉色はロンギッシマ。冬の紅葉葉はエケベリアの中でもいちばんです。幅5cm。

PART 4 ベンケイソウ科

▶ エケベリア

レボルーション
Echeveria 'Revolution'

「ピンウィール」の実生から出た突然変異種で、トフシーツルビーと同様に葉が逆に反り返っている珍種です。写真の株は幅10cmほどです。

ルビーリップス
Echeveria 'Ruby Lips'

大型の交配種で、ロゼットの径は25cmほどになります。交配親は不明です。冬には特に赤くなり、きれいです。写真の株は幅10cmほどです。

ルディーフェイス
Echeveria 'Ruddy Faced'

エレガンス・アルビカンス×「大和美尼」で、エレガンスの血を引き継いだ透明感のある赤葉が特徴です。写真の株は幅4cmほど。ルディーフェイスは「紅顔」です。

シャングリラ
Echeveria 'Shangri-ra'

「シャングリラ」は「地上の楽園」。リラシナ×メキシコジャイアントで、この交配種は多くあり、優形種同士だけに、よいものができています。幅8cmほど。

七変化 しちへんげ
Echeveria 'Sichihenge'

ホーベイー(Hoveyi 花車)の斑入りから出た突然変異です。季節によって葉色をいろいろと変化させる珍品ですが、やはり冬がきれいです。写真の株は幅7cmほどです。

ストロニフェラ
Echeveria 'Stolonifere'

セクンダ×グランディフローラで、周年グリーンの交配種です。枝を出して子株を作り、すぐによい群生株になります。写真の株は幅8cmほどです。

スーレイカ
Echeveria 'Suleika'

サブリギダ×ラウイー。ドイツのコーレスの交配種で、扁平で白い良品です。やはりラウイーの血を受け継いでいる交配種はできがよいようです。写真の株は幅20cmほど。

スーセッタ
Echeveria 'Susetta'

サブリギダ×ピーコッキーで、スーレイカに似ていますが、少し小型で、葉先がとがっていて爪があります。写真の株は幅10cmほどです。

▶ エケベリア

スイートハート
Echeveria 'Sweetheart'

「スイートハート」は「愛しい人」。ラウイーに「碧牡丹」という珍しい種類をかけたもので、やはりラウイーの交配種はきれいです。写真の株は幅7cmほどです。

ユニコーン
Echeveria 'Unicorn'

「ユニコーン」は「一角獣」。ブスタマンテ×ツルギダの実生の中から選抜された葉が上向きに立つ品種です。葉のベージュ色もユニーク。写真の株は幅6cmほど。

ヴァンブリーン
Echeveria 'Van Breen'

デレンゲルギー×カリニカラー。「銀光連」にもよく似ています。写真は左右18cmほど。「ファンクィーン」とも呼ばれますが、それは読み間違いです。

大和美尼 やまとびに
Echeveria 'Yamatobini'

根岸交配種。「やまとみに」と読まれることもありますが、作者は「やまとびに」と呼ぶようにリストで明記しています。写真の株は幅6cmほどです。

182

グラプトペタルム
Graptopetalum

DATA

科　　名	ベンケイソウ科
原産地	メキシコ
生育型	夏型、春秋型
水やり	春〜秋は2週に1回、冬は月1回
根の太さ	細根タイプ
難易度	★☆☆☆☆

　小型種が多く、エケベリアなどとの交配が盛んに行われています。夏は乾燥ぎみに育てます。大きく群生させると蒸れて腐りやすくなるので風通しに注意します。食べられる多肉植物としてスーパーなどで売られている「グラパラリーフ」は、グラプトペタルム・パラグアイエンセという本属の一種（夏型）です。

アメジスティヌム
Graptopetalum amethystinum

短い茎の上に丸い葉のロゼットを作ります。幅7cmほど。花が咲かないとパキフィツムと間違えてしまいます。生長はゆっくりです。

菊日和　きくびより
Graptopetalum filiferum

古くから出回っていますが、意外と見かけない種類です。写真の株は幅5cmほど。夏の暑さにとても弱いので注意が必要です。

マクドウガリー
Graptopetalum macdougallii

ごく小型の種で幅3cmほど、花茎も子株もランナーを出したその先につくユニークな種です。青磁色の葉先は、冬は紅葉してきれいです。

PART 4　ベンケイソウ科

▶ グラプトペタルム

姫秀麗 ひめしゅうれい
Graptopetalum mendozae

グラプトペタルム属最小の種で、幅1cmくらい。花は純白で葉先が少しとがります。よく似た種に、花に赤い点が入り葉先が丸いミリナエ(*mirinae*)があります。

銀天女 ぎんてんにょ
Graptopetalum rusbyi

ほとんど無茎の小型種で、幅4cmほど。葉色は紫で、周年この色です。多花性で、小型の交配種作りにはよい親になります。

ブロンズ姫
Graptopetalum'Bronze'

日本では「姫」をつけて呼びますが、ブロンズが正式な名前です。冬になると、写真よりさらにブロンズ色が濃くなります。

キュート
Graptopetalum 'Cute'

グラプトペタルム同士の交配種。メンドーサエ×「菊日和」。メンドーサエの血を引いていて超小型です。子吹きも盛んで大群生株となります。総径12cmほどです

グラプトベリア
Graptoveria

グラプトセダム
Graptosedum

グラプトペタルムとエケベリア属間交配種がグラプトベリア、セダムとの交配種がグラプトセダムです。多くの交配種が作られた中で、よい種だけが残ります。ロゼット状で肉厚の葉が特徴です。日当たりと風通しのよい場所で水やりはやや控えめに育てるとよいでしょう。生長期は春と秋で、真夏と真冬は休眠します。

グラプトベリア・アメトルム
Graptoveria 'Amethorum'

エケベリアの「大和錦」とグラプトペタルム・アメジスティヌムの属間交配種。深みのある葉色と丸みを帯びた肉厚の葉が魅力の品種。ロゼット径は5～6cm。

グラプトベリア・デビー
Graptoveria 'Debbi'

紫がかった色合いで、表面に粉をまとった葉が美しい普及種です。交配親は不明。茎は伸びず、株元に子株をつけ群生します。夏は半日陰で管理しましょう。

グラプトベリア・デカイルン(斑入り)
Graptoveria 'Decairn' f. *variegata*

交配親は不明ですが、花はグラプトペタルムです。小型で、きれいな斑が入るので人気です。よく枝を出して群生します。写真の株は幅5cmほどです。

PART 4 ベンケイソウ科

▶グラプトベリア／グラプトセダム

グラプトベリア・ファニーフェイス
Graptoveria 'Funy face'

グラプトペタルムの「菊日和」(183ページ)とエケベリアの交配種で、暑さに弱い性質を克服しました。葉先が赤く、扁平で子吹きもよい優良種です。幅6cmほど。

グラプトベリア・ルージュ
Graptoveria 'Rouge'

「ルージュ」は「赤い唇」グラプトペタルム・アメジスティヌム×エケベリア・ルブロマルギナータですがどちらにも似ていない新しい姿です。幅15cmほど。

白雪日和 しらゆきびより
Graptoveria 'Sirayukibiyori'

グラプトペタルムの「菊日和」(183ページ)とエケベリア・リラキナ(155ページ)の交配種です。この株は両親のよいところを受け継いだ優良株です。

グラプトベリア・スプライト
Graptoveria 'Sprite'

エケベリア・プリドニスとグラプトペタルム・ルスビーの交配種。小型のルスビーにプリドニスのエッジが入ってかわいい。写真の株は幅4cmほどです。

グラプトベリア・スーパースター
Graptoveria 'Super Star'

グラプトペタルム・ベルム×エケベリア・ラウイー。花は原種より大きく濃桃色。ベルム系はすべて夏の暑さに弱いので注意します。写真の株は幅20cmほどです。

グラプトベリア・ソーンウッドスター
Graptoveria 'Thornwood Star'

ドイツ、コーレスの交配種です。冬により赤く紅葉する苗を選抜して「レッドスター」としているものもあります。幅6cmほどです。

秋麗 しゅうれい
Graptosedum 'Francesco Baldi'

たいへん丈夫で繁殖力も旺盛なので、広く出回っている品種です。写真の株は幅5cmくらい。似たような親の交配種が数多くあります。

グラプトセダム・グローリア
Graptosedum 'Gloria'

「グローリア」は「光輪」。小型のグラプトペタルム・ルスビーと、茎の長くなるセダム・アドルフィー（銘月）の交配種で、写真の株は幅2cmほどです。

PART 4 ベンケイソウ科

カランコエ
Kalanchoe

DATA

科　　名	ベンケイソウ科
原 産 地	マダガスカル、南アフリカ
生 育 型	夏型
水 や り	春秋は週1回、夏は2週に1回、冬は断水
根の太さ	太根タイプ　細根タイプ
難 易 度	★★☆☆☆

　マダガスカルを中心に120種ほどが生育している、バラエティーに富んだ姿のベンケイソウ類です。葉の形状や色彩が個性的で、微妙な葉色の変化を楽しむほか、葉の先に小さな子株をつける種類や、花が美しい種類もあります。

　生長期は春〜秋の夏型です。屋外で雨ざらしでも育てられる種類も多く、栽培は簡単な部類に入ります。

　ベンケイソウ科の植物は比較的耐寒性のある種類が多いのですが、カランコエは寒さに弱い性質があります。冬の休眠期には断水して、室内の日当たりのよい場所で管理します。屋外で栽培していた大型種も、秋には室内か温室内に移動しましょう。5度を下回ると生育が悪くなり、枯れてしまうこともあります。

　夏は風通しよく育てることが大切です。葉挿し、挿し芽で簡単にふやすことができます。葉挿ししたら日陰に置いて管理しましょう。1日の日の長さが短くなると花芽をつける短日植物です。

不死鳥錦　ふしちょうにしき
Kalanchoe daigremontiana f.variegata

葉に黒紫の斑が入る品種。葉の縁には小さな赤い子葉がつく強健種で、栽培・繁殖は容易。日照不足では葉の赤色が出にくいので注意しましょう。

福兎耳　ふくとじ
Kalanchoe eriophylla

葉と茎はこまかな白いうぶ毛で覆われています。背は高くならず株がふえて群生するタイプ。花はピンク。冬は5度以下にならないように管理します。別名「白雪姫」。

ファリナセア(斑入り)
Kalanchoe farinacea f.variegata

卵形の葉を対生させる品種で、葉には白い斑が入ります。花は上向きの筒状赤花。草丈が長く伸びすぎたら切り戻しをして仕立て直しを。

ガストニス
Kalanchoe gastonis

模様の入った葉が美しいカランコエです。よく見かけるコダカラベンケイソウ（ハカラメ、葉から芽）のように、葉の縁に不定芽をつけてふえます。

フミリス
Kalanchoe humilis

自然斑が美しく入る小型のカランコエです。茎は短く、横に広がって群生します。幅5cmほどです。

朱蓮 しゅれん
Kalanchoe longiflora var.coccinea

赤みを帯びた葉が特徴のカランコエです。生長すると株は茎立ちして分枝します。日照不足になると葉が緑色になるので注意しましょう。

PART 4 ベンケイソウ科

▶カランコエ

白姫の舞 しらひめのまい
Kalanchoe marnieriana

直線状に伸びる茎に丸形の葉を互生してつけ、葉の周囲はあざやかな紅色で縁取られます。挿し芽で簡単にふやすことができます。

ミロッティー
Kalanchoe millotii

マダガスカル原産。うぶ毛に覆われたライトグリーンの葉をもちます。葉の周囲にこまかい切れ込みがあるのが特徴の、小型で比較的ポピュラーなカランコエです。

仙人の舞 せんにんのまい
Kalanchoe orgyalis

卵形の褐色葉が特徴で、葉の表面はビロード状の微毛に覆われています。生長は遅いものの、長期栽培すると茎は木質化し、低木状になります。花は黄色。

白銀の舞 はくぎんのまい
Kalanchoe pumila

白い粉をふったような美しい銀葉が魅力で、葉の周囲にこまかい切れ込みが入ります。暖地では屋外でも越冬します。真夏は遮光して育てましょう。

扇雀 せんじゃく
Kalanchoe rhombopilosa

マダガスカル原産の小型種で、高さは15cmほど。先端が波打つ形状の銀葉には、褐色の模様が入ります。春に黄色の花をつけます。

唐印錦 とういんにしき
Kalanchoe thyrsiflora f.variegata

白い粉を帯びた葉が美しい「唐印」の斑入り品種で、緑、黄色、紅色の3色の組み合わせがきれいです。冬は0度以上を保ちましょう。

月兎耳 つきとじ
Kalanchoe tomentosa

細長い葉にビロード状のうぶ毛がびっしりと生えていてウサギの耳のような雰囲気。葉を縁取る黒い斑点模様も特徴です。酷暑期には半日陰へ移動させるとよいでしょう。

黒兎耳 くろとじ
Kalanchoe tomentosa f.nigromarginatus'Kurotoji'

近年マダガスカルの原産地より新しいタイプのトメントーサが導入され、新しい交配種ができバラエティーが広がりました。本種のそのひとつです。幅30cmほど。

PART 4 ベンケイソウ科

オロスタキス
Orostachys

DATA
科　　名	ベンケイソウ科
原 産 地	日本、中国など
生 育 型	夏型
水 や り	春〜秋は週1回、冬は月1回
根の太さ	細根タイプ
難 易 度	★★☆☆☆

　セダム属に近縁の多肉植物です。日本、中国、ロシア、モンゴル、カザフスタンなど、東アジアが原産地で、15種ほどの原種が知られています。交配などによる園芸品種も多数作られています。日本では山野草として扱われることもあります。

　かわいらしい小さなロゼット状の葉が魅力です。特に、古くから日本で作られていたイワレンゲの斑入り種の「富士」、「鳳凰」、「金星」などは美しく、外国でも人気です。晩秋にはロゼットの中央が高く伸びだして、多くの花を咲かせます。花が咲き終わると、その株は枯れます。

　性質は夏型で、春から秋に育てますが、夏は半日陰で風通しよく、涼しく過ごさせることが大切です。寒さには強いものが多く、冬でも屋外で栽培できます。

　繁殖力は旺盛で、ランナーを出してその先に子株をつけるものもあり、それを切り離して植えれば簡単にふやすことができます。群生株に仕立てることも容易です。

▍子持蓮華 こもちれんげ
Orostachys boehmeri

北海道や青森にも自生するオロスタキスで、小さいロゼットからランナーを出しその先に子をつけます。ロゼットの中心から花茎を伸ばして白い花を咲かせます。

▍子持蓮華錦 こもちれんげにしき
Orostachys boehmeri f.variegata

黄色の覆輪の入った美しい「子持蓮華」です。冬の間は冬の姿で縮んでいますが、春には写真のように開いてくれます。幅2cmほどです。

爪蓮華錦 つめれんげにしき
Orostachys japonica f.*variegata*

日本の関東以西、朝鮮半島、中国に自生するツメレンゲ(爪蓮華)の黄斑種です。写真の苗は夏姿で、秋からは中心の小葉を残して枯れ込みます。幅4cmほどです。

富士 ふじ
Orostachys malacophylla var.*iwarenge*'Fuji'

イワレンゲ(岩蓮華)の白覆輪品種です。真夏はできるだけ涼しい場所で管理します。花が咲くとその株は枯れるので、近くにある越冬芽を育てます。幅6cmほど。

鳳凰 ほうおう
Orostachys malacophylla var.*iwarenge*'Houou'

イワレンゲ(岩蓮華)の黄中斑種。斑色は少し薄いのですが、美しい姿です。栽培の方法などは「富士」と同じです。

金星 きんぼし
Orostachys malacophylla var.*iwarenge* f.*variegata*

イワレンゲ(岩蓮華)の黄覆輪種です。やや小型で幅は5cmほどです。栽培の方法などは「富士」と同じです。

パキフィツム
Pachyphytum

DATA

科　　名	ベンケイソウ科
原産地	メキシコ
生育型	夏型
水やり	春〜秋は2週に1回、冬は月1回
根の太さ	細根タイプ
難易度	★☆☆☆☆

　淡い色合いと肉厚の葉が人気の種類です。夏型種ですが、真夏は生長が鈍るので水やりは控えめにして、半日陰で管理します。白粉葉のタイプは水やりの際に水がかからないように注意を。植えかえ適期は、春か秋。根張りが強いので1〜2年に一度植えかえます。繁殖は葉挿しや挿し芽で。

▶ **千代田松** ちよだのまつ
Pachyphytum compactum

短い茎にコンパクトにまとまった肉厚葉をつけます。それぞれの葉は長さ1cm程度、ロゼットの径は2.5cm程度で、よく枝を出して群生します。花は紅色です。

▶ **星美人錦** ほしびじんにしき
Pachyphytum oviferum f.variegata

「星美人」はなかなかよい斑入りができませんが、写真の株はみごとです。生長すると背が高くなり、基部より子株を出して群生します。写真の株は幅5cmほどです。

▶ **ビリデ**
Pachyphytum viride

短い茎にこん棒状の丸く長い葉を放射状につけます。それぞれの葉の長さは10cmほど。花は属中いちばんの美花です。

ウェルデマニー
Pachyphytum werdermannii

白いパウダーに包まれたグレーの葉が、短い茎の先につきます。ひとつの葉の長さは4cmほどです。

キムナッキー
Pachyphytum 'Kimnachii'

メイロン・キムナッキー氏が命名した品種です。葉はビリデなどのような棒状ではなく、平らです。ひとつの葉の長さは8cmほどです。

ロスラリア
Rosularia

DATA

科　　名	ベンケイソウ科
原 産 地	北アフリカ〜アジア内陸部
生 育 型	冬型
水 や り	秋〜春は週1回、夏は月1回
根の太さ	細根タイプ
難 易 度	★★☆☆☆

　北アフリカからアジアの内陸部に40種ほどが自生する小型の植物で、繁殖力が強く、よく群生します。生長型は冬型です。強健なグループですが、真夏の暑さには弱いので、日陰で水をきって涼しく過ごさせましょう。センペルビブムによく似た仲間で、栽培の注意点もほぼ同じです。

プラティフィラ
Rosularia platyphylla

ヒマラヤ地方原産で、葉にはこまかい毛がたくさん生えています。日に当てると赤く色づきます。写真は生長期の姿ですが、夏に乾燥させると葉が閉じて丸くなります。それぞれの株は幅5cmほどです。

PART 4　ベンケイソウ科

セダム
Sedum

DATA

科　　名	ベンケイソウ科
原 産 地	ほぼ世界中
生 育 型	夏型
水 や り	春秋は週1回、夏は2週に1回、冬は月1回
根の太さ	細根タイプ
難 易 度	★☆☆☆☆

　世界中に600種ほどが分布しているという大きな属で、その多くが多肉質の葉をもっています。耐寒性、耐暑性のどちらにもすぐれているものが多く、非常に栽培しやすいポピュラーな多肉植物で、種類によっては屋上緑化などで用いられるほど丈夫です。
　品種はじつに豊富で、ロゼット型に葉を広げるタイプや、ぷっくりした葉のフォルムが特徴的な品種、葉が小さく群生するものなど、さまざまなバリエーションがあり、寄せ植えアレンジの素材としても重宝します。
　基本的に日当たりを好みますが、真夏の直射日光はやや苦手なので、明るく涼しい日陰で管理しましょう。ほとんどが耐寒性にすぐれ、0度近くまで冷え込んでも越冬します。生長期は春〜秋にかけてですが、真夏の時期の水やりはやや控えるようにしましょう。特に群生した株は蒸れに要注意で、風通しのよい場所に置いてください。植えかえの適期は春か秋です。挿し芽は秋に行うとよいでしょう。

銘月 めいげつ
Sedum adolphi

ツヤのある黄緑色の葉を連ね、徐々に株立ちし、分枝していきます。秋によく日に当てると全体が赤みを帯びてきます。比較的寒さに強く、屋外でも越冬可能です。

アラントイデス
Sedum allantoides

白い粉を帯びた棒状の葉をつける、小型のセダムです。メキシコ原産で、大きな株になると枝分かれして樹木状になります。

八千代 やちよ
Sedum allantoides

長く伸びて茎が立ち上がり、茎の上部に小さな葉をたくさんつけます。葉は丸みを帯びて黄緑色。葉先がほんのり赤く染まります。

玉綴り たまつづり
Sedum morganianum

生長して長く垂れ下がる、ハンギング飾り向きの多肉植物です。写真の株よりも、もう少し大ぶりの「大玉綴り」もあります。ひとつの房の幅は3cmほどです。

姫玉綴り ひめたまつづり
Sedum burrito

「玉綴り」よりやや小型の種類で、ひとつの房の幅は2cmほどです。生長もややゆっくりです。葉が落ちやすいので、植えかえ時などには気をつけましょう。

姫星美人 ひめほしびじん
Sedum dasyphyllum

一般に普及しているダシフィルムの基本種です。いちばん小型で、冬に紫色に紅葉します。パキフィツムの「星美人」に似て小型なのでこの名前があります。

PART 4 ベンケイソウ科

197

▶セダム

大型姫星美人 おおがたひめほしびじん
Sedum dasyphyllum f.burnatii

小さな丸い葉がたくさんつく小型のセダム。冬には紫に色づきます。寒さには強く、冬も屋外で越冬可能。ダシフィルムの中ではやや大型のタイプです。

宝珠扇 ほうじゅせん
Sedum dendroideum

独特な形状をした若草色の葉をもち、茎立ちしながら分枝して生長します。夏の暑さや多湿にも強く育てやすく、管理が楽な品種です。

玉蓮 ぎょくれん
Sedum furfuraceum

低木状に生長し、濃緑色〜濃紫色で白い模様のある丸い葉をつけます。花は白。生長はゆっくりですが、葉挿しでふやすことができます。

緑亀の卵 みどりがめのたまご
Sedum hernandezii

深い緑色の卵形の葉が特徴で、葉の表面はひび割れしたような、ざらついた質感。幹立ちして生長しますが、日照不足や水のやりすぎでは徒長しやすいので注意します。

ヒントニー
Sedum hintonii

葉に多くの白毛があり、花茎が20cm以上に伸びるのが特徴です。よく似たセダムにモシニアナムがありますが、そちらは白毛が短く、花茎もあまり伸びません。

ミクロスタチウム
Sedum microstachyum

地中海のキプロス島原産の高山性のセダムです。マイナス15度にも耐えるとされていますが、冬の関東地方で、少し葉傷みがありました。幅5cmほどです。

乙女心 おとめごころ
Sedum pachyphyllum

生長期は夏。日照が足りないと赤色の発色が悪くなります。肥料をきり、水を少なめに栽培したほうがあざやかに色づきます。

虹の玉 にじのたま
Sedum rubrotinctum

丸い葉をたくさん連ねます。一般に夏の生長期には緑色が強く、秋から冬にかけて全体が真っ赤に染まります。大株になると春に花茎を伸ばし黄色の花を咲かせます。

PART 4 ベンケイソウ科

▶セダム／セデベリア

オーロラ
Sedum rubrotinctum cv.

「虹の玉」の斑入り種で緑色が薄く、春と秋の乾燥期ではさらに赤い色合いが深まります。大株になると、春にクリーム色の花をつけます。

スアベオレンス
Sedum suaveolens

セダムの仲間ですが、まるでエケベリアのようなロゼット状の草姿をあらわす品種です。茎立ちせず、株元から子株が出ます。

セデベリア
Sedeveria

DATA

科　　名	ベンケイソウ科
原 産 地	交配属
生 育 型	夏型
水 や り	春～秋は2週に1回、冬は月1回
根の太さ	細根タイプ
難 易 度	★☆☆☆☆

　セダムとエケベリアの属間交配種。エケベリアの葉をより厚くしたような、ロゼット状の草姿のものが多いようです。やや育てにくいところのあるエケベリアにセダムの強健な性質を加え、エケベリアの美しさとセダムの丈夫さを併せ持ち、育てやすいものが多く作出されています。

ファンファーレ
Sedeveria 'Fanfare'

ロゼット状の葉をつけ、少し茎が立ち上がります。日当たりが悪いと徒長するので、よく日に当てることが大切です。交配親は不明です。

ソフトライム
Sedeveria 'Soft Rime'

小型のセデベリアで、やがて茎が立ち上がって高さ10cmほどになります。冬にはピンクに紅葉します。「樹氷」という和名がつけられていますが、来歴は不明です。

未命名
Sedeveria 'Soft Rime' × *Sedum morganianum*

日本で作出された、「ソフトライム」とセダムの「玉綴り」の交配種です。葉色は白く、葉先に小さい赤い爪があります。幅は3cmほどです。

静夜綴り錦 せいやつづりにしき
Sedeveria 'Super Burro's Tail'

「静夜綴り」の斑入り品種です。ハリーバターフィールドによく似ていますが、写真の株は少し大きく、茎も太く、横に倒れにくいのが特徴です。幅6cmほどです。

イエローフンバート
Sedeveria 'Yellow Humbert'

長さ1〜2cmの紡錘形の多肉質の葉をつける交配種です。小型の強健種で、高さ10〜15cmに育ちます。春に、1cmくらいのあざやかな黄色の花を咲かせます。

PART 4 ベンケイソウ科

センペルビブム
Sempervivum

DATA

科　　名	ベンケイソウ科
原 産 地	ヨーロッパ中南部の山地
生 育 型	冬型
水 や り	秋〜春は週1回、夏は月1回
根の太さ	細根タイプ
難 易 度	★★☆☆☆

　ヨーロッパからコーカサス、中央ロシアにかけての山岳地帯に分布するロゼットタイプの多肉植物で、約40種が知られています。ヨーロッパでは古くから人気があり、この属ばかりを集めて栽培している愛好家もたくさんいます。交雑が容易なため、園芸品種が数多く出回り、小型種から大型種まで、色彩や形状など豊富なバリエーションが楽しめます。日本では山野草としても流通します。

　日本では冬型種として扱われます。気温の低い山地に自生しているため、寒さには強く、寒冷地でも一年中、屋外で栽培できます。秋から春の間は、日当たりと風通しのよい場所で管理しましょう。反面、暑さには弱いので、夏は涼しい日陰に移動して、水やりを控えめにして休眠させます。

　植えかえ時期は春先、ランナーで子株をふやすので、直径の広い鉢に植えつけるとよいでしょう。子株を切りとって植えれば簡単にふやせます。

巻絹 まきぎぬ
Sempervivum arachnoideum

センペルビブムの代表的な品種です。生長すると葉の先端から白糸が伸びて全体を覆います。耐寒性はもちろん、耐暑性もあって育てやすく、初心者でも安心。

玉光 ぎょくこう
Sempervivum arenarium

東アルプス原産の小型種。深い紅色と黄緑色のコントラストが特徴で、表面に綿毛でまといます。特に群生株は夏の風通しに注意します。

栄 さかえ
Sempervivum calcareum 'Monstrosum'

筒状の葉が放射状に広がる珍しいタイプのセンペルビブム。個体によって、葉の紅色が多いものと少ないものがあります。

百恵 ももえ
Sempervivum ossetiense 'Odeity'

筒状の細長い葉が特徴のセンペルビブムで、葉の上部は口が開いている状態。株元付近に小さな子株を発生させます。

ストレイカ(斑入り)
Sempervivum sp. f.variegate

和の趣を感じさせる日本産のセンペルビブム。葉の表面に白い斑が走るタイプです。

テクトルム・アルブム
Sempervivum tectorum var.*alubum*

たくさんの地域変異が知られ、数々の改良品種も誕生しているテクトラムのひとつ。さわやかな若緑色の葉の先端を濃紅色が彩ります。

PART 4 ベンケイソウ科

▶センペルビブム

綾椿 あやつばき
Sempervivum 'Ayatsubaki'

小さな葉を密につける小型のセンペルビブム。緑の葉の先が赤く染まってきれいです。生長すると株元から子株を出して群生します。

紅蓮華 べにれんげ
Sempervivum 'Benirenge'

葉の先端を縁取る紅色が強いタイプ。繁殖力が旺盛で子株もふえやすく、栽培しやすい品種です。

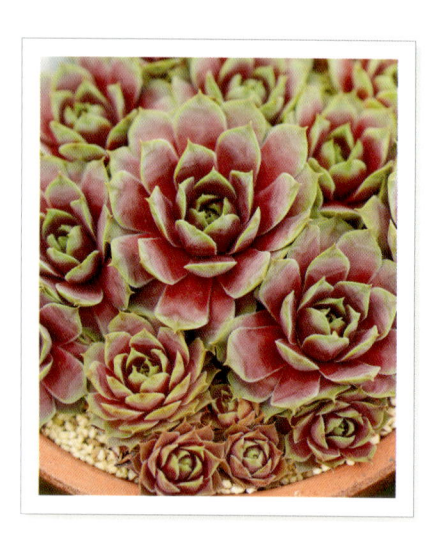

紅夕月 べにゆうづき
Sempervivum 'Commancler'

赤銅色の葉が目立つ美しい品種で、冬には特に葉色があざやかになります。ひとつのロゼットは径5cmほどで、子株を出して群生します。比較的暑さにも強く丈夫です。

ガゼル
Sempervivum 'Gazelle'

あざやかな緑色と紅色の葉をロゼット状に展開し、全体が白い綿毛で覆われます。高温多湿が苦手なので、群生株は夏越しに注意。

ガゼル(綴化)
Sempervivum 'Gazelle' f. *cristata*

「ガゼル」の実生から出た綴化品種です。生長点が変異して横に広がったもので、赤と緑の葉が美しく、見ごたえがあります。管理は普通の「ガゼル」と同じです。

グラナダ
Sempervivum 'Granada'

アメリカで作出されたセンペルビブム。うぶ毛をもつ葉全体がシックな紫色に染まり、まるでバラの花のような雰囲気を醸し出しています。

ジャンヌダルク
Sempervivum 'Jeanne d'Arc'

緑褐色の中型の品種で、秋から冬になると中央からワインレッドに染まってきます。渋い葉色はアンティークのテラコッタ鉢などによく合います。

ジュピリー
Sempervivum 'Jyupilii'

こまかな葉を密につける改良種。株元からランナーを伸ばして子株を作るタイプです。

PART 4 ベンケイソウ科

▶センペルビブム

大紅巻絹 おおべにまきぎぬ
Sempervivum 'Ohbenimakiginu'

やや大型のセンペルビブムで、葉の先に白い綿毛がつくのが特徴です。夏場は直射日光を避けて、風通しのよい明るい日陰で、できるだけ涼しく過ごさせます。

ラズベリーアイス
Sempervivum 'Raspberry Ice'

中型のセンペルビブムで、葉にはこまかい毛が密生しています。夏は緑色ですが、秋から冬には濃い紫紅色に染まります。

レッドチーフ
Sempervivum 'Redchief'

紫黒色の葉が密に重なった中央に、あざやかな緑が入るセンペルビブム。ロックガーデンでのワンポイントとしても使用されます。

麗人盃 れいじんはい
Sempervivum 'Reijinhai'

小型のロゼットが密に群生する園芸品種。葉の先端を染める色彩が明瞭にあらわれるタイプです。

シルバータウ
Sempervivum 'Silver Thaw'

まん丸い形状のロゼットが特徴で、小型の個体が連なる様子がかわいらしいセンペルビブム。直径は3cm程度。

スプリット
Sempervivum 'Sprite'

明るいグリーンの葉をこまかな綿毛が覆う改良品種。ランナーで次々と子株が発生し、群生化していきます。

シノクラッスラ
Sinocrassula

DATA

科　　名	ベンケイソウ科
原 産 地	中国
生 育 型	夏型
水 や り	春秋は週1回、夏冬は月1回
根の太さ	細根タイプ
難 易 度	★★☆☆☆

中国の雲南省〜ヒマラヤ地方に5〜6種が知られている、セダム属に近縁の多肉植物です。「四馬路」がおなじみですが、ほかにも「立田鳳」「折鶴」などがあり、オレンジや紫色の葉色も楽しめます。丈夫な多肉植物で、暑さ寒さにも順応して元気に育ちます。

四馬路 すまろ
Sinocrassula yunnanensis

中国原産の多肉植物で、長さ1cmほどの黒くて細い葉を放射状に出すユニークな姿です。冬型ですがわりあい暑さにも強く、夏も温室内で過ごします。葉挿しでふやせます。

PART 4　ベンケイソウ科

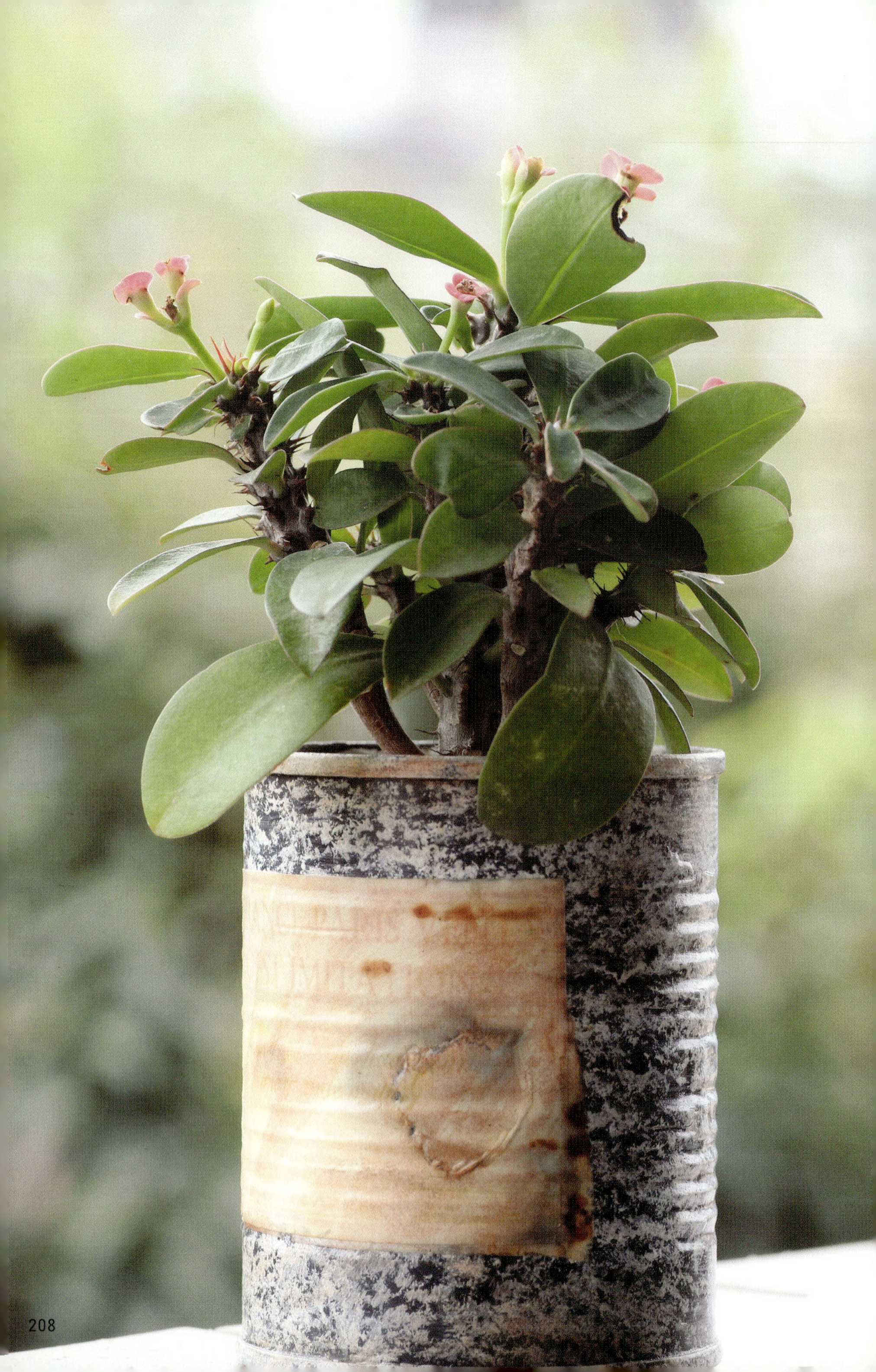

PART 5
ユーフォルビア

ユーフォルビア属の植物は世界の熱帯から温帯に2000種ほどが知られており、日本にも20種ほどが自生しています。多肉植物として育てられているものは400〜500種といわれ、主にアフリカ産の種類です。多くのものは茎が肥大してサボテンのような形をしていますが、サボテンとの類縁関係はありません。

ユーフォルビア
Euphorbia

DATA

科　　名	トウダイグサ科
原 産 地	アフリカ、マダガスカル
生 育 型	夏型
水 や り	春〜秋は2週に1回、冬は月1回
根の太さ	細根タイプ
難 易 度	★☆☆☆☆

　世界の熱帯から温帯に2000種ほどが知られている属で、日本にも自生するノウルシやクリスマスには欠かせないポインセチアもユーフォルビア属です。

　多肉植物として楽しまれているものはアフリカなどに自生するものが中心で、500種ほどといわれています。個性的なフォルムが魅力で、それぞれの環境に応じて進化してきました。玉サボテンによく似たオベサや「鉄甲丸(てっこうまる)」、柱サボテンに似た「紅彩閣(こうさいかく)」、花が美しいハナキリンなど、バラエティーに富んだ種類がたくさんあります。

　生育の性質はほぼ同じで、生長期は春〜秋の夏型で、高温と強い光を好みます。夏は屋外で育てましょう。耐寒性はやや低いので、冬季は室内で5度以上を保ちます。春〜秋の生長期は用土が乾いたらたっぷり水を与えます。

　根が弱いので頻繁な植えかえは避けます。挿し芽でふやせます。切り口から乳液を出しますが、手につくとかぶれるので注意しましょう。

▌アエルギノーサ
Euphorbia aeruginosa

南アフリカのトランスバール原産で、青磁色の幹に赤いトゲが目立ちます。よく日に当て、枝を詰めて作るとよい株になります。花は黄色の小輪です。

▌鉄甲丸　てっこうまる
Euphorbia bupleurfolia

パイナップルのような形状をしている品種。幹の凹凸は葉が落ちた跡にできるものです。ユーフォルビアの中では水が大好きな種類です。

クラビゲラ
Euphorbia clavigera

アフリカ南東部のモザンビーク原産です。幹に入る丸い斑点状の模様がきれいです。株元は太い根が発達して塊根状となります。

キリンドリフォリア
Euphorbia cylindrifolia

塊根性のハナキリン類で、マダガスカル原産。横に這う茎に小さな葉をつけ、目立たない褐色がかったピンクの小花を咲かせます。

デカリー
Euphorbia decaryi

マダガスカル原産。塊根をもつ小型のハナキリン類です。葉が縮れるのが特徴で、栽培は比較的容易。株分けでふやすことができます。

蓬莱島 ほうらいじま
Euphorbia decidua

アフリカ南西部のアンゴラ原産。球状の塊根をもち、生長点から細い枝を四方に広げます。トゲは3mmほどと小型です。

PART 5 トウダイグサ科

211

▶ ユーフォルビア

紅彩閣 こうさいかく
Euphorbia enopla

柱サボテンのような姿で鋭いトゲをもっています。日によく当てて管理するとトゲの赤色が際立ってきれいです。丈夫で育てやすく、初心者向きです。

孔雀丸 くじゃくまる
Euphorbia flanaganii

南アフリカのケープ州原産。中央の塊茎状の茎から放射状に側枝を出します。側枝には小さな葉がつきますが、すぐに落ちます。小さな黄色の花を咲かせます。

金輪際 こんりんざい
Euphorbia gorgonis

南アフリカの東ケープ州原産。太い幹は球状に肥大し、枝のように出た茎の先端に小さい葉をつけます。寒さにはとても強いユーフォルビアです。

グリーンウェイ
Euphorbia greemwayii

アフリカ東南部のタンザニア原産。いつくかのタイプがありますが、写真の株はその中でも美しいタイプ。花は細くて赤みを帯びます。写真の株は高さ25cmほどです。

グロエネワルディー
Euphorbia groenewaldii

南アフリカのトランスバール原産のユーフォルビアで、株元は太い塊根状になり、放射状に枝を伸ばします。枝にトゲがあります。

ギムノカリキオイデス（斑入り）
Euphorbia gymnocalycioides f.variegata

エチオピア原産。サボテンのギムノカリキウムに似ていることからこの名前がつきました。写真は黄色の斑が入った珍しいもので、トリゴナに接ぎ木されています。

ホリダ
Euphorbia horrida

南アフリカ南部の乾燥した岩場などに自生する種で、多くの品種があります。写真は特に白い品種で、小型で白いものが人気です。夏に小さな紫色の花を咲かせます。

ホリダ（モンスト）
Euphorbia horrida f.monstrosa

ホリダのモンスト（石化品種）です。石化（いしか）とは、生長点があちこちにできて、こぶのようになることで、綴化（せっか、しゅうか）とは異なります。

PART 5 トウダイグサ科

▶ユーフォルビア

ホワイトゴースト
Euphorbia lactea 'White Ghost'

ラクテアの白化品種です。新芽はきれいなピンクで、やがて白く染まります。高さ1mほどになります。丈夫で、冬は3〜5度以上の室内に置けば元気に育ちます。

レウコデンドロン
Euphorbia leucodendron

アフリカの南部〜東部、マダガスカル原産のユーフォルビア。茎は細い円柱状で、トゲはなく、枝分かれしながら長く伸び、春に枝の先に小さな花を咲かせます。

レウコデンドロン(綴化)
Euphorbia leucodendron f.*cristata*

レウコデンドロンの綴化種。ときどき、先祖返りした細長い枝が出るので、そういった枝は切りとって、綴化部分を育てましょう。写真の株は幅10cmほどです。

白樺麒麟 しらかばきりん
Euphorbia mammillaris f.*variegata*

南アフリカ原産のマミラリスの色素が抜けて白っぽくなったもので、秋から冬にかけて薄紫に染まります。冬は室内で保護しましょう。

多宝塔 たほうとう
Euphorbia melanohydrata

南アフリカ原産の希少種で、写真の株は高さ10cmほど。生育が非常に遅く、40年前とほどんど姿が変わらないといいます。冬は水やりを控えめにします。

怒竜頭 いかりりゅうず
Euphorbia micracantha

南アフリカの東ケープ州原産。多肉質の茎とトゲが魅力です。塊根性で、写真の株はまだあまり大きくなっていませんが、塊根は太さ10cm、長さ40cmほどに育ちます。

ハナキリン
Euphorbia milii

マダガスカル原産の、多肉化があまり進んでいないユーフォルビアで、花が美しく、花色もさまざまで、鉢花として出回ることもあります。生長すると高さ50cmほどになります。

オベサ
Euphorbia obesa

まん丸の玉サボテンのような形で、球体の上に美しい横縞模様が入ります。上下に走る稜上に、小さな子株をつける性質があります。この子株をはずしてふやします。

PART 5 トウダイグサ科

▶ユーフォルビア

パキポディオイデス
Euphorbia pachypodioides

マダガスカル原産の希少種です。太い茎が立ち上がり、先にやや大きな葉をつけます。幹には細いトゲがあります。写真の株は高さ20cmほどです。

ペルシステンス
Euphorbia persistens

アフリカ南東部のモザンビーク原産。地下に太い幹をもち、地上に多くの枝を出します。枝の肌は緑色に濃い緑色の模様が入ります。写真の株は高さ15cmほどです。

ポイソニー
Euphorbia poisonii

ナイジェリア原産。太い茎の先に鮮緑色の多肉質の葉をつけます。わきから子吹きしますが、切り離す際は樹液に触れないよう注意しましょう。高さ30cmほど。

プセウドカクタス・リットニアナ
Euphorbia pseudocactus 'Lyttoniana'

南アフリカ原産。柱サボテンのような姿で、茎にはほとんどトゲがなく、多くの枝を出して伸びます。適宜枝をカットして、よい樹形を保ちましょう。高さ25cmほど。

笹蟹 ささがに
Euphorbia pulvinata

基部から多くの太い幹を出して群生し、多くの葉をつけます。葉は長期間脱落しません。交配種といわれていますが、詳細は不明です。写真の株は高さ20cmほどです。

クアルチコラ
Euphorbia quartzicola

マダガスカル原産。年5mm程度しか生長しません。秋には落葉します。写真の株は高さ8.0cmほど。日当たりのよい場所で育て、冬は水やりを控えます。

ルゴシフローラ
Euphorbia rugosiflora

ジンバブエの砂礫地などに分布する、細い柱状のユーフォルビアです。茎には多くのトゲがあり、地際でよく分岐し、群生します。

闘牛角 とうぎゅうかく
Euphorbia shoenlandii

南アフリカ原産で、太いトゲが特徴です。よく似た種類に「歓喜天(ファシクラータ)」がありますが、本種はよりトゲが強く、太柱状に育ちます。

PART 5 トウダイグサ科

▶ ユーフォルビア

奇怪島 きかいじま
Euphorbia squarrosa

南アフリカの東ケープ州原産。太いかぶら状の塊根があり、頂部よりねじれた枝を放射状に出します。小さな黄色の花を咲かせます。写真の株は幅20cmほど。

飛竜 ひりゅう
Euphorbia stellata

南アフリカの東ケープ州原産。幹が大きく肥大して、先から太い茎を伸ばします。根も太く長く伸びます。冬は暖かい場所で、水やりをごく少なくして越させます。

ステノクラダ
Euphorbia stenoclada

マダガスカル原産。1m以上になる大型種で、体じゅうがトゲに覆われています。写真の株は高さ40cmほどで、ときどき枝を切り詰めるとこのような姿になります。

瑠璃晃 るりこう
Euphorbia suzannae

南アフリカのケープ州原産の突起が多い球形のユーフォルビアです。日当たりを好み、日光が不足すると徒長して丸い形を維持できなくなるので注意しましょう。

子もちシンメトリカ
Euphorbia symmetrica

南アフリカ原産。オベサ（215ページ）と似ていますが、オベサが背が高く伸びるのに対し、本種は丸いまま大きくなります。写真の苗は子吹きタイプで、幅10cmほど。

ミルクブッシュ（青珊瑚）（あおさんご）
Euphorbia tirucalli

アフリカ西南部原産。ミルクブッシュという名は、傷つけると白い樹液が出ることによります。生長期には枝先に小さい葉をつけますが、すぐに脱落します。

弁財天 べんざいてん
Euphorbia venenata

古くに導入されたナミビア原産のユーフォルビアで、稜のある茎が長く伸びて、多くのトゲを出します。自生地では、高さ3m近くまで伸びるようです。

峨眉山 がびさん
Euphorbia 'Gabizan'

日本で作出された交配種です。日当たりと風通しのよい場所を好みますが、真夏の直射日光は葉やけを起こす心配もあります。寒さには弱く、冬は室内で管理します。

PART 5 トウダイグサ科

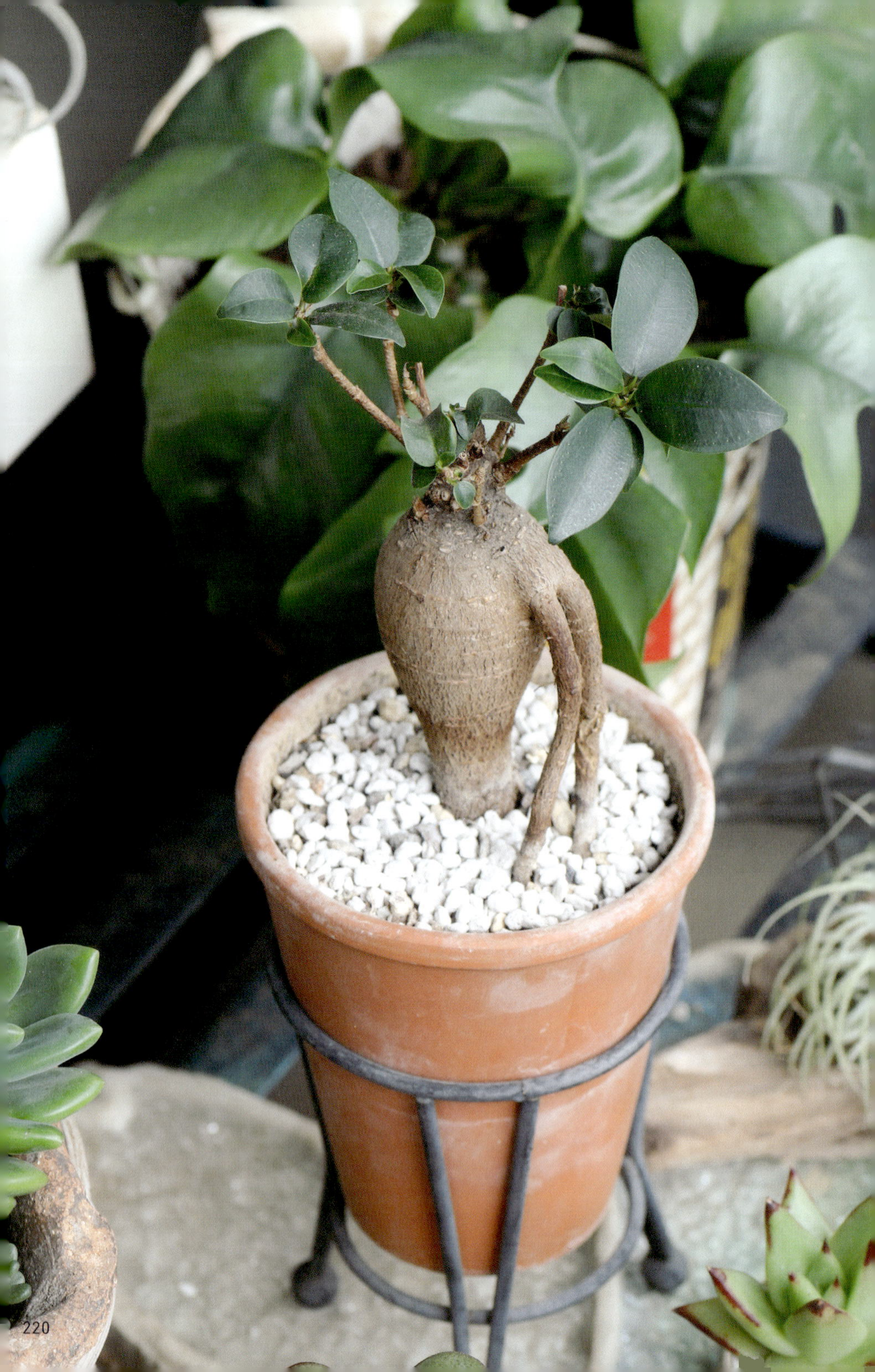

PART 6
その他の多肉植物

Part1〜5に入らない多肉植物をここで紹介します。1億年以上前からあまり形が変わっていないというソテツの仲間やウェルウィッチア、生長期には枝を出して葉をつけ、休眠期には落葉するコーデックス（塊茎植物）と呼ばれるもの、緑の宝石のようなセネシオなど、種類や形もさまざまで、個性的なものも多くあります。

キカス
Cycas

DATA

科　　名	ソテツ科
原 産 地	アジア、オーストラリア、アフリカ
生 育 型	夏型
水 や り	春秋は週1回、夏は週2回、冬は2週に1回
根の太さ	細根タイプ
難 易 度	★★☆☆☆

　アジア、オーストラリア、アフリカなどに約20種が知られている裸子植物で、日本にもソテツが九州南部に自生しているほか、各地で植栽されています。茎は多肉質で、まれに分岐して大きなものは高さ5m以上にもなり、先にシダのような羽状複葉を多数つけます。雌雄異株です。

ソテツ
Cycas revoluta

日本原産。九州南部や沖縄に自生する低木で、太い茎の先に多くの葉をつけ、高さ数mになります。関東以西では庭園などにも植えられています。

エンセファラトス
Encephalartos

DATA

科　　名	ソテツ科
原 産 地	アフリカ
生 育 型	夏型
水 や り	春秋は週1回、夏は週2回、冬は2週に1回
根の太さ	細根タイプ
難 易 度	★★☆☆☆

　アフリカ南部に30種ほどが知られ、ザミア科とされることもあります。樹高は数十cmから数mほどで、地下に塊茎があり地上には葉だけを出すものもあります。葉先が鋭くとがっているものが多く、和名はオニソテツ属とされています。冬は最低5度以上を保ちましょう。

エンセファラトス・ホリダス
Encephalartos horridus

南アフリカ原産のソテツの仲間で、葉に青白色の細粉をまとう美種です。小葉の先がとがるのが特徴で、大きくなると小葉が2～3片に分かれます。

ザミア
Zamia

DATA

科　　名	ザミア科
原産地	北米〜中米
生育型	夏型
水やり	春秋は週1回、夏は週2回、冬は2週に1回
根の太さ	細根タイプ
難易度	★★☆☆☆

　アメリカの熱帯〜温帯に40種ほどが知られているソテツの仲間で、以前はソテツ科とされていましたが、現在ではザミア科とされています。ソテツに比べると小型で、生長も遅いので鉢植えで楽しむのには向いています。寒さに弱いので冬は室内で保護しましょう。

▌メキシコソテツ
Zamia furfuracea

メキシコ原産。「ヒロハザミア」と呼ばれることもあります。塊茎が太り、頂部に葉をつけます。冬は5度以上が安全。石垣島では巨大株が地生しています。

ウェルウィッチア
Welwitschia

DATA

科　　名	ウェルウィッチア科
原産地	アフリカ南部
生育型	春秋型
水やり	年間を通して乾燥させない
根の太さ	太根タイプ
難易度	★★★★★

　アフリカのナミブ砂漠に自生する1科1属1種の大変珍しい植物で、「奇想天外」と呼ばれます。地中に深く伸びる茎があり、茎の先から一対の葉を長く伸ばします。生長はごく遅く、それゆえに長命で、自生地の大株は2000才を超えているともいわれます。

▌奇想天外　きそうてんがい
Welwitschia mirabilis

アフリカのナミブ砂漠に自生する、1科1属1種の珍しい植物です。茎や根は長く地下に伸び、茎の先から終生、2枚の葉が伸び続けます。写真の葉は長さ1mほど。

ペペロミア
Peperomia

DATA

科　　名	コショウ科
原 産 地	中南米
生 育 型	冬型
水 や り	春秋は週1回、夏は月1回、冬は2週に1回
根の太さ	細根タイプ
難 易 度	★★★☆☆

　南米を中心に1500種以上が知られている大きな属で、アフリカにも少数が知られています。コショウ科で、「ペペロミア」という名前は「コショウ（pepper）に似た」という意味です。

　多くの種類は林の中の樹木などに着生している小型の植物です。観葉植物として楽しまれる種類もありますが、肉厚の丸っこい葉をもつタイプが多肉植物として栽培されます。透明な窓をもつもの、赤く色づくものなどがあり、小型で窓辺などで楽しむのには最適です。

　茎の先から長い花茎を伸ばし、多くの花をつけますが、ひとつひとつの花はごく小さく、観賞の対象にはならないようです。

　蒸し暑さに弱いため、冬型種として扱われます。夏は風通しのよい日陰に置き、水やりの回数を少なくします。春と秋は屋外でよく日に当てて育てます。冬は日の当たる室内で管理します。最低温度は5度以上を保ちましょう。挿し芽でふやすことができます。

アスペルラ
Peperomia asperula

ペルー原産のペペロミアで、群生して背が高く伸びます。ニバリス（226ページ）に似ていますが、より大型で、高さ20cmほどに伸びます。

コルメラ
Peperomia columella

ペルー原産の、ごく小型のペペロミアです。茎が立ち上がり、小さな多肉質の葉を多数重ねた姿がとてもキュートです。写真の株は高さ10cmほどです。

コッキアナ
Peperomia cookiana

ハワイ原産の、丸い小さな葉をつけるペペロミアです。背が高くなると自然に横に倒れてブッシュ状に育ちます。

フェレイラエ
Peperomia ferreyrae

ペルー原産の、やや大型の木立ち性のペペロミアです。葉が細長いのが特徴で、多くの枝を出し、高さ30cmほどに育ちます。

グラベオレンス
Peperomia graveolens

ペルー原産のペペロミアで、葉の裏や茎が深みのある赤色に染まります。秋～春、日に当てて育てると、赤い色がより美しくなります。

インカーナ
Peperomia incana

ブラジル原産の大型のペペロミアで、茎も太く、背も高くなります。葉も丸くて大きく育ちます。写真の株は高さ30cmほどです。

PART 6　コショウ科

▶ペペロミア

スツラウィー
Peperomia strawii

基部より多くの茎を出して群生し、黄緑色の細い葉を多数つけます。写真の株は高さ10cmほどです。

ニバリス
Peperomia nivalis

ペルーに自生するペペロミア。葉は肉厚で半透明になり、触れるとよい香りがします。夏は半日陰で涼しく、冬は5度以上を保ちます。

テトラゴナ
Peperomia tetragona

ボリビア、エクサドル、ペルーなどのアンデス地方原産で、葉にラインの入る、ペペロミアの中でも特に美しい種です。葉は大きく、幅5cmくらいになります。

ルベラ
Peperomia rubella

熱帯アメリカ原産、小さな葉の裏側が赤で、茎も赤い小型のペペロミア。多くの枝を出して、カーペット状に育ちます。

アナカンプセロス
Anacampseros

DATA

科　　名	スベリヒユ科
原 産 地	南アフリカ
生 育 型	春秋型
水 や り	春秋は週1回、夏冬は3週に1回
根の太さ	細根タイプ
難 易 度	★★★☆☆

　スベリヒユ科の多肉植物で、小型種が多く、生長はゆっくりです。寒さや暑さには比較的耐えますが、夏の多湿が苦手です。夏は特に風通しをよくすることがポイントです。真夏と真冬以外は、土が乾いたらたっぷり水を与えて育てます。

PART 6　コショウ科、スベリヒユ科

ブランダ・レプトスタッチャ
Peperomia blanda var.*leptostacha*

アフリカから東南アジア、ポリネシアにかけて広く分布します。赤い茎に2cmほどの小さな葉がつきます。茎はやわらかく、伸びると横に這います

ルベルシー
Anacampseros lubbersii

径5mmほどの球形の葉をブドウのようにたくさんつけます。夏に花茎を伸ばし、ピンクの花を咲かせます。自然にタネが実り、ときにはこぼれダネも発芽します。

吹雪の松錦
Anacampseros rufescens f.*variegata*

あざやかなピンクと黄色のグラデーションが美しい品種。葉の間から綿毛が出るのも特徴です。以前流通していたものはボケ斑でしたが、この株は斑が鮮明です。幅3cmほどです。

227

ポーチュラカリア
Portulacaria

DATA

科　　名	スベリヒユ科
原 産 地	南アフリカ
生 育 型	夏型
水 や り	春〜秋は週1回、冬は月1回
根の太さ	細根タイプ
難 易 度	★★☆☆☆

　つやのある小さな丸葉が愛らしい多肉植物です。生長期は夏。耐暑性があるので、春から秋まで、日当たりのよい屋外で管理を。逆に耐寒性は低いので冬は室内で管理します。春に枝を切って挿し芽でふやせます。植えかえも春に行います。

雅楽の舞　ががくのまい
Portulacaria afra var.*variegata*

ピンクが縁取る淡い色の葉を無数につけます。気温が下がる秋には紅葉して赤みが増します。生長期は夏。酷暑期だけは遮光して育てたほうが安心です。

セラリア
Ceraria

DATA

科　　名	スベリヒユ科
原 産 地	南アフリカ、ナミビア
生 育 型	夏型
水 や り	春から秋は週1回、冬は月1回
根の太さ	細根タイプ
難 易 度	★★★★☆

　南アフリカとナミビアに10種ほどが知られている落葉性、または半落葉性の灌木で、細くて長く伸びる茎に小さな多肉質の葉をたくさんつけるものや、大きな塊茎をもつコーデックスなどがあります。夏型の生長をしますが、栽培困難種が多いようです。

ナマクエンシス
Ceraria namaquensis

南西アフリカ原産。白い茎にマメのように小さい葉をつけて、背高く伸びます。栽培困難種のひとつです。ユーフォルビアにも同名のナマクエンシスがあります。

ディディエレア
Didierea

アルオウディア
Alluaudia

いずれもディディエレア科の低木で、マダガスカルの固有種です。ディディエレアは2種が知られ、夏型で高温時に生長します。アルオウディアも夏型の強健種で、6種が知られています。いずれも樹木状の茎に長いトゲをつけ、トゲの根元から毎年新しい葉を出します。

ディディエレア・マダガスカリエンシス
Didierea madagascariensis

銀灰色の幹に、緑色の細長い葉と白いトゲをつける珍種です。自生地では茎の直径が40cm、高さ6mにもなります。写真の株は高さ30cmほどです。

アルオウディア・モンタナッキー
Alluaudia montagnacii

太い茎に丸い葉と長いトゲが密生します。葉は幹から直接出て縦に並ぶのが特徴です。同属のアスケンデンスに似ますが、トゲ、葉とも、より緻密につきます。

アルオウディア・アスセンデンス
Alluaudia ascendens

モンタナッキーに比べるとトゲが短く、葉がハート形をしています。原産地では大木になり、建築材にも使われます。冬でも落葉しません。写真の株は高さ30cmほどです。

PART 6　スベリヒユ科／ディディエレア科

アデニウム
Adenium

DATA

科　名	キョウチクトウ科
原産地	アラビア半島〜アフリカ
生育型	夏型
水やり	春〜秋は週1回、冬は断水
根の太さ	細根タイプ
難易度	★★☆☆☆

　アラビア半島、東アフリカ、ナミビアなどに15種ほどが知られている大型のコーデックス（塊茎植物）です。基部が肥大し、美しい花を咲かせるので、花木としても親しまれています。いずれの種も熱帯性で寒さには弱く、冬は水をきって10度以上を保ちます。

砂漠のバラ
Adenium obesum var.*multiflorum*

ナミビア、アフリカ東部、アラビア半島などが原産で、茎の基部が肥大します。冬は8度以下になると落葉しますが、5度以上あれば越冬します。写真は少し小型の変種です。

セロペギア
Ceropegia

DATA

科　名	キョウチクトウ科
原産地	南アフリカ、熱帯アジア
生育型	春秋型
水やり	春秋は週1回、夏冬は3週に1回
根の太さ	塊根タイプ
難易度	★★★☆☆

　つる状または棒状の茎をもつものが多く、その形態はさまざま。代表種はハート形の葉をつける、つる性のハートカズラ。細長い葉のグリーンスコールも同じ属です。つる性の種類はハンギング仕立てがおすすめです。生長期は春と秋。日当たりと風通しのよい場所で管理しましょう。

ハートカズラ
Ceropegia woodii

つる状に伸びる茎にハート形の葉をつけ、つり鉢に利用されます。冬は凍らない場所で管理します。挿し芽や株分け、茎にできるムカゴを浅植えしてふやせます。

フェルニア
Huernia

DATA

科　　名	キョウチクトウ科
原 産 地	アフリカ〜アラビア半島
生 育 型	夏型
水 や り	秋〜春は2週に1回、冬は月1回
根の太さ	細根タイプ
難 易 度	★★☆☆☆

　南アフリカからエチオピア、アラビア半島にかけて50種ほどが自生します。茎は太くごつごつした感じで、茎から直接、5弁の肉厚の花を咲かせます。ハエの仲間が花粉を媒介するので、いやなにおいを出すものもあります。比較的光の少ないところでも育つので、室内栽培にも向いています。冬は室内で保護しましょう。

蛾角 がかく
Huernia brevirostris

南アフリカのケープ州原産です。高さ5cmほどの茎が密生して、夏に黄色の5弁花を咲かせます。花にはこまかい斑点がたくさんあります。

ピランシー
Huernia pillansii

南アフリカ原産で、こまかいトゲに覆われた茎は高さ4cmほど。トゲはやわらかいので、さわっても痛くありません。夏に黄褐色の花を咲かせます。

ゼブリナ
Huernia zebrina

4〜7角の柱状の茎で、葉はありません。径2〜3cmの五角形の花を咲かせます。栽培はそれほど難しくありません。日照はやや弱めにします。

PART 6　キョウチクトウ科

パキポディウム
Pachypodium

DATA	
科　　名	キョウチクトウ科
原 産 地	マダガスカル、アフリカ
生 育 型	夏型
水 や り	春〜秋は2週に1回、冬は断水
根の太さ	細根タイプ
難 易 度	★★☆☆☆

　肥大した茎をもつ「コーデックス（塊茎植物）」の代表です。マダガスカルやアフリカに25種ほどが知られていますが、そのうちの20種ほどがマダガスカル原産です。自生地では太い茎を伸ばして高さ10mにもなるものがあるといいます。

　多肉質の茎が多くのトゲに覆われています。茎は縦に伸びて大型になる種類や、丸く太る種類など、さまざまな形態が楽しめます。花も美しく、赤および黄色の花を咲かせます。

　春〜秋にかけて生育します。生長期は日当たりのよい屋外で育てます。風通しがよいことも大切です。「恵比寿笑い」などは暑さに弱いので、涼しい場所で管理しましょう。冬は室内で管理して水をきります。5度以下にならないように注意しましょう。特に寒さに弱いものは10度以上必要なものもあります。

　植えかえは春が適期です。ふやすにはタネをまきますが、タネをつけるのが難しいものが多いようです。

バロニー
Pachypodium baronii

マダガスカル原産。茎の基部が大きくふくらむコーデックスです。葉は光沢のある楕円形で、3cmほどの赤い花を咲かせます。写真の株は幅30cmほどです。

恵比寿笑い　えびすわらい
Pachypodium brevicaule

マダガスカル原産。塊茎は扁平で形がよく人気があります。花はレモンイエロー。寒さに弱いので7度ほどに保ちましょう。蒸し暑さも苦手です。写真の株は幅15cmほどです。

恵比寿大黒 えびすだいこく
Pachypodium densicaule

「恵比寿笑い」に比較的丈夫なホロンベンセを交配して作られました。丈夫な苗を作るための交配です。写真の株は幅20cmほどです。

ゲアイー
Pachypodium geayi

マダガスカル原産で、葉が細く長いのが特徴です。乾燥すると落葉するので、生長期には水をきらさないようにしましょう。「唖阿相界（ああそうかい）」という和名があります。

ラメリー
Pachypodium lamerei

マダガスカル原産。茎には多くとトゲをつけ、頂部に葉をひ広げます。ゲアイーに似ていますが、葉幅が広く、裏面にケバがありません。写真の株は幅80cmほどです。

棘なしラメリー
Pachypodium lamerei

ラメリーのトゲがないタイプです。見ためは物足りないような気もしますが、扱いやすいのが利点です。

PART 6 キョウチクトウ科

▶パキポディウム

シバの女王の玉櫛 しばのじょおうのたまぐし
Pachypodium densiflorum

マダガスカル原産。茎には多くのトゲがあり、基部が肥大し、樹木状に育ちます。自生地では高さ幅とも1mほどに育ちます。花は黄色、写真の株は高さ30cmほど。

光堂 ひかりどう
Pachypodium namaquanum

南西アフリカ原産。自生地では大木になりますが、日本では生長期が安定せず栽培困難種として有名です。写真は高さ50cmほど。普通はあまり枝分かれしません。

象牙の宮 ぞうげのみや
Pachypodium rosulatum var.gracilis

マダガスカル原産のロスラツムの変種で、トゲの多い多肉質の茎を伸ばし、高さ30cmほどになります。春に黄色の花を咲かせます。冬は5度以上を保ちましょう。

サキュレンタム
Pachypodium succulentum

南アフリカ原産。丸く太った塊茎から細い枝を放射線状に出し、おもしろい樹形に育ちます。写真の株は高さ40cmほどです。

プセウドリトス
Pseudolithos

スタペリア
Stapelia

トリコカウロン
Trichocaulon

いずれもキョウチクトウ科（ガガイモ科）の多肉植物で、プセウドリトスはアフリカ東部からアラビアにかけて7種ほどが知られています。スタペリアは南アフリカを中心に50種ほどが知られ、アジアや中南米にも分布します。トリコカウロンはフーディア（*Hoodia*）とも呼ばれ、アフリカ南部に数十種が知られています。

ヘラルドヘラナス
Pseudolithos herardheranus

ソマリア原産。同属のスファエクリムにとてもよく似ていますが、花が基部につくところが違います（スファエリクムは茎の中ほどに花がつく）。

紫水角　しすいかく
Stapelia olivacea

南アフリカ原産。茎は根際から多数出て群生し、強光線下で美しい紫色になります。径4cmほどの紫色の星形の花を咲かせます。写真の株は高さ20cmほどです。

仏頭玉　ぶっとうぎょく
Trichocaulon cactiformis

ナミビア原産。プセウドリトスの各種にも似ていますが、花が頂生する点が異なります。花は小さな星形で、縞が入ります。写真の株は幅7cmほどです。

セネシオ
Senecio

DATA

科　名	キク科
原産地	南西アフリカ、インド、メキシコ
生育型	春秋型
水やり	春〜秋は週1回、冬は3週に1回
根の太さ	細根タイプ
難易度	★★☆☆☆

　セネシオは世界中に1500〜2000種が分布するキク科の大きな属で、よく見かけるキオンやシロタエギクなどもこの仲間です。その中の南アフリカなどに自生するいくつかが多肉植物で、クリオ属（*Curio*）とされることもあります。ちょっと変わった姿の種類が多い属で、丸い玉が連なり垂れ下がるグリーンネックレスや、矢印のような葉をつける「マサイの矢尻」など、独創的な造形が魅力です。

　春と秋に生育する種類がほとんどですが、比較的寒さや暑さにも強く、育てやすい多肉植物です。根の極度の乾燥を嫌うので、夏季、冬季いずれの休眠期であっても、根を乾燥させすぎないようにしましょう。植えかえのときにも根を乾かさないように注意します。通常は日当たりをよくして、徒長しないように生育させるのがポイントです。繁殖は春。長いつるが伸びるグリーンネックレスなどは、伸びたつるを切り離さずに用土を入れた鉢に置くと発根します。茎が伸びるタイプのものは枝挿ししましょう。

▍美空鉾 みそらほこ
Senecio antandroi

マダガスカル原産。白い粉をまとう青みを帯びた細葉を密につけます。水を与えすぎると葉が開いた状態になってバランスが悪くなります。植えかえは春〜初夏に。

▍白寿楽 はくじゅらく
Senecio citriformis

南アフリカ原産。直線状に伸びる細い茎に、先のとがったしずく型の葉をつけます。葉はうっすらと白粉で覆われます。挿し芽をしてふやします。

フレリー
Senecio fulleri

アフリカ北部からアラビアにかけて分布します。多肉質の茎に長さ1〜5cmほどの葉をつけ、オレンジ色の花を咲かせます。写真の株は高さ20cmほどです。

ハリアヌス・ヒポグリフ
Senecio hallianus 'Hippogriff'

南アフリカ原産。細い茎に紡錘形の葉をたくさんつける、丈夫で育てやすい種類です。枝の途中から根を出すので、これを切って植えればすぐに小苗ができます。

銀月 ぎんげつ
Senecio haworthii

南アフリカ原産。白い綿毛に覆われた紡錘形の葉が美しい。花は黄色で春咲き。夏の暑さに弱いので、直射日光を避け、風通しのよい場所で乾きぎみに育てます。

ヘブディンギー
Senecio hebdingi

マダガスカル原産。地際から多肉質の茎が数本伸びる、奇妙な形のセネシオです。茎の先端には小さな葉をつけます。繁殖は茎挿しか株分けで。

▶ セネシオ

マサイの矢尻 まさいのやじり
Senecio kleiniiformis

南アフリカ原産。独特の葉の形状がおもしろい中型種。矢尻のような葉の形からその名がつきました。日光を好みますが、真夏は半日陰で直射日光を避けましょう。

グリーンネックレス
Senecio rowleyanus

球状の葉をつけて垂れ下がるように伸びるので、ハンギング仕立てがおすすめ。夏は直射日光を避けて、日陰で育てるとよいでしょう。

新月 しんげつ
Senecio scaposus

南アフリカ原産。白い綿毛に覆われた棒状の葉を多数出します。冷涼期に生育しますが、生育期でも水のやりすぎには要注意。日当たり、風通しよく育てましょう。

スカポーサス・カウレスセンス
Senecio scaposus var.*caulescens*

「新月」の変種で、葉幅が広くヘラ状で、より優雅な感じの群生株を作ります。育て方は「新月」と同じです。

万宝 ばんぽう
Senecio serpens

南アフリカ原産の小型のセネシオです。10cmほどに伸びる短い茎に、白粉を帯びた青緑色の円筒形の葉を多数つけ、群生します。写真の株は高さ10cmほどです。

大銀月 だいぎんげつ
Senecio talonoides

南アフリカ原産。「銀月」よりも大型で、葉も長く、茎も長く育ち、黄白色の花を咲かせます。写真の株は高さ20cmほどです。

オトンナ
Othonna

DATA

科　名	キク科
原産地	アフリカ
生育型	冬型
水やり	秋～春は週1回、夏は月1回
根の太さ	細根タイプ
難易度	★★★☆☆

　南西アフリカを中心に、40種ほどが生息します。茎が太り塊茎状になる「コーデックス」が人気です。秋から冬に長い花柄の先端に花をつけます。夏には完全に葉を落として休眠することが多いので、完全に水をきって涼しい日陰に置きます。ただし、よく見かけるカペンシスは塊状の茎をもたず、夏にも葉を落としません。

ルビーネックレス
Othonna capensis 'Rubby Necklace'

南アフリカ原産。紅葉すると葉が紅紫色に染まるので、こう呼ばれます。黄色の花もきれいです。関東地方では屋外で越冬します。葉の長さは2cmほどです。

【その他のコーデックス】

ディオスコレア *Dioscorea*	ボンバックス *Bombax*	オペルクリカリヤ *Operculicarya*
アデニア *Adenia*	クッソニア *Cussonia*	フォークイエリア *Fouquieria*
キホステンマ *Cyphostemma*	ドルステニア *Dorstenia*	

　株元や茎が肥大する植物が「コーデックス」で、欧米では「BONSAI SUCCULENTS」と呼ばれ、世界中で栽培されています。
　ディオスコレアは世界中に600種ほどが分布するヤマノイモ科の大属で、その中の数種がコーデックスとして楽しまれています。アデニアはトケイソウ科で、アフリカから東南アジアにかけて100種類ほどが知られています。キホステンマはブドウ科で、アフリカ、マダガスカルに250種ほど知られています。以前はシッサス属 (*Cissus*) とされていました。ボンバックスはバオバブと同じパンヤ科（キワタ科）で、熱帯アジアを中心に、アフリカからオーストラリアにかけて広く分布しています。クッソニアはウコギ科で、中央アフリカからマダガスカルに20種ほどが、ドルステニアはクワ科で南アジアに100種ほどが、オペルクリカリアはウルシ科でマダガスカルなどに5種ほどが、フォーキエラはメキシコなどに10種ほどが知られているフォーキエラ科のコーデックスです。

亀甲竜　きっこうりゅう
Dioscorea elephantipes

メキシコ原産の「メキシコ亀甲竜」もありますが、写真の株はアフリカ原産の「亀甲竜」。秋から春にかけて葉を出して、生長します。W20cm。

アデニア・グラウカ
Adenia glauca

南アフリカの岩の多いサバンナに自生しています。春に茎の先からつるを伸ばし、5枚に分かれた葉を多数つけ、秋には落葉します。冬は8度以上を保ちます。

PART 6 その他の科

アデニア・スピノーサ
Adenia spinosa

南アフリカ原産。自生地では塊茎が直径2mに達するといいます。グラウカより生長はゆっくりで、根茎からトゲのある長いつるを出します。花は黄色です。

キホステンマ・クロリ
Cyphostemma currori

アフリカ中南部原産。太い茎の先に数枚の葉をつけ、休眠期には落葉します。写真の株は高さ50cmほどですが、自生地では太さ1.8m、高さ7mにもなるといいます。

ボンバックス
Bombax sp.

バオバブ、パキラ、ドリアンなどと同じパンヤ科（キワタ科）の植物で、熱帯アジアを中心に広く分布しています。実生苗から剪定を繰り返し、球状に育てましょう。

クッソニア・ズラエンシス
Cussonia zulaensis

南アフリカ原産。ヤツデに近縁の植物で、ヤツデに似た掌状の葉をつけます。茎は基部が肥大し、古くなると枝分かれして伸びます。

241

▶ その他のコーデックス

ドルステニア・フェチダ
Dorstenia foetida

アフリカ東部からアラビア原産。小型の植物で自生地でも30〜40cm、日本では20cmほどにしかなりません。夏に不思議な形の花を咲かせます。

ドルステニア・ギガス
Dorstenia gigas

インド洋のソコトラ島に分布する希少種で、自生地では高さ3mほどまで生長するといいます。寒さに弱いため冬は15度以上を保てると安全です。

オペルクリカリヤ・パキプス
Operculicarya pachypus

マダガスカル原産のコーデックスで、高さ1mほどになります。夏には塊茎から細い枝を伸ばして葉をつけ、秋には紅葉して冬には葉を落とします。

フォークイエリア・ファシクラータ
Fouquieria fasciculata

メキシコ南部のごく狭い地域に自生する希少種です。非常に生長が遅く、樹齢数百年の株でも太さ数十cm、高さ数mほどといいます。秋には紅葉して落葉します。

PART 7
育て方の基礎知識

乾燥にも強く、とても丈夫というイメージのあるサボテンや多肉植物ですが、間違った管理をすれば枯れてしまいます。栽培のポイントは水やりの仕方。その種類の性質をよく知り、それに合った水やりをしなくてはなりません。種類によっては3カ月間まったく水を与えないものもあります。ここでは植えかえや寄せ植えの作り方、タネまきの方法なども解説します。

夏型種の育て方

春から夏、秋に生育し、冬に休眠するグループで、熱帯性の多肉植物が多く含まれます。一般の草花と同じような生育パターンなので、はじめてでも比較的育てやすいグループといえるでしょう。比較的丈夫な種類が多く、サボテンの仲間や、セダム、カランコエ、クラッスラの一部など、ガーデンセンターなどでよく目にする種類は、夏型種が多いようです。

夏型種といっても、セダム「虹の玉」や木立ちアロエなどのように寒さに強く冬でも屋外で大丈夫なものもあれば、日本の高温多湿の夏が苦手なものもあります。

夏型の多肉植物

- ツルボラン科、キジカクシ科（ユリ科）
  アロエ、ガステリア、アガベなど
- パイナップル科
  チランジア、ディッキアなど
- サボテン科
  アストロフィツム、ギムノカリキウム、マミラリアなど
- ツルナ科
  キリンドロフィルム、デロスペルマなど
- ベンケイソウ科
  セダムの一部、パキフィツム、グラプトペタルムの一部、クラッスラの一部、カランコエ、コチレドンなど
- トウダイグサ科　ユーフォルビア
- その他の科
  サンセベリア、ポーチュラカ、パキポディウム、フェルニア、ドルステニアなど

左より、アロエ、ガステリア、アガベ、アストロフィツム（サボテン）

左より、コチレドン、パキフィツム、セダム、ユーフォルビア

育て方の基礎

春から秋まではよく日に当て、水をしっかり与えて育てます。低温期には生育を休止する（休眠する）ので、冬は水をきるか、ごく少なくします。真夏は遮光して乾かしぎみに管理したほうがよいものもあります。

SPRING
春の管理（3～5月）

よく日に当てる。水やりは週1回

多くの種類が生長を始めます。日当たりと風通しのよい軒下などに置いて、十分日に当ててやりましょう。サボテンの仲間の多くは春が開花期です。

水は、鉢底から流れ出るまでしっかり与えます。水やりの間隔は、鉢土の表面が乾いてから2～3日後、鉢内がしっかり乾いてからにします。鉢の大きさや置き場所にもよりますが、だいたい1週間に1回くらいが目安です。

肥料はあまり必要ありませんが、与えるなら5～7月が適期で、規定の倍率に薄めた液肥を1カ月に1回程度与えます。

SUMMER
夏の管理（6～8月）

雨に当てない。強い日ざしは避ける

日当たりと風通しのよい軒下などに置きます。風通しが悪いと蒸れて腐ってしまうこともあるので注意します。暑さに弱い種類は家の東側など午後からの日が当たらない場所に移動するか、寒冷紗やよしずで遮光します。雨に当てるのもよくないので、雨よけの工夫をしましょう。

水はしっかり与えます。晴天が続くときは3日に1回くらい、暑さに弱い種類は1週間に1回くらいにしたほうが安心です。葉の間に水がたまると腐ってしまうこともあるので、水は株元の土にかけるようにします。

AUTUMN
秋の管理（9～11月）

よく日に当てる。水やりは徐々に少なく

夏の間涼しい半日陰に避難していた株も日当たりのよい場所に戻して、よく日に当ててやります。水やりの間隔も徐々に長くし、11月には2週間に1回程度にします。秋に水やりが多いと、冬の寒さで傷みやすくなります。

夏の間に大きく育った株は、この時期に株分け、植えかえをして形を整えておくのもよいでしょう。鉢から抜いて適当な大きさに切り分け、新しい用土で植えつけます。このとき、根に小さな白い虫（ネジラミ）がついていないかチェックしましょう。ついていたら水できれいに洗い流します。

WINTER
冬の管理（12～2月）

寒さに弱いものは室内に。水やりはごく少量

セダムの「虹の玉」や「オーロラ」など、赤く色づいてくるものもあれば、この時期に花を咲かせるものもあって、休眠期といっても楽しめます。置き場所は室内に取り込むのが安心ですが、寒さに強いものは屋外でも大丈夫です。屋外に置く場合は、北風の当たらない日だまりのようなところが最適です。室内では暖房の入っていない場所がよいでしょう。暖かいところに置くと生長を始め、徒長してしまうこともあります。水やりはごく少なめで、1カ月に1回、用土が軽く湿る程度にします。

GROW PLANTS

冬型種の育て方

　秋から冬、春にかけて生長し、夏には休眠する種類です。冬に雨の多い地中海沿岸地方や、ヨーロッパの山地、南アフリカからナミビアにかけての高原などの冷涼な地域に自生する種類が多く、日本の暑い夏が苦手です。生育パターンも一般の草花とは違うので、栽培には注意が必要ですが、リトープスやコノフィツムの仲間などのように、透明な窓をもったもの、枯れたように見える植物体から新しい葉が出てくる（脱皮する）など、おもしろい性質をもった魅力的な種類が多いので、ぜひ育ててみたい仲間です。

冬型の多肉植物

● ツルボラン科（ユリ科）
ブルビネなど

● ツルナ科
コノフィツム、ケイリドプシス、リトープスなど

● ベンケイソウ科
アエオニウム、センペルビブム、クラッスラの一部など

● その他の科
ペペロミアなど

左より、ペペロミア、ブルビネ、ブラウンシア、コノフィツム

左より、リトープス、オフタルモフィルム、アエオニウム、センペルビブム

育て方の基礎

　夏越しが最大の問題です。夏の間の水やりが最大のポイントで、完全に水をきってしまうのもひとつの方法ですが、小型のものは乾燥しすぎると枯れてしまうものもあります。雨に当てないことも大切です。風通しのよい日陰で、静かに休眠させましょう。

SPRING

春の管理（3～5月）

よく日に当てる。水やりは週1回

　多くの種類の生長の最盛期です。この時期に花を咲かせるものもあります。冬の間室内で日照不足になっていたものも、屋外に出して十分日に当ててやりましょう。水やりは、与えるときは鉢底から流れ出るまでしっかり与えます。次の水やりは土の表面が乾いてから2～3日後、鉢の大きさや置き場所にもよりますが、だいたい1週間に1回くらいです。

　5月に入ると、リトープスなどは表面が枯れたようになってきますが、心配ありません。やがて枯れた葉の中心から、新しい葉が出てきます。

SUMMER

夏の管理（6～8月）

雨に当てない。水は与えないか、霧吹き程度

　リトープスやコノフィツムなどは夏に水やりをすると腐ってしまうことが多いので、水をきって強制的に休眠させます。ただし、小さい株は乾燥が激しいと枯死してしまうこともあるので、1カ月に1回、霧吹きなどで土の表面を軽く湿らせる程度の水やりをすることもあります。アエオニウムなどは1カ月に1回程度、土が軽く湿る程度の水やりをします。

　雨の当たらない涼しい日陰に置きます。雷雨や台風などで雨が吹き込んで、それがもとで腐ってしまうこともあるので十分注意しましょう。

AUTUMN

秋の管理（9～11月）

よく日に当てる。水やりは週1回

　朝夕が涼しくなってきたら、日陰に置いておいた株を日当たりのよい場所に移動して十分日に当てます。水やりも再開しましょう。与え方は春と同じで、だいたい1週間に1回が目安です。しおれていたリトープスなどもみずみずしさを取り戻し、春に脱皮しなかったコノフィツムなどは枯れた皮を破って新しい葉が出てきます。アエオニウムやセンペルビブムも生長を始めます。美しく紅葉する種類もあります。冬型種の施肥は秋が適期です。規定の倍率に薄めた液肥を1カ月に1回程度与えましょう。

WINTER

冬の管理（12～2月）

室内に取り込む。水やりは1～3週に1回

　冬は室内で栽培します。12月に入ったら室内に取り込む準備をします。室内でも明るい窓辺などに置き、できるだけ日に当てます。ストーブの近くやエアコンなどの温風が直接当たるような場所は避け、日中はときどき窓をあけて新鮮な空気を当ててやりましょう。夜間の最低温度は5度以上あれば十分です。冬型種といっても、真冬は生長が鈍ります。水やりは控えめにしましょう。ただし、暖房した部屋は湿度が低く、意外と鉢土の乾きも早くなることがあるので、よく観察して水やりをしてください。

GROW PLANTS

春秋型種の育て方

　夏と冬には休眠し、春と秋のおだやかな気候のときだけに生育する種類です。夏もそれほど高温にならない、熱帯や亜熱帯の高原が故郷のものがこの仲間です。夏型種とされることもありますが、夏の暑さで傷みやすいので、夏は休眠させたほうが安全です。基本的な育て方は夏型種と同様で、真夏は冬型種のように水をきって休眠させます。

春秋型の多肉植物

● ツルボラン科（ユリ科）
ハオルシア、アストロロバなど

● ベンケイソウ科
エケベリア、アドロミスクス、クラッスラなど

● キク科
セネシオ（キク科）

● その他の科
セロペギア、アナカンプセロス、セネシオなど

左より、アナカンプセロス、アストロローバ、ハオルシア、アドロミスクス

左より、アドロミスクス、クラッスラ、エケベリア、セネシオ

育て方の基礎

高温多湿を嫌うため、夏の間は休眠させたほうが安心です。冷涼な地域では夏の間も生長させることができるものもありますが、生長のピークは春と秋になります。春、秋にしっかり生長させ、夏と冬は静かに休眠させましょう。

SPRING 春の管理（3〜5月）

よく日に当てる。水やりは週1回

多くの種類が生長を始めます。日当たりと風通しのよい軒下などに置いて、十分日に当てましょう。ただし、ハオルシアの仲間は自生地でも岩陰などに生育しているものですから、明るい半日陰で育てます。水は、鉢底から流れ出るまでしっかり与えます。水やりは鉢土の表面が乾いてから2〜3日後、鉢内がしっかり乾いてからにします。鉢の大きさや置き場所にもよりますが、だいたい1週間に1回くらいが目安です。肥料はあまり必要ありませんが、与えるなら5〜7月が適期で、液肥を1カ月に1回程度与えます。

SUMMER 夏の管理（6〜8月）

風通しのよい日陰に置く。水は与えないか少量

暑さに弱いので、多くの種類は水をきって休眠させます。ただし、ハオルシアなどは乾燥すると周りの古い葉から順にしおれて枯れてくるので、冬型種ほど完全に水をきらないほうがよいでしょう。1カ月に1回程度、土が軽く湿る程度の水やりをします。置き場所は風通しがよく雨の当たらない涼しい日陰が適しています。

AUTUMN 秋の管理（9〜11月）

よく日に当てる。水やりは1〜2週に1回

夏の間涼しい半日陰に避難していた株も日当たりのよい場所に戻して、よく日に当てます。ただし、ハオルシアの仲間は通年明るい半日陰で栽培します。

水やりは春と同じ、1週間に1回程度に戻します。寒くなるに従って間隔を徐々に長くし、11月には2週間に1回程度にします。秋に水やりが多いと、冬の寒さで株が傷みやすくなります。

WINTER 冬の管理（12〜2月）

寒さに弱いものは室内に。水やりは1カ月に1回

気温が下がるに従って生長がゆるやかになってきます。寒さに強いものは屋外でも大丈夫ですが、室内に取り込むのが安心です。日当たりはよいほうがよいのですが、休眠中なのであまり気にすることもありません。ときどき窓をあけて通気をはかります。水やりはごく少なめで、水は1カ月に1回程度、土が軽く湿るくらい与えれば大丈夫です。用土が乾いても問題ありません。

屋外に置く場合は、北風の当たらない日だまりのようなところが最適です。

GROW PLANTS

多肉植物の植えかえ

親株は2～3年に一度は植えかえる

多肉植物の多くは生育が緩慢なので、ほかの草花や観葉植物などの鉢植えのように毎年植えかえる必要はありません。しかし、植えかえを怠っていると根詰まりで夏場などに枯れやすくなるので、2～3年に一度は植えかえましょう。なお、葉挿しなどで得た小苗は、1年に一度は植えかえたほうが生育がよくなります。

株分けでふやす

子苗ができて株立ち状になる種類は、そのまま育ててもよいのですが、あまり大きくなると扱いも難しくなるので、株分けするのがおすすめです。
ハオルシアやアロエ、アガベなどのような太根タイプは、根を切ったり乾かしたりしないように注意して、植えつけ後すぐに水をやっておきます。

太根タイプの植えかえ　アロエの株分け

1
株がふえて鉢からはみ出してきたアロエ。株分けをして植えかえよう。

2
鉢から抜いてわき芽をとりはずす。できるだけ根を切らないように注意。

3
枯れた葉や傷んだ根を切りとって、すぐに新しい用土で植えつける。

4
小さな株は小鉢に植える。植えつけ後、すぐに水やりをする。

細根タイプの植えかえ 〈サボテンの株分け〉

1

小さな苗がたくさん出てきた植えかえ適期のサボテン。

2

トゲに気をつけて、ピンセットなどを使って株を抜く。

3

株をハサミで切り分ける。発泡スチロール片などを使って苗を持つとトゲが刺さらない。

4

古い土を落として、長い根は短く切り詰める。

5

株分けが終わったサボテン。根がない株でも大丈夫。このまま1週間ほど切り口を乾かす。

6

切り口がしっかり乾いたら、乾いた用土で植えつける。水やりは3〜4日後から。

GROW PLANTS

葉挿しでふやす、挿し芽でふやす

エケベリアやセダム、クラッスラなど、葉の小さな多肉植物は、
葉挿しで簡単にふやすことができます。
大きな葉の多肉植物は挿し芽でふやせます。
小苗をたくさん作って寄せ植えやアレンジに利用しましょう。
やり方はとても簡単。
時期はそれぞれの種類の生長期が適しています。

HOW TO 葉挿し

セダム、カランコエ、エケベリア、クラッスラ、アドロミスクスなど、多肉植物の多くは再生能力が高く、小さな1枚の葉から芽が出て苗になります。少し時間がかかりますが、一度に多くの苗が得られます。

1
やり方は簡単、葉をとって土の上に置いておくだけ。やがて根や芽が出て、小さな苗になる。名前がわからなくならないように、ラベルを立てておこう。

2
苗が大きくなったら鉢に植える。1鉢に数本の苗を植えておくのもよい。元の葉は、じゃまになるならはずしてもよい。

挿し芽

挿し芽では切り口を十分乾かすことがポイント。切ってすぐ植えると切り口から腐ってくることがあります。風通しのよい場所に置いて、根が出てから植えましょう。ただしアエオニウムとセネシオは、切ってすぐに挿します。

1
茎を1cmほどつけて芽先を切りとる。切りとった株からも芽が出てくる。

2
切りとった挿し穂は風通しのよい場所で切り口を乾燥させる。寝かせておくと茎が曲がってしまうことがあるので、できれば立てておく。

3
1〜2週間で切り口付近から発根してきたら、鉢に植える。用土は「サボテン・多肉植物用」がよいが、普通の「草花用」でも可。

4
根を傷めないように注意して鉢に植える。植えつけ後1週間は水やりをしない。

GROW PLANTS

実生を楽しむ

最近人気の楽しみ方が「実生」です。実生とは、タネをまいて苗を育てること。
小さなタネが芽を出し、少しずつ大きくなっていくのを見守るのは楽しいものです。
異なる種類を交配すれば、自分だけのオリジナルの品種を作り出すのも可能です。
少し手間はかかりますが、難しいことはありません。
多肉植物の赤ちゃんを育ててみましょう。

1

サボテンの実生苗（タネまきから1年ほど）。そろそろ植え広げの時期だが、このまま群生させてもおもしろい。

2

リトープスの実生苗（タネまきから1年ほど）。ひとつの実からとったタネでも、いろいろな苗が生まれる。生長の速さもさまざま。

3

ぎっしり育った実生3年目のリトープスの苗。さまざまな模様が見られておもしろい。

交配してタネをまくと、両親の性質をあわせ持った子どもが生まれる。左はエケベリア・ラウイー、右はエケベリア・コロラータ、手前はその子ども。

GROW PLANTS

交配の仕方

虫が仲介したりして自然にタネができることもありますが、
確実にタネをとりたい場合や、異なる種類を交配する場合は人工授粉をします。
花期が異なる場合は、花粉を冷蔵庫に保存しておいて交配することもできます。

1

細い筆の先を父親の花（咲き始めのものがよい）の中に入れて2～3回まわし、筆先の毛に花粉をつけ、母親の花の中に入れて雌しべの先に花粉をつける。

2

人工授粉した花にラベルをつけて、母親の名前を前に、父親の名前を後に書き、人工授粉した日付を書いておく。

3

受粉が成功すれば実がふくらんできてタネができる。自然にはじけて飛んでしまわないうちに、ラベルをつけた実をハサミなどでていねいに切りとる。

4

白い紙の上で実を割り、中に入っているタネをとり出す。タネが小さいものは、茶こしなど目のこまかい網で、タネと花がらやゴミなどをより分ける。

GROW PLANTS

タネまきと植えかえ

タネはとったらすぐにまくのが基本です。すぐにまかないタネは冷蔵庫に保管しておきます。タネをまいた鉢やセルトレーは、水を張った受け皿の上に置いて乾燥させないように管理します。発芽するまでに1年近くかかることもあるので気長に待ちましょう。

1

より分けたタネを小さな鉢やセルトレーなどに薄くまく。用土はこまかいバーミキュライトなどの清潔なものを使う。ラベルを忘れないこと。絶対に覆土をしないことが大切。

2

エケベリアの芽生え。1〜2mm程度の小さな葉が出る。苗がしっかりしてきたら、数株ずつまとめて植え広げる。

3

植え広げて2〜3カ月して苗が大きくなってきたら、数株ずつまとめてポットに植える。根づいたら親株と同様に管理する。

4

ポットに1株ずつ植えたエケベリアなどの実生苗。色や形など、それぞれの個性があらわれておもしろい。

INDEX
多肉植物ハンディ図鑑
さくいん

さくいん…258
和名、属名、種小名、変種名、品種名などを、
五十音順に配列しました。

学名さくいん…280
学名をアルファベット順に配列しました。

ア

唖阿相界（ああそうかい）→ゲアイー ……………………………… 233
アーツゴファロ（コノフィツム・リートブソイデス・アーツゴファロ）…………… 95
アームストロンギー（ガステリア・アームストロンギー）→臥牛 ……… 18
相生傘（あいおいがさ）………………… 147
愛泉（あいせん）………………………… 99
アイボリー→J.C.バンケベル………… 173
アイボリーパゴダ（クラッスラ・アイボリーパゴダ）……………………………… 143
アウカンピアエ（リトープス・アウカンピアエ）→日輪玉 ………………………… 110
アウランティアカ（フェネストラリア・アウランティアカ）→五十鈴玉 …………… 107
アエオニウム属 ………………………… 131
アエオニウム・アルボレウム・アトロプルプレウム→黒法師 ……………… 131
アエオニウム・アルボレウム・ルテオバリエガツム→艶日傘 ……………… 131
アエオニウム・アルボレウム・ルブロリネアツム→まだら黒法師 ………… 131
アエオニウム・ウルビカム→サンバースト ………………………… 133
アエオニウム・オーレウム ……………… 132
アエオニウム・サンデルシー …………… 132
アエオニウム・セディフォリウム→小人の祭 ……………………………… 133
アエオニウム・タブリフォルメ→明鏡 …………………………………… 133
アエオニウム・ドドランタレ→笹の露 ……………………………… 132
アエオニウム・ベルカーネウム→光源氏 ……………………………… 132
アエオニウム・ベロア …………………… 133
アエルギノーサ（ユーフォルビア・アエルギノーサ）……………………………… 210
青珊瑚（あおさんご）→ミルクブッシュ ……………………………………… 219
アガベ属 ………………………………… 40
アガベ・アテニュアータ ………………… 40
アガベ・アルボピローサ ………………… 40
アガベ・イツスメンシス ………………… 42
アガベ・イツスメンシス→王妃甲蟹 … 42
アガベ・イツスメンシス→王妃甲蟹錦 ………………………………………… 43

アガベ・ジプソフィラ …………………… 41
アガベ・ストリクタ→吹上 ……………… 45
アガベ・チタノータ→ナンバーワン… 45
アガベ・パルビフローラ→姫乱れ雪錦 ………………………………………… 43
アガベ・ビクトリアエレギナエ→氷山 ………………………………………… 45
アガベ・ビクトリアエレギナエ・コンパクタ→姫笹の雪 ………………… 45
アガベ・フィリフェラ→白糸の王妃錦 ………………………………………… 41
アガベ・プミラ …………………………… 44
アガベ・ブラクテオーサ ………………… 41
アガベ・ポタトルム→王妃雷神 ……… 42
アガベ・ポタトルム→王妃雷神錦 …………………………………………… 42
アガベ・ポタトルム→吉祥冠錦 ……… 44
アガベ・ポタトルム→雷神錦 …………… 43
アガベ・ポタトルム・ベッキー ………… 44
アガベ・ポビコルヌータ ………………… 41
アガベ・ロファンサ→五色万代 ……… 43
アガボイデス（エケベリア・アガボイデス）…………………… 146,147,148
秋茜（あきあかね）……………………… 99
アグラヤ（エケベリア・アグラヤ）… 165
アスセンデス（アルオウディア・アスセンデンス）…………………………… 229
アズテキウム・ヒントニー ……………… 82
アステリアス（アストロフィツム・アステリアス）……………………………… 60
アステリウム（ギムノカリキウム・アステリウム）→鳳頭 ……………………… 70
アストロフィツム属 ……………………… 60
アストロフィツム・アステリアス→兜 ………………………………………… 60
アストロフィツム・アステリアス・ヌダム→碧瑠璃兜 …………………… 60
アストロフィツム・アステリアス・ヌダム→碧瑠璃兜錦 ………………… 60
アストロフィツム・ミリオスティグマ→四角鸞鳳玉 ………………………… 61
アストロフィツム・ミリオスティグマ→鸞鳳玉錦 …………………………… 61
アストロフィツム・ミリオスティグマ・ヌダム→碧瑠璃鸞鳳玉 ………… 61
アストロフィツム・ミリオスティグマ・ヌダム→碧瑠璃鸞鳳玉錦 ……… 61
アストロロバ属 ………………………… 16

アストロロバ・コンゲスタ ……………… 16
アストロロバ・ハリー→白亜塔 ……… 16
アストロロバ・ピクアリナタ …………… 16
アスペルラ（ペペロミア・アスペルラ）… 224
アセリフォルミス（ペレキフォラ・アセリフォルミス）→精巧丸 ……………… 86
アセンデンス（アルオウディア・アセンデンス）……………………………… 229
アデニア・グラウカ ……………………… 240
アデニア・スピノーサ …………………… 241
アデニウム属 …………………………… 230
アデニウム・オベスム・マルチフロルム→砂漠のバラ ………………………… 230
アテニュアータ（アガベ・アテニュアータ）………………………………………… 40
アテニュアータ（ハオルシア・アテニュアータ・シモフリ）→霜降り十二の巻 … 34
アテヌアータ（ダドレア・アテヌアータ・オルクッティー）……………………… 144
アドルフィー（セダム・アドルフィー）→銘月 ……………………………… 196
アトロプルプレウム（アエオニウム・アルボレウム・アトロプルプレウム）→黒法師 ……………………………… 131
アドロミスクス属 ……………………… 126
アドロミスクス・エスカップ …………… 130
アドロミスクス・クーペリー …………… 126
アドロミスクス・クーペリー・コンパクツム→達磨クーペリー ………… 126
アドロミスクス・クリスタータス→天章 ……………………………………… 127
アドロミスクス・クリスタータス・ショーンランディー→達磨神想曲 …… 127
アドロミスクス・クリスタータス・セイヘリー ………………………………… 127
アドロミスクス・シュルドチアヌス… 130
アドロミスクス・トリギヌス …………… 130
アドロミスクス・フィリカウリス ……………………………………… 127,128
アドロミスクス・ヘミスファエリクス→松虫 ……………………………… 128
アドロミスクス・マクラツス→御所錦 ………………………………………… 128
アドロミスクス・マリアンナエ ·129,130
アドロミスクス・マリアンナエ・アルボラツス→銀の卵 …………………… 129
アドロミスクス・マリアンナエ・インマキュラツス ………………………… 129

アドロミスクス・マリアンナエ・ブルヤンマッキン……………………130
アドロミスクス・マリアンナエ・ヘレー…………………………………129
アドロミスクス・レウコフィルス
　→雪御所………………………128
アナカンプセロス属……………227
アナカンプセロス・ルフェッセンス
　→吹雪の松錦…………………227
アナカンプセロス・ルベルシー……227
アニシッチー（ギムノカリキウム・アニシッチー）→翠晃冠錦………………70
アフィニス（エケベリア・アフィニス）
　→古紫……………………………146
アフターグロー（エケベリア・アフターグロー）
　……………………………………165
アフラ（ポーチュラカリア・アフラ）
　→雅楽の舞……………………228
アフロディテ（エケベリア・アフロディテ）
　……………………………………166
アメジスティヌム（グラプトペタルム・アメジスティヌム）…………………183
アメトルム（グラプトベリア・アメトルム）
　……………………………………185
アメリカーナ（クラッスラ・アメリカーナ・フレイム）→火祭………………137
アモエナ（エケベリア・アモエナ）……148
綾鼓（あやづづみ）……………………99
綾椿（あやつばき）…………………204
綾波モンスト（あやなみもんすと）…69
アラクノイディア（ハオルシア・アラクノイディア）…………………25,26
アラクノイデウム（センペルビブム・アラクノイデウム）→巻絹…………202
アラネア（ハオルシア・アラクノイディア・アラネア）…………………………25
アラントイデス（セダム・アラントイデス）
　……………………………………196
アラントイデス（セダム・アラントイデス）
　→八千代………………………197
アリオカルプス属………………58
アリオカルプス・コッチョウベイヤヌス
　→黒牡丹…………………………58
アリオカルプス・コッチョウベイヤヌス・マクドウェリー→姫牡丹………59
アリオカルプス・スカファロスツルス
　→龍角牡丹………………………59
アリオカルプス・トリゴヌス

　→三角牡丹………………………59
アリオカルプス・フィスラツス
　→亀甲牡丹………………………58
アリオカルプス・フィスラツス・ゴジラ
　……………………………………59
アリオカルプス・フルフラセウス
　→花牡丹…………………………58
アルオウディア属………………229
アルオウディア・アスセンデンス…229
アルオウディア・モンタナッキー…229
アルギロデルマ属………………90
アルギロデルマ・フィスム→宝槌玉…90
アルツム（コノフィツム・アルツム）→淡雪
　……………………………………93
アルバーティアナ（チランジア・アルバーティアナ）…………………48
アルビカンス（エケベリア・エレガンス・アルビカンス）……………………152
アルビスピナ（オプンチア・ミクロダシス・アルビスピナ）→象牙団扇………79
アルビニカ（リトープス・レスリー・アルビニカ）……………………………114
アルブム（センペルビブム・テクトルム・アルブム）………………………203
アルボピローサ（アガベ・アルボピローサ）
　……………………………………40
アルボラツス（アドロミスクス・マリアンナエ・アルボラツス）→銀の卵…………129
アルボレウム（アエオニウム・アルボレウム）
　……………………………………131
アルボレスケンス（アロエ・アルボレスケンス）
　→木立ちアロエ…………………10
アルボレスケンス（サンセベリア・アルボレスケンス・ラバノス）…………46
アレナリウム（センペルビブム・アレナリウム）
　→玉光………………………202
アロイデス（ナナンサス・アロイデス）…123
アロウネイスピヌス（ディスコカクタス・アロウネイスピヌス）→白条冠………63
アロエ属…………………………10
アロエ・アルボレスケンス
　→木立ちアロエ…………………10
アロエ・クラポーリアナ………………11
アロエ・コンプレッサ・ルゴスカモーサ
　……………………………………11
アロエ・スラデニアナ…………………14
アロエ・ソマリエンシス………………14
アロエ・デスコイングシー……………11

アロエ・デルトイデオドンタ…………11
アロエ・ドラキュラズブラッド………15
アロエ・バリエガタ→千代田錦……14
アロエ・パルブラ→女王錦…………12
アロエ・ピグエリー……………………14
アロエ・ピトー…………………………15
アロエ・ピランシー……………………12
アロエ・プリカティリス………………13
アロエ・ブロミー………………………10
アロエ・ペグレラエ……………………12
アロエ・ベラ……………………………15
アロエ・ポグッシー……………………15
アロエ・ポリフィラ……………………13
アロエ・ラウイー・ホワイトフォックス
　……………………………………13
アロエ・ラモシッシマ…………………13
アロエ・リネアータ……………………12
淡雪（あわゆき）………………………93
アンカシベルー（エケベリア・チクレンシス・アンカシベルー）………………149
アングスティフォリア（ハオルシア・アングスティフォリア・リリプターナ）→小人の座………………………………24
アングスティフォリウス（オドントフォルス・アングスティフォリウス）………121
アンタンドロイ（セネシオ・アンタンドロイ）
　→美空鉾………………………236
アンテギバエウム属……………90
アンテギバエウム・フィソイデス
　→碧玉……………………………90
アンドレアナ（チランジア・アンドレアナ）48

イ

イーチラミー（マミラリア・イーチラミー）
　→高崎丸…………………………75
イーレンフェルディア属………109
イーレンフェルディア・バンジー
　……………………………………109
イエローグロー（ディッキア・ブレビフォリア・イエローグロー）…………52
イエローフンバート（セデベリア・イエローフンバート）…………………201
イオナンタ（チランジア・イオナンタ）…50
怒竜頭（いかりりゅうず）……………215
医者いらず（いしゃいらず）
　→木立ちアロエ…………………10
五十鈴玉（いずずぎょく）……………107

イツスメンシス（アガベ・イツスメンシス）
………………………………… 42,43
イノセント（エケベリア・イノセント）……173
巌波（いわなみ）………………………… 107
イワレンゲ（オロスタキス・マラコフィラ・
　イワレンゲ）…………………………… 193
インカーナ（ペペロミア・インカーナ）……225
インスラリス（リトープス・ブロムフィール
　ディー・インスラリス・サルフレア）→黄鳴弦
　玉 ………………………………………… 111
インピッシュ（エケベリア・インピッシュ）
……………………………………………… 173
インマキュラツス（アドロミスクス・マリア
　ンナエ・インマキュラツス）…………… 129

ウ

ヴァンプリーン（エケベリア・ヴァンプリーン）
……………………………………………… 182
ウィッテベルゲンセ（コノフィツム・ウィッ
　テベルゲンセ）……………………………… 98
ウィリアムシー（ロフォフォラ・ウィリアム
　シー）→烏羽玉 ……………………………… 73
ウィルヘルミー（コノフィツム・ウィルヘル
　ミー）……………………………………… 98
ウェットステイニー（コノフィツム・ウェッ
　トステイニー）→小槌 …………………… 98
ウェルウィッチア属 ……………………… 223
ウェルウィッチア・ミラビリス
　→奇想天外 ……………………………… 223
ウェルチナ（チランジア・ウェルチナ）…… 51
ウェルデマニー（パキフィツム・ウェルデマ
　ニー）…………………………………… 195
宇宙の木（うちゅうのき）
　→オバータ・ゴーラム ………………… 140
ウッディー（セロペギア・ウッディー）
　→ハートカズラ ………………………… 230
烏羽玉（うばたま）………………………… 73
ウリコセンシス（リトープス・シュワンテシー・
　ウリコセンシス）→碧朧玉 ……………… 118
ウルスプルンギアナム（コノフィツム・オブ
　コルデルム・ウルスプルンギアナム）…… 96
ウルビカム（アエオニウム・ウルビカム）
　→サンバースト ………………………… 133
ウンジュラータ（コチレドン・ウンジュラータ）
　→銀波錦 ………………………………… 136

エ

衛美玉（えいびぎょく）…………………… 64
永楽（えいらく）→天章 ………………… 127
エウリチラミス（エケベリア・エウリチラミス・
　ペルー）………………………………… 153
エーレンベルギー（サンスベリア・エーレン
　ベルギー・バナナ）……………………… 46
エキノカクタス属 ………………………… 66
エキノカクタス・グルソニー→金鯱
……………………………………………… 66
エキノカクタス・ポリセファルス
　→大竜冠 ………………………………… 66
エキノカクタス・ホリゾンタロニウス
　→黒刺太平丸 …………………………… 66
エキノセレウス属 ………………………… 64
エキノセレウス・フェンドレリ
　→衛美玉 ………………………………… 64
エキノセレウス・ペクチナータ・リジディッ
　シムス・プルプレウス→紫太陽 ………… 64
エキノセレウス・レイチェンバッキー
　→麗光丸 ………………………………… 64
エキノプシス属 …………………………… 67
エキノプシス・エリエシー
　→世界の図 ……………………………… 67
エクシチュエンシス（エケベリア・エクシ
　チュエンシス）………………………… 165
エクチブム（コノフィツム・エクチブム）
……………………………………… 94,102
エケベリア属 …………………………… 146
エケベリア・アガボイデス→鯱 ……… 147
エケベリア・アガボイデス・ギルバ … 146
エケベリア・アガボイデス・コーデュロ
　イ ……………………………………… 148
エケベリア・アガボイデス・プロリフェラ
　→相生傘 ……………………………… 147
エケベリア・アガボイデス・レッドエッジ
……………………………………………… 147
エケベリア・アガボイデス・ロメオ … 147
エケベリア・アグラヤ ………………… 165
エケベリア・アフィニス→古紫 ……… 146
エケベリア・アフターグロー ………… 165
エケベリア・アフロディテ …………… 166
エケベリア・アモエナ・ペロテ ……… 148
エケベリア・アモエナ・ラウ065 …… 148
エケベリア・イノセント ……………… 173
エケベリア・インピッシュ …………… 173
エケベリア・ヴァンプリーン ………… 182
エケベリア・エウリチラミス・ペルー153
エケベリア・エクシチュエンシス …… 165
エケベリア・エスポワール …………… 170
エケベリア・エミネント ……………… 170
エケベリア・エレガンス ………… 152,155
エケベリア・エレガンス・アルビカンス
……………………………………………… 152
エケベリア・エレガンス・エルチコ … 153
エケベリア・エレガンス・トラントンゴ
……………………………………………… 153
エケベリア・エレガンス・ラパス …… 153
エケベリア・カサンドラ ……………… 168
エケベリア・カディ …………………… 168
エケベリア・カトルス ………………… 168
エケベリア・カリニカラー→銀明色
……………………………………………… 149
エケベリア・カンテ …………………… 148
エケベリア・クスピダタ ……………… 151
エケベリア・クスピダタ・サラゴサエ
……………………………………………… 151
エケベリア・クライギアナ …………… 151
エケベリア・グラウカ・プミラ ……… 154
エケベリア・グラエスナー→銀武源
……………………………………………… 171
エケベリア・クリスタル→花月夜 …… 170
エケベリア・クリスマス ……………… 169
エケベリア・グレース ………………… 171
エケベリア・グロブローサ …………… 154
エケベリア・コッキネア ……………… 150
エケベリア・コメリー ………………… 169
エケベリア・コロラータ ……………… 150
エケベリア・コロラータ・タパルパ … 151
エケベリア・コロラータ・ブランディティ
……………………………………………… 150
エケベリア・コロラータ・リンゼアナ
……………………………………………… 150
エケベリア・コンフォート …………… 169
エケベリア・サブコリンボサ・ラウ026
……………………………………………… 163
エケベリア・サブコリンボサ・ラウ030
……………………………………………… 164
エケベリア・サブリギダ ……………… 164
エケベリア・J.C. バンケベル ………… 173
エケベリア・ジェットレッドミニマ …173
エケベリア・シャビアナ・グリーンフリル
……………………………………………… 163
エケベリア・シャビアナ・ピンクフリル
……………………………………………… 163

エケベリア・シャングリラ …………180	→寒鳥巣錦……………………154	エケベリア・ルンヨニー・サンカルロス
エケベリア・ジュリース………………174	エケベリア・フェアリーイエロー……170	……………………………………160
エケベリア・スイートハート …………182	エケベリア・フェミニン ………………171	エケベリア・ルンヨニー・トプシーツルビー
エケベリア・スーセッタ ………………181	エケベリア・プチ ………………………177	……………………………………160
エケベリア・スーレイカ ………………181	エケベリア・フットライツ ……………171	エケベリア・レインドロップス ………179
エケベリア・ストリクティフローラ・	エケベリア・フミリス ……………………154	エケベリア・レウコトリカ・フロスティー
ブスタマンテ……………………163	エケベリア・ブラックプリンス ………166	→白雪耳……………………155
エケベリア・ストロニフェラ …………181	エケベリア・ブラッドブリアナ ………168	エケベリア・レボリューション ………180
エケベリア・セクンダ …………………161	エケベリア・プリドニス→花うらら	エケベリア・レレナ ……………………179
エケベリア・セクンダ・サモラーノ…162	……………………………………158	エケベリア・ローラ ……………………174
エケベリア・セクンダ・テナンゴドロー	エケベリア・プリマ ……………………178	エケベリア・ロドルフィー ……………159
……………………………………161	エケベリア・ブルーエルフ ……………167	エスカップ（アドロミスクス・エスカップ）
エケベリア・セクンダ・プエベラ ……161	エケベリア・ブルーバード ……………167	……………………………………130
エケベリア・セクンダ・レグレンシス	エケベリア・ブルーライト ……………167	**エスコバリア属** …………………… 67
……………………………………161	エケベリア・プルビナータ・フロスティー	エスコバリア・レーイ ………………… 67
エケベリア・セトーサ …………………162	……………………………………159	エステベッシー（ディッキア・マルニエラ
エケベリア・セトーサ・デミヌータ …162	エケベリア・プルプオリバー→錦の司	ポストレー・エステベッシー） ……… 53
エケベリア・セトーサ・ミノール・コメット	……………………………………179	エスペランサ（エケベリア・ルブロマルギナー
……………………………………162	エケベリア・プルプソルム→大和錦	タ・エスペランサ）……………………159
エケベリア・チクレンシス・アンカペルー	……………………………………159	エスポストア・ラナータ→老楽 …… 83
……………………………………149	エケベリア・ベビードール ……………166	エスポワール（エケベリア・エスポワール）
エケベリア・チャークローズ …………169	エケベリア・ヘリオス …………………172	……………………………………170
エケベリア・チワエンシス ……………149	エケベリア・ベンバディス ……………166	Nプレデンダル（コノフィツム・オブコルデ
エケベリア・チワエンシス・ルビーブ	エケベリア・ポンビシナ ………………167	ルム・Nプレデンダル）→玉彦 ……… 95
ルシュ ……………………………149	エケベリア・マクドウガリー …………156	エノプラ（ユーフォルビア・エノプラ）
エケベリア・ツルギダ・シエラデリシャス	エケベリア・マリア ……………………175	→紅彩閣……………………………212
……………………………………165	エケベリア・ミニマ ……………………156	恵比寿大黒（えびすだいこく）………233
エケベリア・ディフラクテンス ………152	エケベリア・ムーンリバー ……………177	恵比寿笑い（えびすわらい）…………232
エケベリア・デレンベルギー→静夜	エケベリア・メキシカンサンセット…176	**エピテランサ属**…………………… 65
……………………………………152	エケベリア・メキシカンジャイアント	エピテランサ・グルソニー→天世界
エケベリア・トリアンティナ…………164	……………………………………175	……………………………………… 65
エケベリア・トリマネンシス …………164	エケベリア・モラニー …………………156	エピテランサ・ホリゾンタロニウス
エケベリア・ノドゥローサ→紅司 ….157	エケベリア・モンスター ………………176	→小人の帽子……………………… 65
エケベリア・ノドゥローサ→紅司錦	エケベリア・ユニコーン ………………182	エピテランサ・ミクロメリス・ロンギス
……………………………………157	エケベリア・ラウイー …………………155	ピナ→かぐや姫…………………… 65
エケベリア・パウダーブルー …………178	エケベリア・ラウリンゼ ………………174	エミネント（エケベリア・エミネント）……170
エケベリア・パス ………………………179	エケベリア・ラコロ ……………………174	エメリアエ（ハオルシア・エメリアエ）
エケベリア・パリダ・ハイブリッド …157	エケベリア・ラバブル …………………175	……………………………………27〜32
エケベリア・パルピテーション ………177	エケベリア・リーオンシー ……………156	エリエシー（エキノプシス・エリエシー）
エケベリア・ヒアリナ …………………155	エケベリア・リラキナ …………………155	→世界の図………………………… 67
エケベリア・ピーコッキー ……………157	エケベリア・ルキーラ …………………175	エリフィラ（カランコエ・エリフィラ）
エケベリア・ピーコッキー・グッドルッカー	エケベリア・ルディーフェイス ………180	→福兎耳……………………………188
……………………………………158	エケベリア・ルビーリップス …………180	エルサム（マミラリア・ブカレエンシス
エケベリア・ピーコッキー・サブセシリス	エケベリア・ルブロマルギナータ・エス	・エルサム）……………………… 74
……………………………………158	ペランサ ……………………………159	エルチコ（エケベリア・エレガンス・エルチコ）
エケベリア・ピンウィール ……………178	エケベリア・ルブロマルギナータ・セレ	……………………………………153
エケベリア・ピンキー …………………178	クション ……………………………160	エルネスティ（クラッスラ・エルネスティ）
エケベリア・ファシクラータ	エケベリア・ルンヨニー ………………160	……………………………………138

261

エレガンス（エケベリア・エレガンス）
　　……………………152,153,155
エレファンティペス（ディオスコレア・エレファンティペス）→亀甲竜…………240
エロンガータ（マミラリア・エロンガータ）
　　→金手毬……………………………75
円空（えんくう）……………………100
エンセファラトス属…………………222
エンセファラトス・ホリダス………222
エンペラー……………………………21

オ

老楽（おいらく）……………………83
黄金花月（おうごんかげつ）………140
王将（おうしょう）…………………103
王妃甲蟹（おうひかぶとがに）………42
王妃甲蟹錦（おうひかぶとがににしき）…43
王妃雷神（おうひらいじん）…………42
王妃雷神錦（おうひらいじんにしき）…42
大型姫星美人（おおがたひめほしびじん）
　　……………………………………198
大津絵（おおつえ）…………………116
オービキュラータ（クラッスラ・オービキュラータ）……………………………139
オオフィラ（コチレドン・オルビキュラータ・オオフィラ）→福娘…………135
大紅巻絹（おおべにまきぎぬ）……206
オーレウム（アエオニウム・オーレウム）…132
オーロラ（セダム・ルブロチンクツム）…200
オーロラ（コノフィツム・オーロラ）…99
オスクラリア属………………………121
オスクラリア・ペダンクラータ
　　→白鳳菊…………………………121
オセチエンセ（センペルビブム・オセチエンセ・オディティ）→百恵………203
オツエニアナ（リトープス・オツエニアナ）
　　→大津絵…………………………116
オディティ（センペルビブム・オセチエンセ・オディティ）→百恵………203
乙女心（おとめごころ）……………199
オドラツム（コノフィツム・オドラツム）
　　→青春玉……………………………96
オドントフォルス属…………………121
オドントフォルス・アングスティフォリウス
　　……………………………………121

オトンナ属……………………………239
オトンナ・カペンシス
　　→ルビーネックレス……………239
オバータ（クラッスラ・オバータ）…140
オビフェルム（パキフィツム・オビフェルム）
　　→星美人錦………………………194
オビプレサム（コノフィツム・オビプレサム）
　　……………………………………96
オブコルデルム（コノフィツム・オブコルデルム）…………………………95,96
オフタルモフィルム属………………119
オフタルモフィルム・シュレヒテリー
　　→秀鈴玉…………………………120
オフタルモフィルム・フリードリッチアエ
　　→風鈴玉…………………………119
オフタルモフィルム・ベルコーサム
　　……………………………………120
オフタルモフィルム・リディアエ…120
オフタルモフィルム・リトルウッディー
　　……………………………………119
オフタルモフィルム・ロングム……120
オブツーサ（ハオルシア・オブツーサ）
　　………………………………20,21
オプティカ（リトープス・オプティカ・ルブラ）
　　→紅大内玉………………………116
オブレゴニア・デネグリー→帝冠……85
オプンチア属…………………………79
オプンチア・クラバリノイデス
　　→白鶏冠…………………………79
オプンチア・ミクロダシス→金烏帽子
　　……………………………………79
オプンチア・ミクロダシス・アルビスピナ→象牙団扇………………………79
オベサ（ユーフォルビア・オベサ）…215
オベスム（アデニウム・オベスム・マルチフロルム）→砂漠のバラ………………230
オペラローズ（コノフィツム・オペラローズ）
　　……………………………………103
オペルクリカリヤ・パキプス………242
オラソニー（ハオルシア・オラソニー）…23
オリバセア（スタベリア・オリバセア）
　　→紫水角…………………………235
オリバセア（リトープス・オリバセア）
　　→レッドオリーブ………………116
オルクッティー（ダドレア・アテヌアータ・オルクッティー）……………144
オルグヤリス（カランコエ・オルグヤリス）
　　→仙人の舞………………………190

オルテゴカクタス・マクドウガリー…85
オルビキュラータ（コチレドン・オルビキュラータ）……………………135,136
オレオセレウス・ネオセルシアヌス
　　→ライオン錦………………………85
オレントン（リトープス・レスリー・オレントン）…………………………115
オロスタキス属………………………192
オロスタキス・ボーメリー
　　→子持蓮華………………………192
オロスタキス・ボーメリー
　　→子持蓮華錦……………………192
オロスタキス・マラコフィラ・イワレンゲ
　　→金星……………………………193
オロスタキス・マラコフィラ・イワレンゲ
　　→富士……………………………193
オロスタキス・マラコフィラ・イワレンゲ
　　→鳳凰……………………………193
オロスタキス・ヤポニカ→爪蓮華錦
　　……………………………………193

カ

怪竜丸（かいりゅうまる）……………71
カウレスセンス（セネシオ・スカポーサス・カウレスセンス）……………………238
カエルレア（チランジア・カエルレア）…49
蛾角（がかく）………………………231
雅楽の舞（ががくのまい）…………228
臥牛（がぎゅう）………………………18
カクティフォルミス（トリコカウロン・カクティフォルミス）→仏頭玉………235
かぐや姫………………………………65
神楽（かぐら）………………………101
陽炎（かげろう）………………………76
カサンドラ（エケベリア・カサンドラ）…168
カシミヤバイオレット→ベロア……133
ガステラロエ属…………………………17
ガステラロエ・グリーンアイス………17
ガステリア属……………………………18
ガステリア・アームストロンギー
　　→臥牛………………………………18
ガステリア・アームストロンギー・スノーホワイト………………………………18
ガステリア・ゾウゲコダカラ
　　→象牙子宝…………………………19
ガステリア・ビカラー・リリプターナ
　　→子亀姫……………………………19

ガステリア・ピランシー ……………… 19	カルカレウム（センペルビブム・カルカレウム・	ヌム→怪竜丸 ……………………………… 71
ガステリア・ベッケリー ……………… 19	モンソトロスム）→栄 …………… 203	ギムノカリキウム・ミハノビッチー・
ガストニス（カランコエ・ガストニス）… 189	カルメナエ（マミラリア・カルメナエ）… 74	フリードリッチー→緋牡丹錦 …… 72
ガゼル（センペルビブム・ガゼル）	カンテ（エケベリア・カンテ）………… 148	ギムノカリキウム・ミハノビッチー・フリー
……………………………… 204, 205	寒鳥巣錦（かんとりすにしき） ……… 154	ドリッチー→緋牡丹錦五色斑 …… 72
カディ（エケベリア・カディ）………… 168		ギムノカリキオイデス（ユーフォルビア・
ガテシー（フェロカクタス・ガテシー）	**キ**	ギムノカリキオイデス） ………… 213
→龍鳳玉 ………………………… 68		黄鳴弦玉（きめいげんぎょく）……… 111
カトルス（エケベリア・カトルス）…… 168	**キアノチス属** ……………………… 47	キュート（グラプトペタルム・キュート）… 184
金の成る木（かねのなるき）	キアノチス・ソマリエンシス	京稚児（きょうちご）
→黄金花月 ……………………… 140	→銀毛冠錦 ……………………… 47	→カミエスベルゲンシス ………… 95
峨眉山（がびざん）…………………… 219	奇怪島（きかいじま）………………… 218	玉光（ぎょっこう）…………………… 202
カピラリス（チランジア・カピラリス）… 49	**キカス属** ………………………… 122	曲水の宴（きょくすいのうたげ）……… 25
カフィルドリフテンシス（ハオルシア・レイ	ギガス（ドルステニア・ギガス）……… 242	玉扇（ぎょくせん）…………………… 39
ンワーディ・カフィルドリフテンシス）… 37	ギガス（ハオルシア・アラクノイディア・ギガ	旭波錦（きょくはにしき）…………… 136
兜（かぶと）…………………………… 60	ス） ………………………………… 26	旭波の光（きょくはのひかり）→旭波錦
カペンシス（オトンナ・カペンシス）	キカス・レボルータ→ソテツ ……… 222	……………………………………… 136
→ルビーネックレス …………… 239	ギガンテウス（ディスコカクタス・トリコル	玉蓮（ぎょくれん）…………………… 198
カミエスベルゲンシス（コノフィツム・	ニス・ギガンテウス） ……………… 63	桐壷（きりつぼ）……………………… 102
カミエスベルゲンシス） …………… 95	菊水（きくすい）………………………… 87	キリンドリフォリア（ユーフォルビア・キリン
カラスモンタナ（リトープス・カラスモンタナ）	菊日和（きくびより）………………… 183	ドリフォリア） …………………… 211
……………………………… 113, 114	キセログラフィカ（チランジア・キセログラ	ギルバ（エケベリア・アガボイデス・ギルバ）
カランコエ属 ……………………… 188	フィカ） …………………………… 51	……………………………………… 146
カランコエ・エリフィラ→福兎耳 …… 188	奇想天外（きそうてんがい）………… 223	金烏帽子（きんえぼし）………………… 79
カランコエ・オルグヤリス→仙人の舞	木立ちアロエ ………………………… 10	銀河系（ぎんがけい）…………………… 29
……………………………………… 190	亀甲牡丹（きっこうぼたん）…………… 58	銀冠玉（ぎんかんぎょく）……………… 73
カランコエ・ガストニス ……………… 189	亀甲竜（きっこうりゅう）…………… 240	金冠竜（きんかんりゅう）……………… 68
カランコエ・ダイグレモンティアナ	吉祥冠錦（きっしょうかんにしき）…… 44	キング（ハオルシア・レツーサ・キング）… 31
→不死鳥錦 ……………………… 188	**ギバエウム属** …………………… 108	銀月（ぎんげつ）……………………… 237
カランコエ・チルシフローラ→唐印錦	ギバエウム・ディスパー→無比玉 … 108	金晃丸（きんこうまる）………………… 78
……………………………………… 191	キホステンマ・クロリ ……………… 241	金獅子（きんじし）…………………… 82
カランコエ・トメントーサ→月兎耳	キムナッキー（パキフィツム・キムナッキー）	金鯱（きんしゃち）……………………… 66
……………………………………… 191	……………………………………… 195	銀世界（ぎんせかい）………………… 100
カランコエ・トメントーサ・ニグロマル	**ギムノカリキウム属** ……………… 70	銀箭（ぎんせん）……………………… 139
ギナッス→黒兎耳 ……………… 191	ギムノカリキウム・アステリウム	錦帯橋（きんたいきょう）……………… 37
カランコエ・ファリナセア ………… 189	→鳳頭 …………………………… 70	金手毬（きんてまり）…………………… 75
カランコエ・プミラ→白銀の舞 …… 190	ギムノカリキウム・アニシッチー	銀天女（ぎんてんにょ）……………… 184
カランコエ・フミリス ……………… 189	→翠晃冠錦 ……………………… 70	銀の卵（ぎんのたまご）……………… 129
カランコエ・マルニリアナ→白姫の舞	ギムノカリキウム・サグリオネ	銀の明星（ぎんのみょうじょう）……… 77
……………………………………… 190	→白刺新天地錦 ………………… 72	銀盃（ぎんぱい）……………………… 138
カランコエ・ミロッティー ………… 190	ギムノカリキウム・ダムシー→麗蛇丸	銀波錦（ぎんばにしき）……………… 136
カランコエ・ロンギフロラ・コクシネア	……………………………………… 71	キンバリーフォーム（リトープス・レスリー・
→朱蓮 …………………………… 189	ギムノカリキウム・チクイタヌム→良寛	キンバリーフォーム） …………… 115
カランコエ・ロンボピローサ→扇雀	……………………………………… 71	銀武源（ぎんぶげん）………………… 171
……………………………………… 191	ギムノカリキウム・バッテリー → 72	金星（きんぼし）……………………… 193
雅卵丸（がらんまる）…………………… 76	ギムノカリキウム・ヒポプレルム・	銀明色（ぎんめいしょく）…………… 149
カリニカラー（エケベリア・カリニカラー）	フェロシオール …………………… 71	銀毛冠錦（ぎんもうかんにしき）……… 47
→銀明色 ………………………… 149	ギムノカリキウム・ボーデンベンデリア	

263

ク

クアルチコラ（ユーフォルビア・クアルチコラ）
　………………………………………217
クーベリー（アドロミスクス・クーベリー）
　………………………………………126
クーベリー（ハオルシア・クーベリー）
　……………………………………21〜27
孔雀丸（くじゃくまる）……………212
クスピダタ（エケベリア・クスピダタ）…151
クッソニア・ズラエンシス……………241
グッドルッカー（エケベリア・ピーコッキー・
　グッドルッカー）……………………158
グノマ（ダドレア・グノマ）…………144
熊童子（くまどうじ）………………134
熊童子錦（くまどうじにしき）………134
クミンギー（ハオルシア・クーベリー・
　クミンギー）……………………………25
クライギアナ（エケベリア・クライギアナ）
　………………………………………151
クラインジア・グレウゾウィアナ
　→薫光殿………………………………83
グラウカ（アデニア・グラウカ）……240
グラウカ（エケベリア・グラウカ・プミラ）
　………………………………………154
グラエセナー（エケベリア・グラエセナー）
　→銀武源……………………………171
グラシリス（パキポディウム・ロスラツム・
　グラシリス）→象牙の宮……………234
クラッスラ属…………………………137
クラッスラ・アイボリーパゴダ………143
クラッスラ・アメリカーナ・フレイム
　→火祭………………………………137
クラッスラ・エルネスティ……………138
クラッスラ・オービキュラータ………139
クラッスラ・オバータ→黄金花月……140
クラッスラ・オバータ・ゴーラム……140
クラッスラ・オバータ・ブルーバード
　………………………………………140
クラッスラ・クラバータ………………137
クラッスラ・サルメントーサ…………142
クラッスラ・テクタ→小夜衣…………142
クラッスラ・テトラゴナ→桃源郷……143
クラッスラ・テレス→玉椿……………143
クラッスラ・ナディカウリス・ヘレー
　………………………………………139
クラッスラ・ヒルスタ→銀盃…………138
クラッスラ・ファルカタ→神刀………138

クラッスラ・ブッダテンプル…………143
クラッスラ・ブベッセンス …………141
クラッスラ・ヘミスファエリカ→巴
　………………………………………138
クラッスラ・ペルシダ・マルギナリス
　………………………………………140
クラッスラ・ペルフォラータ→星乙女
　………………………………………141
クラッスラ・ペルフォラータ→南十字星
　………………………………………141
クラッスラ・メセンブリアントイデス
　→銀箭………………………………139
クラッスラ・ラディカンス→紅稚児
　………………………………………141
クラッスラ・リコポディオイデス・プセウ
　ドリコポディオイデス→若緑……139
クラッスラ・ルペストリス・パステル
　→稚児星錦…………………………142
クラッスラ・ロゲルシー………………142
グラナダ（センペルビブム・グラナダ）…205
クラバータ（クラッスラ・クラバータ）…137
クラバリノイデス（オプンチア・クラバリノイ
　デス）→白鶏冠………………………79
クラビゲラ（ユーフォルビア・クラビゲラ）
　………………………………………211
グラプトセダム属……………………185
グラプトセダム・グロリア……………187
グラプトセダム・フランシスコバル
　ディー→秋麗………………………187
グラプトペタルム属…………………183
グラプトペタルム・アメジスティヌム
　………………………………………183
グラプトペタルム・キュート…………184
グラプトペタルム・フィリフェルム
　→菊日和……………………………183
グラプトペタルム・ブロンズ
　→ブロンズ姫………………………184
グラプトペタルム・マクドウガリー
　………………………………………183
グラプトペタルム・メンドーサエ
　→姫秀麗……………………………184
グラプトペタルム・ルスビー
　→銀天女……………………………184
グラプトベリア属……………………185
グラプトベリア・アメトルム ………185
グラプトベリア・スーパースター……187
グラプトベリア・スプライト…………186
グラプトベリア・ソーンウッドスター

　………………………………………187
グラプトベリア・デカイルン…………185
グラプトベリア・デビー………………185
グラプトベリア・ファニーフェイス…186
グラプトベリア・ルージュ……………186
グラブルム（コノフィツム・グラブルム）
　…………………………………………94
グラベオレンス（ペペロミア・グラベオレンス）
　………………………………………225
クラポーリアナ（アロエ・クラポーリアナ）
　…………………………………………11
グリーンアイス（ガステラロエ・グリーンア
　イス）…………………………………17
グリーンウェイ（ユーフォルビア・グリーン
　ウェイ）……………………………212
グリーンネックレス …………………238
グリーンフリル（エケベリア・シャビアナ・
　グリーンフリル）……………………163
グリーン仙女盃（ぐりーんめせんはい）
　→ビリダス…………………………145
グリエルミー（リトープス・シュワンテシー・
　グリエルミー）……………………118
クリスタータス（アドロミスクス・クリスター
　タス）→天章………………………127
クリスタータス（アドロミスクス・クリスター
　タス・ショーンランディー）→達磨神想曲
　………………………………………127
クリスタータス（アドロミスクス・クリスター
　タス・セイヘリー）………………127
クリスタル（エケベリア・クリスタル）
　→花月夜……………………………170
クリスチャンセニアナム（コノフィツム・
　クリスチャンセニアナム）…………94
クリスマス（エケベリア・クリスマス）…169
クリプタンサス・ワラシー……………55
グルソニー（エキノカクタス・グルソニー）
　→金鯱…………………………………66
グルソニー（エピテランサ・グルソニー）
　→天世界………………………………65
クレイニーフォルミス（セネシオ・クレイ
　ニーフォルミス）→マサイの矢尻…238
グレウゾウィアナ（クラインジア・グレウゾ
　ウィアナ）→薫光殿…………………83
グレース（エケベリア・グレース）……171
クレオパトラ（ハオルシア・ツルンカタ・
　クレオパトラ）………………………39
グロリア（グラプトセダム・グロリア）
　………………………………………187

グロッチフィルム属 …………………108
グロッチフィルム・ロンガム ………108
黒刺太平丸 (くろとげたいへいまる) …… 66
黒兎耳 (くろとじ) ……………………191
グロエネワルディー (ユーフォルビア・グロ
　エネワルディー) ……………………213
グロブローサ (エケベリア・グロブローサ)
　…………………………………………154
黒法師 (くろほうし) …………………131
黒牡丹 (くろぼたん) …………………… 58
クロランサ (デウテロコーニア・クロランサ)
　………………………………………… 55
クロリ (キホステンマ・クロリ) ………241
薫光殿 (くんこうでん) ………………… 83
勲章玉 (くんしょうぎょく) …………… 97

ケ

ゲアイー (パキポディウム・ゲアイー) …233
ゲイエリー (リトープス・ゲイエリー)
　→双眸玉 ……………………………112
ケイリドプシス属 …………………… 92
ケイリドプシス・ツルビナータ ……… 92
ケイリドプシス・ピランシー→神風玉
　………………………………………… 92
ケイリドプシス・ブラウニー ………… 92
ゲオヒントニア属 …………………… 69
ゲオヒントニア・メキシカーナ ……… 69
ゲオメトリザンス (ミルチロカクタス・
　ゲオメトリザンス) →竜神木綴化 … 84
ケファロフィルム属 ………………… 91
ケファロフィルム・ピランシー ……… 91

コ

コアークタータ (ハオルシア・コアークタータ・
　バッカータ) …………………………… 34
恋魔玉 (こいまぎょく) ………………… 84
コイマセンシス (ネオポルテリア・コイマセ
　ンシス) →恋魔玉 …………………… 84
紅彩閣 (こうさいかく) …………………212
晃山 (こうざん) ………………………… 83
光山 (こうざん) →晃山 ……………… 83
コーデュロイ (エケベリア・アガボイデス・
　コーデュロイ) ………………………148
ゴードニアナ (ハオルシア・クーペリー・
　ゴードニアナ) ………………………… 26
コープスクラリア (デロスペルマ・コープス

クラリア・レーマンニー) →夕波 ………106
ゴーラム (クラッスラ・オバータ・ゴーラム)
　…………………………………………140
氷砂糖 (こおりざとう) ………………… 24
小型紫勲 (こがたしくん) ………………114
黄金の波 (こがねのなみ) ………………102
子亀姫 (こがめひめ) …………………… 19
黒王丸 (こくおうまる) ………………… 62
黒子冠 (国子冠) (こくしかん) ………… 62
コクシネア (カランコエ・ロンギフロラ・
　コクシネア) →朱蓮 …………………189
五色万代 (ごしきまんだい) …………… 43
御所車 (ごしょぐるま) …………………101
御所錦 (ごしょにしき) …………………128
ゴジラ ………………………………… 59
コチレドン属 …………………………134
コチレドン・ウンジュラータ→銀波錦
　…………………………………………136
コチレドン・オルビキュラータ→旭波錦
　…………………………………………136
コチレドン・オルビキュラータ→嫁入娘
　…………………………………………135
コチレドン・オルビキュラータ→白眉
　…………………………………………135
コチレドン・オルビキュラータ・オオフィラ
　→福娘 ………………………………135
コチレドン・パピラリス ………………136
コチレドン・ペンデンス ………………136
コチレドン・ラディスミシエンシス
　→熊童子 ……………………………134
コチレドン・ラディスミシエンシス
　→熊童子錦 …………………………134
コチレドン・ラディスミシエンシス
　→子猫の爪 …………………………135
コッキアナ (ペペロミア・コッキアナ) …225
コッキネア (エケベリア・コッキネア) …150
小槌 (こづち) …………………………… 98
コッチョウベイヤヌス (アリオカルプス・
　コッチョウベイヤヌス) →黒牡丹 … 58
コッチョウベイヤヌス (アリオカルプス・コッ
　チョウベイヤヌス・マクドウェリー) →姫牡
　丹 ……………………………………… 59
コットンキャンディー (チランジア・ホウス
　トン・コットンキャンディー) ……… 50
子猫の爪 (こねこのつめ) ………………135
コノフィツム属 ……………………… 93
コノフィツム・アルツム→淡雪 ……… 93
コノフィツム・ウィッテベルゲンセ … 98

コノフィツム・ウィルヘルミー ……… 98
コノフィツム・ウェットステイニー
　→小槌 ………………………………… 98
コノフィツム・エクチウム・ティシュエ
　リー→桐壷 …………………………102
コノフィツム・エクチウム・マーベルズ
　ファイアー ………………………… 94
コノフィツム・オーロラ ……………… 99
コノフィツム・オドラサム→青春玉 … 96
コノフィツム・オビプレサム ………… 96
コノフィツム・オブコルデルム・Nブレ
　デンダル→玉彦 (たまひこ) ………… 95
コノフィツム・オブコルデルム・ウルス
　ブルンギアナム ……………………… 96
コノフィツム・オペラローズ …………103
コノフィツム・カミエスベルゲンシス
　………………………………………… 95
コノフィツム・グラブルム …………… 94
コノフィツム・クリスチャンセニアナム
　………………………………………… 94
コノフィツム・ディベルスム ………… 95
コノフィツム・パウキシルム→大納言
　………………………………………… 96
コノフィツム・ピランシー …………… 97
コノフィツム・ブルゲリ ……………… 93
コノフィツム・フルテッセンス→寂光
　………………………………………… 94
コノフィツム・ペルシダム→勲章玉
　………………………………………… 97
コノフィツム・ペルシダム・テリカラー
　………………………………………… 97
コノフィツム・ヘレアンサス・レックス
　→翼rex ……………………………… 95
コノフィツム・マーニーリアヌム→円空
　…………………………………………100
コノフィツム・リトープソイデス・
　アーツゴファロ ……………………… 95
コノフィツム・ルゴサ ………………… 97
琥珀玉 (こはくぎょく) …………………113
コピアポア属 ………………………… 62
コピアポア・シネレア→黒王丸 ……… 62
コピアポア・シネレア・デアルバタ
　→黒子冠 (国子冠) …………………… 62
コピアポア・ヒポガエア・バルクテンシス
　………………………………………… 62
小人の座 (こびとのざ) ………………… 24
小人の帽子 (こびとのぼうし) ………… 65
小人の祭 (こびとのまつり) ……………133

265

小平次（こへいじ） ……………102	ザミア属 ……………………223	紫星晃（しせいこう） ……………123
古紫（こむらさき） ……………146	ザミア・フルフラセア→メキシコソテツ …………………………223	七変化（しちへんげ） ……………181
コメット（エケベリア・セトーサ・ミノール・コメット） …………………………162	サモラーノ（エケベリア・セクンダ・サモラーノ） …………………………162	紫帝玉（してぃぎょく）→紅帝玉 ……122
コメリー（エケベリア・コメリー） ………169	小夜衣（さよごろも） ……………142	シトリフォルミス（セネシオ・シトリフォルミス）→白寿楽 ……………236
子もちシンメトリカ ……………219	サラゴサエ（エケベリア・クスピダタ・サラゴサエ） …………………………151	信濃深山桜（しなのみやまざくら） ……104
子持蓮華（こもちれんげ） ……………192	サリコーラ（リトープス・サリコーラ） ……………………117,118	シネレア（コピアポア・シネレア・デアルバタ）→黒子冠 ……………………62
子持蓮華錦（こもちれんげにしき） ……192	サルフレア（リトープス・ブロムフィールディー・インスラリス・サルフレア）→黄鳴弦玉 …………………………111	シノクラッスラ属 ……………207
コリーマ（プヤ・コリーマ） ……………55	サルメントーサ（クラッスラ・サルメントーサ） …………………………142	シノクラッスラ・ユンナエンシス→四馬路 ……………………207
ゴルゴニス（ユーフォルビア・ゴルゴニス）→金輪際 ……………………212	三角牡丹（さんかくぼたん） ……………59	シバの女王の玉櫛（しばのじょおうのたまぐし） …………………………234
コルメラ（ペペロミア・コルメラ） ………224	サンカルロス（エケベリア・ルンヨニー・サンカルロス） …………………160	ジプソフィラ（アガベ・ジプソフィラ）… 41
コロラータ（エケベリア・コロラータ） ……………………150,151	サンセベリア属 ……………46	縞剣山（しまけんざん） ……………52
コンゲスタ（アストロローバ・コンゲスタ） ……………………………16	サンセベリア・アルボレスケンス・ラバノス …………………………46	霜降り十二の巻（しもふりじゅうにのまき） …………………………34
コンパクタ（アガベ・ビクトリアエ＝レギナエ・コンパクタ）→姫笹の雪 ………45	サンセベリア・エーレンベルギー・バナナ …………………………46	鯱（しゃち） …………………147
コンパクツム（アドロミスクス・クーペリー・コンパクツム）→達磨クーペリー …126	サンセベリア・ニロチカ ……………46	寂光（じゃっこう） ……………94
コンパクツム（パキフィツム・コンパクツム）→千代田松 ……………194	サンデルシー（アエオニウム・サンデルシー） …………………………132	シャビアナ（エケベリア・シャビアナ・グリーンフリル） …………163
コンフォート（エケベリア・コンフォート） …………………………169	サンバースト ………………133	シャビアナ（エケベリア・シャビアナ・ピンクフリル） …………163
コンプトニアーナ（ハオルシア・エメリアエ・コンプトニアーナ） ………28,29	**シ**	シャングリラ（エケベリア・シャングリラ） …………………………180
コンプレッサ（アロエ・コンプレッサ・ルゴサカモーサ） ……………11	シーデアナ（マミラリア・シーデアナ）→銀の明星 ……………77	ジャンヌダルク（センペルビブム・ジャンヌダルク） …………205
金輪際（こんりんざい） ……………212	ジールマンニアナ（マミラリア・ジールマンニアナ）→月影丸 ……………77	秋麗（しゅうれい） ……………187
	J.C.バンケベル（エケベリア・J.C.バンケベル） …………………173	秀鈴玉（しゅうれいぎょく） ……………120
サ	ジェットレッドミニマ（エケベリア・ジェットレッドミニマ） ………173	酒呑童子（しゅてんどうじ） ……………33
栄（さかえ） …………………203	シエラデリシャス（エケベリア・ツルギダ・シエラデリシャス） ………165	ジュピター（ハオルシア・ベイエリー・ジュピター） …………………32
サキュレンタム（パキポディウム・サキュレンタム） …………………234	四角鸞鳳玉（しかくらんぽうぎょく） ……61	ジュビリー（センペルビブム・ジュビリー） …………………………205
桜姫（さくらひめ） ……………101	紫褐紫勲（しかつしくん）→リトープス・レスリー・ルブロブルネア ……115	シュミーディッキアヌス（ツルビニカルプス・シュミーディッキアヌス）→昇竜丸 …… 80
サグリオネ（ギムノカリキウム・サグリオネ）→白刺新天地錦 ……………72	紫勲（しくん） ……………114	ジュリース（エケベリア・ジュリース） ……174
笹蟹（ささがに） ……………217	シゲタスペシャル（アガベ・ポタトルム・シゲタスペシャル）→雷神錦 ……43	シュルドチアヌス（アドロミスクス・シュルドチアヌス） …………130
笹の露（ささのつゆ） ……………132	紫水角（しすいかく） ……………235	シュレヒテリー（オフタルモフィルム・シュレヒテリー）→秀鈴玉 ………120
細雪（ささめゆき） ……………106	静御前（しずかごぜん） ……………104	朱蓮（しゅれん） ……………189
砂漠のバラ ……………230		シュワンテシー（リトープス・シュワンテシー） …………………118
サブコリンボサ（エケベリア・サブコリンボサ・ラウ026） ………163,164		春雷玉（しゅんらいぎょく）→絢爛玉 ……116
サブセシリス（エケベリア・ビーコッキー・サブセシリス） ………158		絢爛玉（じゅんらんぎょく） ……………116
サブリギダ（エケベリア・サブリギダ） ……164		招福玉（しょうふくぎょく）→碧瑠玉 ……118
佐保姫（さほひめ） ……………103		祥福錦（しょうふくにしき）→花いかだ錦

……………………………172	瑞光玉(ずいこうぎょく)……………117	ア・スプリングボクブラケンシス)…… 23
昇竜丸(しょうりゅうまる)…… 80	水晶(すいしょう)……………… 21	スプレンデンス(ハオルシア・ピグマエア・
女王錦(じょおうにしき)……………… 12	スーセッタ(エケベリア・スーセッタ)… 181	スプレンデンス)………………………… 31
ショーエンランディー(ユーフォルビア・	スーパー銀河(すーぱーぎんが)…… 32	四馬路(すまろ)……………………… 207
ショーエンランディー)→闘牛角……217	スーパースター(グラブトベリア・スーパー	墨染(すみぞめ)……………………… 33
ショーンランディー(アドロミスクス・クリス	スター)……………………………… 187	ズラエンシス(クッソニア・ズラエンシス)
タータス・ショーンランディー)	スーパーブローズテイル(セデベリア・	……………………………………241
→達磨神想曲……………………… 127	スーパーブローズテイル)→静夜綴り錦	スラデニアナ(アロエ・スラデニアナ)… 14
白糸の王妃錦(しらいとのおうひにしき)…41	………………………………………201	スルコレブチア・ラウシー→紫ラウシー
白樺麒麟(しらかばきりん)………… 214	スーレイカ(エケベリア・スーレイカ)… 181	……………………………………… 87
白姫の舞(しらひめのまい)………… 190	スカファロスツルス(アリオカルプス・スカ	スルフレア(リトープス・ブロムフィールディ
白星(しらぼし)……………………… 77	ファロスツルス)→龍角牡丹…… 59	ー・インスラリス・スルフレア)……… 111
白雪姫(しらゆきひめ)……………… 104	スカポーサス(セネシオ・スカポーサス)	
白雪姫(しらゆきひめ)→福兎耳…… 188	………………………………………238	**セ**
白雪日和(しらゆきびより)………… 186	スクアローサ(ユーフォルビア・スクアロー	
シルバータウ(センペルビウム・シルバータウ)	サ)→奇怪島…………………… 218	青蛾(せいが)→青春玉………… 96
…………………………………… 207	スコーパ(ノトカクタス・スコーパ・ルベリー)	精巧殿(せいこうでん)……………… 80
シルバームチカ……………………… 32	→紅小町……………………… 78	精巧丸(せいこうまる)……………… 86
シルバニア(ハオルシア・ムチカ・シルバニア)	スザンナエ(ユーフォルビア・スザンナエ)	静鼓錦(せいこにしき)……………… 33
→シルバームチカ…………………… 32	→瑠璃晃…………………………218	青磁玉(せいじぎょく)……………… 112
白刺新天地錦(しろとげしんてんちにしき)	スタペリア・オリバセア→紫水角…… 235	青春玉(せいしゅんぎょく)………… 96
………………………………… 72	スツラウィー(ペペロミア・スツラウィー)	聖像(せいぞう)…………………… 103
白花黄紫勲(しろばなきしくん)	………………………………………226	聖典玉(せいてんぎょく)…………… 111
→レスリー・アルビニカ………… 114	ステノカクタス・ムルチコスタツス	セイヘリー(アドロミスクス・クリスタータス・
新月(しんげつ)……………………… 238	→千波万波……………………… 86	セイヘリー)……………………… 127
神笛玉(じんてきぎょく)………… 111	ステノクラダ(ユーフォルビア・ステノクラダ)	静夜(せいや)……………………… 152
ジンテリー(リトープス・ジンテリー)	………………………………………218	静夜綴り錦(せいやつづりにしき)…… 201
→神笛玉………………………… 111	ステラータ(ユーフォルビア・ステラータ)	世界の図(せかいのず)……………… 67
シンデレラ(ハオルシア・マウガニー・	→飛竜…………………………… 218	セクンダ(エケベリア・セクンダ)… 161,162
シンデレラ)……………………… 38	ストリクタ(アガベ・ストリクタ)→吹上	**セダム属**………………………… 196
神刀(しんとう)…………………… 138	………………………………………45	セダム・アドルフィー→銘月………… 196
シンビフォルミス(ハオルシア・シンビフォル	ストリクティフローラ(エケベリア・ストリ	セダム・アラントイデス……………… 196
ミス)…………………………… 22	クティフローラ・ブスタマンテ)……… 163	セダム・アラントイデス→八千代…… 197
神風玉(じんぷうぎょく)…………… 92	ストレイカ…………………………… 203	セダム・スアベオレンス…………… 200
シンメトリカ(ユーフォルビア・シンメトリカ)	ストロニフェラ(エケベリア・ストロニフェラ)	セダム・ダシフィルム→姫星美人… 197
→子もちシンメトリカ…………… 219	……………………………………… 181	セダム・ダシフィルム・ブルナティ
新雪絵巻(しんゆきえまき)………… 27	ストロンボカクタス・ディスシフォルミス	→大型姫星美人………………… 198
	→菊水…………………………… 87	セダム・デンドロイデウム→宝珠扇
ス	スノーホワイト(ガステリア・アームストロ	………………………………………198
	ンギー・スノーホワイト)…………… 18	セダム・パキフィルム→乙女心…… 199
スアベオレンス(セダム・スアベオレンス)	スピノーサ(アデニア・スピノーサ)… 241	セダム・ヒントニー…………………… 199
……………………………………… 200	スファルマントイデス(デロスペルマ・	セダム・ブリト→姫玉綴り…………… 197
スイートハート(エケベリア・スイートハート)	スファルマントイデス)…………… 106	セダム・フルフラセウム→玉蓮…… 198
……………………………………… 182	スプライト(グラブトベリア・スプライト)	セダム・ヘルナンディシー→緑亀の卵
瑞鶴(ずいかく)……………………… 35	……………………………………… 186	………………………………………198
翠冠玉(すいかんぎょく)…………… 73	スプリット(センペルビウム・スプリット)	セダム・ミクロスタチウム…………… 199
瑞玉(ずいぎょく)→碧朧玉………… 118	……………………………………… 207	セダム・モルガニアヌム→玉綴り… 197
翠晃冠錦(すいこうかんにしき)…… 70	スプリングボクブラケンシス(ハオルシ	セダム・ルプロチンクツム→オーロラ

267

………… 200	千波万波(せんぱまんぱ)………… 86	大竜冠(だいりゅうかん)………… 66
セダム・ルブロチンクツム→虹の玉	センペルビブム属………… 202	ダウソニー(ディッキア・ダウソニー)…. 53
………… 199	センペルビブム→ストレイカ………… 203	高崎丸(たかさきまる)………… 75
雪晃(せっこう)………… 82	センペルビブム・アラクノイデウム	高砂の翁(たかさごのおきな)
セディフォリウム(アエオニウム・セディ	→巻絹………… 202	→ムーンリバー………… 177
フォリウム)→小人の祭………… 133	センペルビブム・アレナリウム→玉光	ダシフィルム(セダム・ダシフィルム)
セデベリア属………… 200	………… 202	→姫星美人………… 197
セデベリア・イエローフンバート…. 201	センペルビブム・オセチエンセ・オデイ	ダシフィルム(セダム・ダシフィルム・ブルナ
セデベリア・スーパーブローズテイル	ティ→百恵………… 203	ティ)→大型姫星美人………… 198
→静夜綴り錦………… 201	センペルビブム・ガゼル………… 205	ダドレア属………… 144
セデベリア・ソフトライム………… 201	センペルビブム・カルカレウム・モンス	ダドレア・アテヌアータ・オルクッティー
セデベリア・ファンファーレ………… 200	トロスム→栄………… 203	………… 144
セトーサ(エケベリア・セトーサ)…. 162	センペルビブム・グラナダ………… 205	ダドレア・グノマ………… 144
セネシオ属………… 236	センペルビブム・コムマンクラー…. 204	ダドレア・パキフィツム………… 145
セネシオ・アンタンドロイ→美空鉾	センペルビブム・ジャンヌダルク…. 205	ダドレア・ビスシダ………… 145
………… 236	センペルビブム・ジュビリー………… 205	ダドレア・ビリダス………… 145
セネシオ・クレイニーフォルミス	センペルビブム・シルバータウ………… 207	ダドレア・ブリトニー→仙女盃………… 144
→マサイの矢尻………… 238	センペルビブム・スプリット………… 207	ダドレア・プルベルレンタ………… 145
セネシオ・シトリフォルミス→白寿楽	センペルビブム・テクトルム・アルブム	タバルバ(エケベリア・コロラータ・タバルバ)
………… 236	………… 203	………… 151
セネシオ・スカポーサス→新月………… 238	センペルビブム・ラズベリーアイス	タブリフォルメ(アエオニウム・タブリフォ
セネシオ・スカポーサス・カウレスセンス	………… 206	ルメ)→明鏡………… 133
………… 238	センペルビブム・レッドチーフ………… 206	多宝塔(たほうとう)………… 215
セネシオ・セルペンス→万宝………… 239		玉綴り(たまつづり)………… 197
セネシオ・タロノイデス→大銀月………… 239	**ソ**	玉椿(たまつばき)………… 143
セネシオ・ハオルシー→銀月………… 237	蒼角殿(そうかくでん)………… 47	玉彦(たまひこ)………… 95
セネシオ・ハリアヌス・ヒポグリフ…. 237	象牙団扇(ぞうげうちわ)………… 79	ダムシー(ギムノカリキウム・ダムシー)
セネシオ・フレリー………… 237	象牙子宝(ぞうげこだから)………… 19	→麗蛇丸………… 71
セネシオ・ヘブディンギー………… 237	象牙の宮(ぞうげのみや)………… 234	達磨クーペリー(だるまくーぺりー)…. 126
セネシオ・ロウレヤヌス	双眸玉(そうぼうぎょく)………… 112	達磨神楽曲(だるまじんそうきょく)…. 127
→グリーンネックレス………… 238	ソーンウッドスター(グラプトベリア・	タロノイデス(セネシオ・タロノイデス)
ゼブリナ(フェルニア・ゼブリナ)………… 231	ソーンウッドスター)………… 187	→大銀月………… 239
セミビバ(ハオルシア・セミビバ)…. 27	ソテツ………… 222	
セラリア属………… 228	ソフトライム(セデベリア・ソフトライム)	**チ**
セラリア・ナマクエンシス………… 228	………… 201	チエグレリ(ロフォフォラ・チエグレリ)
セルペンス(セネシオ・セルペンス)→万宝	ソマリエンシス(アロエ・ソマリエンシス)	→翠冠玉………… 73
………… 239	………… 14	チクイタヌム(ギムノカリキウム・チクイタ
セレウス・バリアビリス→金獅子………… 82	ソマリエンシス(キアノチス・ソマリエンシス)	ヌム)→良寛………… 71
セレウスクラ(リプサリス・セレウスクラ)	→銀毛冠錦………… 47	チクレンシス(エケベリア・チクレンシス・
………… 86		アンカスベルー)………… 149
セレクション(エケベリア・ルブロマルギナー	**タ**	稚児星錦(ちごぼしにしき)………… 142
タ・セレクション)………… 160	大銀月(だいぎんげつ)………… 239	チタノータ(アガベ・チタノータ)
セロペギア属………… 230	ダイグレモンティアナ(カランコエ・ダイ	→ナンバーワン………… 45
セロペギア・ウッディー→ハートカズラ	グレモンティアナ)→不死鳥錦………… 188	縮玉(ちぢみだま)→千波万波………… 86
………… 230	大納言(だいなごん)………… 96	チャークローズ(エケベリア・チャークローズ)
扇雀(せんじゃく)………… 191	太平丸(たいへいまる)→黒刺太平丸…. 66	………… 169
仙女盃(せんにょはい)………… 144		長城丸(ちょうじょうまる)………… 81
仙人の舞(せんにんのまい)………… 190		千代田錦(ちよだにしき)………… 14

千代田松（ちよだのまつ）……………194	→長城丸……………………………81	デウテロコーニア・クロランサ……55
チランジア属……………………48	ツルビニカルプス・ロゼイフローラ…80	デカイルン（グラプトベリア・デカイルン）
チランジア・アルバーティアナ………48	ツルンカータ（ハオルシア・ツルンカータ）	………………………………185
チランジア・アンドレアナ……………48	……………………………39	デカリー（ユーフォルビア・デカリー）…211
チランジア・イオナンタ………………50		テキセンシス（ホマロケファラ・テキセンシス）
チランジア・イオナンタ・フェーゴ……50	**テ**	→綾波モンスト………………69
チランジア・ウェルチナ………………51		テクタ（クラッスラ・テクタ）→小夜衣
チランジア・カエルレア………………49	デアルバタ（コピアポア・シネレア・デアルバタ）	………………………………142
チランジア・カピラリス………………49	→黒子冠……………………62	テクトルム（センペルビブム・テクトルム・
チランジア・キセログラフィカ………51	ディエルジアナ（ハオルシア・クーペリー・	アルブム）……………………203
チランジア・バンデンシス……………49	ディエルジアナ）………………22	デシドゥア（ユーフォルビア・デシドゥア）
チランジア・プセウドバイレイ………51	ディオスコレア・エレファンティペス	→蓬莱島……………………211
チランジア・フックシー………………50	→亀甲竜……………………240	デシピエンス（ハオルシア・デシピエンス）
チランジア・ブッチー…………………49	帝冠（ていかん）……………………85	………………………………26
チランジア・ベルニコーサ・パープル	帝玉（ていぎょく）…………………122	デシピエンス（ロフォフォラ・ウィリアムシー・
ジャイアント…………………51	ティシュエリー（コノフィツム・エクチブム・	デシピエンス）→銀冠玉………73
チランジア・ホウストン・コットンキャン	ティシュエリー）→桐壺………102	デスコイングシー（アロエ・デスコイング
ディー…………………………50	**ディスコカクタス属**……………63	シー）…………………………11
チリサカンタス（フェロカクタス・チリサカ	ディスコカクタス・アロウネイスピヌス	鉄甲丸（てっこうまる）……………210
ンタス）→金冠竜………………68	→白条冠……………………63	テッセレータ（ハオルシア・ベノサ・テッセ
チルカリー（ユーフォルビア・チルカリー）	ディスコカクタス・トリコルニス・ギガ	ラータ）→竜鱗………………31
→ミルクブッシュ……………219	ンテウス………………………63	テトラゴナ（クラッスラ・テトラゴナ）
チルシフローラ（カランコエ・チルシフローラ）	ディスコカクタス・ホルスティ………63	→桃源郷……………………143
→唐印錦………………………191	ディスシフォルミス（ストロンボカクタス・	テトラゴナ（ペペロミア・テトラゴナ）…226
チワワエンシス（エケベリア・チワワエ	ディスシフォルミス）→菊水…87	テナンゴドロー（エケベリア・セクンダ・テナ
ンシス）………………………149	ディスパー（ギバエウム・ディスパー）	ンゴドロー）…………………161
チワワエンシス（エケベリア・チワワエ	→無比玉……………………108	デネグリー（オブレゴニア・デネグリー）
ンシス・ルビーブルシュ）……149	ティッシェリー（リトープス・カラスモンタ	→帝冠…………………………85
	ナ・ティッシェリー）…………113	テネラ（ハオルシア・クーペリー・テネラ）
ツ	**ディッキア属**……………………52	→姫絵巻………………………26
	ディッキア・ダウソニー………………53	デビー（グラプトベリア・デビー）……185
月影丸（つきかげまる）………………77	ディッキア・バールマルクシー………53	デミヌータ（エケベリア・セトーサ・デミヌータ）
月兎耳（つきとじ）…………………191	ディッキア・プラティフィラ…………53	………………………………162
翼rex（つばされっくす）……………95	ディッキア・ブレビフォリア→縞剣山	テリカラー（コノフィツム・ペルシダム・テリ
爪蓮華錦（つめれんげにしき）………193	………………………………52	カラー）………………………97
艶日傘（つやひがさ）………………131	ディッキア・ブレビフォリア・イエロー	テリカラー（リトープス・テリカラー・プリン
ツルギダ（エケベリア・ツルギダ・シエラデリ	グロー…………………………52	スアルバートフォーム）→碧瑠璃…118
シャス）………………………165	ディッキア・マルニエルラポストレー・	デルトイデオドンタ（アロエ・デルトイデオ
ツルギダ（ハオルシア・レツーサ・ツルギダ）	エステベッシー………………53	ドンタ）………………………11
→氷砂糖………………………24	ディッキア・レプトスタキア…………54	テレス（クラッスラ・テレス）→玉椿…143
ツルビナータ（ケイリドプシス・ツルビナータ）	**ディディエレア属**………………229	デレンベルギー（エケベリア・デレンベルギー）
………………………………92	ディディエレア・マダガスカリエンシス	→静夜………………………152
ツルビニカルプス属……………80	………………………………229	テロカクタス・ヘクサエドロフォルス・
ツルビニカルプス・シュミーディッキ	ディバーシフォリア（ハオルシア・ニグラ・	フォスラツス→緋冠竜…………87
アヌス→昇竜丸………………80	ディバーシフォリア）…………36	**デロスペルマ属**…………………106
ツルビニカルプス・プセウドペクチナツス	ディフラクテンス（エケベリア・ディフラク	デロスペルマ・コープスクラリア・レー
→精巧殿………………………80	テンス）………………………152	マンニー→夕波………………106
ツルビニカルプス・プセウドマクロケレ	ディベルスム（コノフィツム・ディベルスム）	

269

デロスペルマ・スファルマントイデス
……………………………………106
デロスペルマ・ポッチー→細雪 …106
デンシカウレ（パキポディウム・デンシカウレ）
→恵比寿大黒 ……………233
天使の泪 ……………………………36
デンシフロルム（パキポディウム・デンシフ
ロルム）→シバの女王の玉櫛 ……234
天祥（てんしょう）………………104
天章（てんしょう）………………127
デンスム（トリコディアデマ・デンスム）
→紫星晃 …………………123
天世界（てんせかい）………………65
デンドリチカ（リトープス・デンドリチカ）
→瑞光玉 …………………117
デンドロイデウム（セダム・デンドロイデウム）
→宝珠扇 …………………198

ト

唐印錦（とういんにしき）………191
闘牛角（とうぎゅうかく）………217
桃源郷（とうげんきょう）………143
ドーナツ冬の星座 …………………36
ドーナツ冬の星座錦（ふゆのせいざにしき）
……………………………………36
特達磨（とくだるま）………………21
刺なしラメリー ……………………233
トップレッド（リトープス・カラスモンタナ・
トップレッド）……………114
ドドソン紫オブツーサ ………………20
ドドランタレ（アエオニウム・ドドランタレ）
→笹の露 …………………132
トプシーツルビー（エケベリア・ルンヨニー・
トプシーツルビー）………160
トメントーサ（カランコエ・トメントーサ）
……………………………………191
巴（ともえ）………………………138
ドラキュラズブラッド（アロエ・ドラキュラ
ズブラッド）………………15
ドラコフィルス属 …………………105
ドラコフィルス・モンティスドラコニス
……………………………………105
トランシエンス（ハオルシア・トランシエンス）
……………………………………24
トラントンゴ（エケベリア・エレガンス・トラ
ントンゴ）…………………153

トリアンティナ（エケベリア・トリアンティナ）
……………………………………164
トリギヌス（アドロミスクス・トリギヌス）
……………………………………130
トリコカウロン・カクティフォルミス
→仏頭玉 …………………235
トリコディアデマ属 ………………123
トリコディアデマ・デンスム→紫星晃
……………………………………123
トリゴヌス（アリオカルプス・トリゴヌス）
→三角牡丹 …………………59
トリコルニス（ディスコカクタス・トリコルニ
ス・ギガンテウス）…………63
トリコロール（ハオルシア・マウガニー・トリ
コロール）…………………38
トリマネンシス（エケベリア・トリマネンシス）
……………………………………164
ドルステニア・ギガス ……………242
ドルステニア・フェチダ …………242
ドロテアエ（リトープス・ドロテアエ）
→麗虹玉 …………………111

ナ

ナディカウリス（クラッスラ・ナディカウリ
ス・ヘレー）………………139
ナナンサス属 ………………………123
ナナンサス・アロイデス …………123
ナマクアヌム（パキポディウム・ナマクアヌ
ム）→光堂 ………………234
ナマクエンシス（セラリア・ナマクエンシス）
……………………………………228
ナンバーワン ………………………45

ニ

ニグラ（ハオルシア・ニグラ・ディバーシフォ
リア）………………………36
ニグロマルギナツス（カランコエ・トメントー
サ・ニグロマルギナツス）→黒兎耳 …191
錦の司（にしきのつかさ）………179
西島コンプト（にしじまこんぷと）…28
虹の玉（にじのたま）……………199
日輪玉（にちりんぎょく）………110
ニバリス（ペペロミア・ニバリス）…226
ニロチカ（サンセベリア・ニロチカ）…46

ヌ

ヌダム（アストロフィツム・ミリオスティグマ・
ヌダム）……………………61
ヌダム（アリオカルプス・アステリアス・ヌダム）
……………………………………60

ネ

ネオセルシアヌス（オレオセレウス・ネオセ
ルシアヌス）→ライオン錦 …85
ネオポルテリア・コイマセンシス
→恋魔玉 ……………………84
ネブロウニー（リトープス・オリバセア・ネブ
ロウニー・レッドオリーブ）…116
ネリー（プレイオスピロス・ネリー）…122

ノ

ノドゥローサ（エケベリア・ノドゥローサ）
……………………………………157
ノトカクタス属 ……………………78
ノトカクタス・スコーパ・ルベリー
→紅小町 …………………78
ノトカクタス・ヘルテリー ………78
ノトカクタス・レニングハウシー
→金晃丸 …………………78
野バラの精（のばらのせい）……177

ハ

ハートカズラ ………………………230
パープルジャイアント（チランジア・ベル
ニコーサ・パープルジャイアント）………51
パールマルキシー（ディッキア・パールマル
キシー）……………………53
バウキシルム（コノフィツム・バウキシルム）
→大納言 …………………96
パウダーブルー（エケベリア・パウダーブ
ルー）………………………178
ハオルシア属（硬葉系）……………34
ハオルシア属（玉扇）………………39
ハオルシア属（軟葉系）……………20
ハオルシア属（万象）………………38
ハオルシア・アテニュアータ・シモフリ
→霜降り十二の巻 …………34
ハオルシア・アラクノイディア ……25
ハオルシア・アラクノイディア・アラネア

………………………………… 25	ハオルシア・セミビバ ………………… 27	パキフィツム（ダドレア・パキフィツム）… 145
ハオルシア・アラクノイディア・ギガス	ハオルシア・ツルンカータ→玉扇 …… 39	パキフィツム・ウェルデマニー …… 195
………………………………… 26	ハオルシア・ツルンカータ・クレオパトラ	パキフィツム・オビフェルム
ハオルシア・アングスティフォリア・	………………………………… 39	→星美人錦 ………………………… 194
リリプターナ→小人の座 ………… 24	ハオルシア・ツルンカータ・ブリザード	パキフィツム・キムナッキー …… 195
ハオルシア・エメリアエ・コンプトニアー	………………………………… 39	パキフィツム・コンパクツム
ナ ………………………………… 28	ハオルシア・デシピエンス ………… 26	→千代田松 ……………………… 194
ハオルシア・エメリアエ・コンプトニアー	ハオルシア・トランシエンス ……… 24	パキフィツム・ビリデ …………… 194
ナ→実方レンズコンプトスペシャル	ハオルシア・ニグラ・ディバーシフォリア	パキフィルム（セダム・パキフィルム）
………………………………… 29	………………………………… 36	→乙女心 ………………………… 199
ハオルシア・エメリアエ・コンプトニアー	ハオルシア・パラドクサ …………… 23	パキプス（オペルクリカリヤ・パキプス）
ナ→西島コンプト ………………… 28	ハオルシア・ピグマエア …………… 30	………………………………… 242
ハオルシア・エメリアエ・コンプトニアー	ハオルシア・ピグマエア・スプレンデンス	**パキポディウム属** …………… 232
ナ→白鯨 ………………………… 29	………………………………… 31	パキポディウム・ゲアイー ……… 233
ハオルシア・エメリアエ・ピクタ …… 29	ハオルシア・ピグマエア・ハクオウ	パキポディウム・サキュレンタム … 234
ハオルシア・エメリアエ・ピクタ→銀河	→白王（はくおう） ……………… 30	パキポディウム・デンシカウレ
系 …………………………… 29,30	ハオルシア・ブミラ ……………… 35~37	→恵比寿大黒 …………………… 233
ハオルシア・エメリアエ・ピクタ	ハオルシア・ベイエリー・ジュピター … 32	パキポディウム・デンシフロルム
→スーパー銀河 …………………… 32	ハオルシア・ベノサ・テッセラータ	→シバの女王の玉櫛 …………… 234
ハオルシア・エメリアエ・マジョール	→竜鱗 ……………………………… 31	パキポディウム・ナマクアヌム→光堂
………………………………… 27	ハオルシア・ポルシー→曲水の宴 … 25	………………………………… 234
ハオルシア・オブツーサ ………… 20,21	ハオルシア・マウガニー→白楽 …… 38	パキポディウム・バロニー ……… 232
ハオルシア・オブツーサ・スイショウ	ハオルシア・マウガニー→万象 …… 38	パキポディウム・ブレビカウレ
→水晶 …………………………… 21	ハオルシア・マウガニー・シンデレラ	→恵比寿笑い …………………… 232
ハオルシア・オブツーサ・ドドソン紫	………………………………… 38	パキポディウム・ラメリー ……… 233
………………………………… 20	ハオルシア・マウガニー・トリコロール	パキポディウム・ラメリー
ハオルシア・オブツーサ・バリエガータ	………………………………… 38	→刺なしラメリー ……………… 233
………………………………… 21	ハオルシア・マキシマ …………… 35~37	パキポディウム・ロスツム・グラシリス
ハオルシア・オラソニー ………… 23	ハオルシア・マルギナータ→瑞鶴 … 35	→象牙の宮 ……………………… 234
ハオルシア・クーペリー・クミンギー … 25	ハオルシア・ミニマ→冬の星座 …… 37	パキポディオイデス（ユーフォルビア・
ハオルシア・クーペリー・ゴードニアナ	ハオルシア・ミラーボール ………… 28	パキポディオイデス） …………… 216
………………………………… 26	ハオルシア・ムチカ・シルバニア	白亜塔（はくあとう） ……………… 16
ハオルシア・クーペリー・ディエルジアナ	→シルバームチカ ……………… 32	白王（はくおう） ………………… 30
………………………………… 22	ハオルシア・ラビアンローズ ……… 33	白銀の舞（はくぎんのまい） ……… 190
ハオルシア・クーペリー・テネラ	ハオルシア・リミフォリア→瑠璃殿錦	白鯨（はくげい） ………………… 29
→姫絵巻 ………………………… 26	………………………………… 35	白鶏冠（はくけいかん） …………… 79
ハオルシア・クーペリー・ピリフェラ … 23	ハオルシア・リミフォリア→瑠璃殿白斑	白寿楽（はくじゅらく） ………… 236
ハオルシア・クーペリー・ベヌスタ … 27	………………………………… 35	白条冠（はくじょうかん） ………… 63
ハオルシア・クーペリー・マキシマ	ハオルシア・レインワーディ・カフィル	白鳥（はくちょう） ……………… 75
→エンペラー …………………… 21	ドリフテンシス ………………… 37	白兎耳（はくとじ） …………… 155
ハオルシア・コアークタータ・パッカータ	ハオルシア・レツーサ …………… 30	白眉（はくび） ………………… 135
………………………………… 34	ハオルシア・レツーサ・キング …… 31	白鳳（はくほう） ……………… 172
ハオルシア・シンビフォルミス …… 22	ハオルシア・レツーサ・ツルギダ	白鳳菊（はくほうぎく） ………… 121
ハオルシア・シンビフォルミス・ローズ	→氷砂糖 ………………………… 24	白楽（はくらく） ………………… 38
………………………………… 22	ハオルシア・ロックウッディー …… 24	パス（エケベリア・パス） ……… 179
ハオルシア・シンユキエマキ ……… 27	ハオルシー（セネキオ・ハオルシー）	パステル（クラッスラ・ルペストリス・パステル）
ハオルシア・スプリングボクブラケン	→銀月 …………………………… 237	→稚児星錦 ……………………… 142
シス ……………………………… 23	**パキフィツム属** …………… 194	ハセルベルギー（ブラジリカクタス・ハセル

271

ベルギー）→雪晃 ……………… 82	バンデンシス（チランジア・バンデンシス）	姫乱れ雪錦（ひめみだれゆきにしき）…… 43
バッカータ（ハオルシア・コアークタータ・	……………………………………… 49	氷山（ひょうざん）………………………… 45
バッカータ）……………………… 34	万宝（ばんぽう）………………………… 239	ピランシー（アロエ・ピランシー）……… 12
バッカス（リトープス・サリコラ・バッカス）		ピランシー（ガステリア・ピランシー）… 19
→紫李夫人 ……………………… 117	**ヒ**	ピランシー（ケイリドプシス・ピランシー）
バッテリー（ギムノカリキウム・バッテリー）	ヒアリナ（エケベリア・ヒアリナ）……… 155	→神風玉 ………………………… 92
………………………………………… 72	ピーコッキー（エケベリア・ピーコッキー）	ピランシー（ケファロフィルム・ピランシー）
花いかだ錦（はないかだにしき）……… 172	……………………………… 157,158	………………………………………… 91
花うらら（はなうらら）………………… 158	ピカラー（ガステリア・ピカラー・リリプターナ）	ピランシー（コノフィツム・ピランシー）… 97
花鏡丸（はなかがみまる）……………… 84	……………………………………… 19	ピランシー（フェルニア・ピランシー）… 231
ハナキリン ……………………………… 215	光堂（ひかりどう）……………………… 234	ビリダス（ダドレア・ビリダス）………… 145
花車（はなぐるま）……………………… 101	光源氏（ひかるげんじ）………………… 132	ビリデ（パキフィツム・ビリデ）………… 194
花水車（はなすいしゃ）………………… 105	緋冠竜（ひかんりゅう）………………… 87	ビリフェラ（ハオルシア・クーベリー・ビリフェラ）
花園（はなぞの）………………………… 105	ビクアリナタ（アストロローバ・ビクアリナタ）	………………………………………… 23
花月夜（はなつきよ）…………………… 170	……………………………………… 16	飛竜（ひりゅう）………………………… 218
バナナ（サンセベリア・エーレンベルギー・	ビグエリー（アロエ・ビグエリー）……… 14	ヒルスタ（クラッスラ・ヒルスタ）→銀盃
バナナ）…………………………… 46	ピクタ（ハオルシア・エメリアエ・ピクタ）	……………………………………… 138
花の宰相（はなのさいしょう）………… 172	……………………………… 29,30	ヒルマリ（プレイオスピロス・ヒルマリ）
花牡丹（はなぼたん）…………………… 58	ピクタスーパーギンガ（ハオルシア・エメリ	→明玉 ………………………… 122
パピリアリス（コチレドン・パピリアリス）… 136	ア・ピクタスーパーギンガ）→スーパー銀	ピンウィール（エケベリア・ピンウィール）
バブレウルフォリア（ユーフォルビア・バブ	河 ………………………………… 32	……………………………………… 178
レウルフォリア）→鉄甲丸 ……… 210	ビクトリアエーレギナエ（アガベ・ビクトリ	ピンキー（エケベリア・ピンキー）……… 178
パラドクサ（ハオルシア・パラドクサ）…… 23	アエーレギナエ）………………… 45	ピンクフリル（エケベリア・シャビアナ・ピン
バランサエ（ブロメリア・バランサエ）…… 54	ピグマエア（ハオルシア・ピグマエア）	クフリル）……………………… 163
ハリアヌス（セネシオ・ハリアヌス・ヒポグリ	……………………………… 30,31	ヒントニー（アズテキウム・ヒントニー）… 82
フ）……………………………… 237	翡翠盤（ひすいばん）→アテニュアータ	ヒントニー（セダム・ヒントニー）……… 199
バリアビリス（セレウス・バリアビリス）	……………………………………… 40	
→金獅子 ………………………… 82	ビスシダ（ダドレア・ビスシダ）………… 145	**フ**
ハリー（アストロローバ・ハリー）→白亜塔	ビトー（アロエ・ビトー）………………… 15	ファシクラータ（エケベリア・ファシクラー
……………………………………… 16	日の出丸（ひのでまる）………………… 68	タ）→寒鳥巣錦 ………………… 154
ハリー（リトープス・ハリー）→巴里玉 … 112	ヒポガエア（コピアポア・ヒポガエア・バルク	ファシクラータ（フォークイエリア・ファシ
バリエガータ（アロエ・バリエガータ）	テンシス）………………………… 62	クラータ）……………………… 242
→千代田錦 ……………………… 14	ヒポグリフ（セネシオ・ハリアヌス・ヒポグリフ）	ファニーフェイス（グラブトペリア・ファニー
巴里玉（ぱりぎょく）…………………… 112	……………………………………… 237	フェイス）……………………… 186
パリダ（エケベリア・バリダ・ハイブリッド）	緋牡丹錦（ひぼたんにしき）……………… 72	ファリナセア（カランコエ・ファリナセア）
……………………………………… 157	緋牡丹錦五色斑（ひぼたんにしきごしきふ）	……………………………………… 189
パリダ・プリンス→花の宰相 ………… 172	……………………………………… 72	ファルカータ（クラッスラ・ファルカータ）
バルクテンシス（コピアポア・ヒポガエア・	ヒポプレルム（ギムノカリキウム・ヒポプレ	→神刀 ………………………… 138
バルクテンシス）………………… 62	ルム・フェロシオール）…………… 71	ファンファーレ（セデベリア・ファンファーレ）
バルビテーション（エケベリア・バルビテー	火祭（ひまつり）………………………… 137	……………………………………… 200
ション）………………………… 177	姫絵巻（ひめえまき）…………………… 26	フィスム（アルギロデルマ・フィスム）
バルビフローラ（アガベ・バルビフローラ）	姫笹の雪（ひめささのゆき）……………… 45	→宝槌玉 ………………………… 90
→姫乱れ雪錦 ……………………… 43	姫秀麗（ひめしゅうれい）……………… 184	フィソイデス（アンテギバエウム・フィソイ
パルブラ（アロエ・パルブラ）→女王錦	姫玉綴り（ひめたまつづり）…………… 197	デス）→碧玉 …………………… 90
……………………………………… 12	姫春星（ひめはるぼし）………………… 75	フィッスラッス（アリオカルプス・フィッス
バロニー（パキポディウム・バロニー）… 232	姫星美人（ひめほしびじん）…………… 197	ラッス）……………………… 58,59
バンジリー（イーレンフェルディア・バンジリー）	姫牡丹（ひめぼたん）…………………… 59	フィリカウリス（アドロミスクス・フィリカウ
……………………………………… 109		

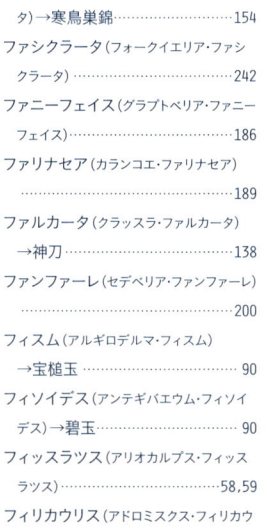

リス)……127, 128	富士(ふじ)……193	ブラッドブリアナ(エケベリア・ブラッドブリアナ)……168
フィリフェラ(アガベ・フィリフェラ)→白糸の王妃錦……41	不死鳥錦(ふしちょうにしき)……188	
フィリノエルム(クノフヘダルム・フィリフェルム)→菊日和……183	ブスタマンテ(エケベリア・ストリクティフローラ・ブスタマンテ)……163	プラティフィラ(ディッキア・プラティフィラ)……53
フーケリー(リトープス・フーケリー・マルギナータ・レッドブラウン)……113	プセウドカクタス(ユーフォルビア・プセウドカクタス・リットニアナ)……216	プラティフィラ(ロスラリア・プラティフィラ)……195
風鈴玉(ふうりんぎょく)……119	プセウドバイレイ(チランジア・プセウドバイレイ)……51	フラナガニー(ユーフォルビア・フラナガニー)→孔雀丸……212
フェアリーイエロー(エケベリア・フェアリーイエロー)……170	プセウドペクチナツス(ツルビニカルプス・プセウドペクチナツス)→精巧殿……80	フラビスピナ(ユーベルマニア・フラビスピナ)……81
フェーゴ(チランジア・イオナンタ・フェーゴ)……50	プセウドマクロケレ(ツルビニカルプス・プセウドマクロケレ)→長城丸……81	フラメシー(リトープス・フラメシー)→聖典玉……111
フェチダ(ドルステニア・フェチダ)……242	プセウドリコポディオイデス(クラッスラ・リコポディオイデス・プセウドリコポディオイデス)→若緑……139	フランシスコバルディー(グラブトセダム・フランシスコバルディー)→秋麗……187
フェネストラリア属……107		ブランダ(ペペロミア・ブランダ・レプトスタッチャ)……227
フェネストラリア・アウランティアカ→五十鈴玉……107	プセウドリトス・ヘラルドヘラナス……235	
プエベラ(エケベリア・セクンダ・プエベラ)……161	プチ(エケベリア・プチ)……177	ブランディティ(エケベリア・コロラータ・ブランディティ)……150
フェミニン(エケベリア・フェミニン)……171	フックシー(チランジア・フックシー)……50	フリードリッチアエ(オフタルモフィルム・フリードリッチアエ)→風鈴玉……119
フェルニア属……231	ブッダテンプル(クラッスラ・ブッダテンプル)……143	
フェルニア・ゼブリナ……231	ブッチー(チランジア・ブッチー)……49	フリードリッチー(ギムノカリキウム・ミハノビッチー・フリードリッチー)……72
フェルニア・ピランシー……231	仏頭玉(ぶっとうぎょく)……235	
フェルニア・ブレビロストリス→蛾角……231	フットライツ(エケベリア・フットライツ)……171	プリカティリス(アロエ・プリカティリス)……13
フェレイラエ(ペペロミア・フェレイラエ)……225	吹雪の松錦(ふぶきのまつにしき)……227	ブリザード……39
フェロカクタス属……68	ブベッセンス(クラッスラ・ブベッセンス)……141	ブリト(セダム・ブリト)→姫玉綴り……197
フェロカクタス・ガテシー→龍鳳玉……68	ブミラ(アガベ・ブミラ)……44	ブリトニー(ダドレア・ブリトニー)→仙女盃……144
フェロカクタス・チリサカンタス→金冠竜……68	ブミラ(エケベリア・グラウカ・ブミラ)……154	ブリドニス(エケベリア・ブリドニス)→花うらら……158
フェロカクタス・ラチスピヌス→日の出丸……68	ブミラ(カランコエ・ブミラ)→白銀の舞……190	ブリドニス・グリーンフォーム→クリスマス……169
フェロシオール(ギムノカリキウム・ヒボブレルム・フェロシオール)……71	ブミラ(ハオルシア・ブミラ)……35〜37	プリマ(エケベリア・プリマ)……178
フェンドレリ(エキノセレウス・フェンドレリ)→衛美玉……64	フミリス(エケベリア・フミリス)……154	プリンシピス(レウチェンベルギア・プリンシピス)→晃山……83
フォーカリア属……107	フミリス(カランコエ・フミリス)……189	
フォーカリア・厳波……107	プヤ・コリーマ……55	プリンスアルバートフォーム(リトープス・テリカラー・プリンスアルバートフォーム)→碧瑠璃……118
フォークイエリア・ファシクラータ……242	冬の星座(ふゆのせいざ)……37	
フォスラツス(テロカクタス・ヘクサエドロフォルス・フォスラツス)→緋冠竜……87	ブラウニー(ケイリドプシス・ブラウニー)……92	ブルーエルフ(エケベリア・ブルーエルフ)……167
ブカレリエンシス(マミラリア・プカレリエンシス・エルサム)……74	ブラウンシア属……91	ブルーバード(エケベリア・ブルーバード)……167
吹上(ふきあげ)……45	ブラウンシア・マキシミリアニー→碧魚連……91	ブルーバード(クラッスラ・オバータ・ブルーバード)……140
福兎耳(ふくとじ)……188	ブラクテオーサ(アガベ・ブラクテオーサ)……41	
福娘(ふくむすめ)……135	ブラジリカクタス・ハセルベルギー→雪晃……82	ブルーライト(エケベリア・ブルーライト)……167
福来玉(ふくらいぎょく)……113	ブラックオブツーサ……21	ブルゲリ(コノフィツム・ブルゲリ)……93
	ブラックプリンス(エケベリア・ブラックプリンス)……166	フルテッセンス(コノフィツム・フルテッセンス)

273

→寂光 … 94
ブルナティ(セダム・ダシフィルム・ブルナティ)
　→大型姫星美人 … 198
フルビセプス(リトープス・フルビセプス・
　ラクチネア)→楽地玉 … 112
ブルビナータ(エケベリア・ブルビナータ・
　フロスティー) … 159
ブルビナータ(ユーフォルビア・ブルビナータ)
　→笹蟹 … 217
ブルビネ属 … 17
ブルビネ・メセンブリアントイデス … 17
ブルブオリバー(エケベリア・ブルブオリバー)
　→錦の司 … 179
ブルブソルム(エケベリア・ブルブソルム)
　→大和錦 … 159
フルフラセア(ザミア・フルフラセア)
　→メキシコソテツ … 223
フルフラセウス(アリオカルプス・フルフラ
　セウス)→花牡丹 … 58
フルフラセウム(セダム・フルフラセウム)
　→玉蓮 … 198
ブルプレウス(エキノセレウス・ペクチナータ・
　リジィディシムス・ブルプレウス)→紫太陽
　 … 64
ブルベルレンタ(ダドレア・ブルベルレンタ)
　 … 145
ブルモーサ(マミラリア・ブルモーサ)
　→白星 … 77
ブルヤンマッキン(アドロミスクス・マリア
　ンナエ・ブルヤンマッキン) … 130
プレイオスピロス属 … 122
プレイオスピロス・ネリー→帝玉 … 122
プレイオスピロス・ネリー・ルブラ
　→紅帝玉 … 122
プレイオスピロス・ヒルマリ→明玉
　 … 122
フレイム(クラッスラ・アメリカーナ・フレイム)
　→火祭 … 137
ブレビカウレ(パキポディウム・ブレビカウレ)
　→恵比寿笑い … 232
ブレビフォリア(ディッキア・ブレビフォリア)
　 … 52
ブレビロストリス(フェルニア・ブレビロス
　トリス)→蛾角 … 231
フレリー(セネシオ・フレリー) … 237
フレリー(リトープス・ジュリー・フレリー)
　→福来玉 … 113
フロスティー(エケベリア・レウコトリカ・

フロスティー)→白兎耳 … 155
フロスティー(エケベリア・ブルビナータ・
　フロスティー) … 159
ブロミー(アロエ・ブロミー) … 10
ブロムフィールディー(リトープス・ブロム
　フィールディー) … 110,111
ブロメリア属 … 54
ブロメリア・バランサエ … 54
プロリフェラ(エケベリア・アガボイデス・
　プロリフェラ)→相生傘 … 147
プロリフェラ(マミラリア・プロリフェラ)
　→松霞 … 77
ブロンズ(グラプトペタルム・ブロンズ)
　→ブロンズ姫 … 184
ブロンズ姫 … 184
フンボルディー(マミラリア・フンボルディー)
　→姫春星 … 75

ヘ

ベイエリー(ハオルシア・ベイエリー・ジュピター)
　 … 32
ペールシー(リトープス・ペールシー)
　→麗春玉 … 117
碧玉(へきぎょく) … 90
碧魚連(へきぎょれん) … 91
碧瑠璃(へきるり) … 118
碧瑠璃兜(へきるりかぶと) … 60
碧瑠璃兜錦(へきるりかぶとにしき) … 60
碧瑠璃鸞鳳玉(へきるりらんぽうぎょく)
　 … 61
碧瑠璃鸞鳳玉錦(へきるりらんぽうぎょく
　にしき) … 61
碧朧玉(へきろうぎょく) … 118
ヘクサエドロフォルス(テロカクタス・ヘク
　サエドロフォルス・フォスラツス)
　→緋冠竜 … 87
ペクチナータ(エキノセレウス・ペクチナー
　タ・リジィディシムス・ブルプレウス)
　→紫太陽 … 64
ペクチニフェラ(ユーベルマニア・ペクチニ
　フェラ) … 81
ペグレラエ(アロエ・ペグレラエ) … 12
ペダンキュラータ(オスクラリア・ペダン
　キュラータ)→白鳳菊 … 121
ベッキー(アガベ・ポタトルム・ベッキー) … 44
ベッケリー(ガステリア・ベッケリー) … 19
紅大内玉(べにおおうちぎょく) … 116

紅オリーブ玉(べにおーりぶぎょく)
　→レッドオリーブ … 116
紅小町(べにこまち) … 78
ベニスピノーサ(マミラリア・ベニスピノーサ)
　→陽炎 … 76
紅稚児(べにちご) … 141
紅司(べにつかさ) … 157
紅司錦(べにつかさにしき) … 157
紅帝玉(べにていぎょく) … 122
紅の潮(べにのしお) … 100
紅夕月(べにゆうづき) … 204
紅蓮華(べにれんげ) … 204
ベヌスタ(ハオルシア・クーペリー・ベヌスタ)
　 … 27
ベネナタ(ユーフォルビア・ベネナタ)
　→弁財天 … 219
ペノサ(ハオルシア・ペノサ・テッセラータ)
　→竜鱗 … 31
ベビードール(エケベリア・ベビードール)
　 … 166
ヘブディンギー(セネシオ・ヘブディンギー)
　 … 237
ペペロミア属 … 224
ペペロミア・アスペラ … 224
ペペロミア・インカーナ … 225
ペペロミア・グラベオレンス … 225
ペペロミア・コッキアナ … 225
ペペロミア・コルメラ … 224
ペペロミア・スツラウィー … 226
ペペロミア・テトラゴナ … 226
ペペロミア・ニバリス … 226
ペペロミア・フェレイラエ … 225
ペペロミア・ブランダ・レプトスタッチャ
　 … 227
ペペロミア・ルベラ … 226
ヘミスファエリカ(クラッスラ・ヘミスファ
　エリカ)→巴 … 138
ヘミスファエリクス(アドロミスクス・ヘミ
　スファエリクス)→松虫 … 128
ベラ(アロエ・ベラ) … 15
ベラ(リトープス・カラスモンタナ・ベラ)
　→琥珀玉 … 113
ヘラルドヘラナス(プセウドリトス・ヘラル
　ドヘラナス) … 235
ヘリオス(エケベリア・ヘリオス) … 172
ベルー(エケベリア・エウリトラミス・ベルー)
　 … 153
ベルカーネウム(アエオニウム・ベルカーネ

ウム)→光源氏 …………… 132	ホウストン(チランジア・ホウストン・コットン	**マ**
ベルコーサム(オフタルモフィルム・ベルコー	キャンディー) ……………… 50	
サム) ……………………… 120	宝槌玉(ほうついぎょく) ………… 90	マーベルズファイヤー(コノフィツム・エ
ペルシステンス(ユーフォルビア・ベルシス	蓬莱島(ほうらいじま) ………… 211	クチブム・マーベルズファイヤー) …… 94
テンス) ……………………… 216	宝留玉(ほうるぎょく) ………… 115	マウガニー(ハオルシア・マウガニー)… 38
ペルシダ(クラッスラ・ペルシダ・マルギナリス	**ポーチュラカリア属** …………… 228	マガラニー(マミラリア・マガラニー)
) ……………………………… 140	ポーチュラカリア・アフラ→雅楽の舞	→雅卵丸 ………………… 76
ペルシダム(コノフィツム・ペルシダム)	……………………………… 228	巻絹(まきぎぬ) ……………… 202
→勲章玉 …………………… 97	ボーデンベンデリアヌム(ギムノカリキウ	マキシマ(ハオルシア・クーベリー・マキシマ)
ペルシダム・テリカラー(コノフィツム・ペ	ム・ボーデンベンデリアヌム)→怪竜丸	→エンペラー ……………… 21
ルシダム・テリカラー) …………… 97	……………………………… 71	マキシマ(ハオルシア・マキシマ) … 35~37
ヘルテリー(ノトカクタス・ヘルテリー)…… 78	ポーメリー(オロスタキス・ポーメリー)	マキシミアニー(ブラウンシア・マキシミ
ヘルナンディシー(セダム・ヘルナンディシー)	……………………………… 192	リアニー)→碧魚連 ……… 91
→緑亀の卵 ……………… 198	ホールニー(リトープス・レスリー・ホールニー)	マキュラータ(リトープス・サリコーラ・
ベルニコーサ(チランジア・ベルニコーサ・	→宝留玉 ………………… 115	マキュラータ) ……………… 118
パープルジャイアント) …………… 51	ボグッシー(アロエ・ボグッシー) …… 15	マキュラータ李夫人→サリコーラ・
ペルフォラータ(クラッスラ・ペルフォラータ)	星乙女(ほしおとめ) ………… 141	マキュラータ ……………… 118
→星乙女 ………………… 141	星美人錦(ほしびじんにしき) …… 194	魔玉(まぎょく) ……………… 109
ペルフォラータ(クラッスラ・ペルフォラータ)	細玉(ほそだま)→大納言 …… 96	マクドウェリー(アリオカルプス・コッチョウベ
→南十字星 ……………… 141	ポタトルム(アガベ・ポタトルム) …… 44	イヤヌス・マクドウェリー)→姫牡丹 … 59
ヘルムチー(リトープス・ヘルムチー)	ポッチー(デロスペルマ・ポッチー)	マクドウガリー(エケベリア・マクドウガリー)
→青磁玉 ………………… 112	→細雪 ………………… 106	……………………………… 156
ヘレアンサス(コノフィツム・ヘレアンサス	ポピコルヌータ(アガベ・ポピコルヌータ)	マクドウガリー(オルテゴカクタス・マクド
・レックス)→翼rex ……… 95	……………………………… 41	ウガリー) ………………… 85
ヘレー(アドロミスクス・マリアンナエ・ヘレー)	**ホマロケファラ属** ……………… 69	マクドウガリー(グラプトペタルム・マクド
……………………………… 129	ホマロケファラ・テキセンシス	ウガリー) ………………… 183
ヘレー(クラッスラ・ナディカウリス・ヘレー)	→綾波モンスト ………… 69	マクラッスス(アドロミスクス・マクラッスス)
……………………………… 139	ポリセファルス(エキノカクタス・ポリセファ	→御所錦 ………………… 128
ペレキフォラ・アセリフォルミス	ルス)→大竜冠 ………… 66	マサイの矢尻(まさいのやじり) …… 238
→精巧丸 ………………… 86	ホリゾンタロニウス(エキノカクタス・ホリ	マジョール(ハオルシア・エメリアエ・マ
ヘレラエ(マミラリア・ヘレラエ)→白鳥	ゾンタロニウス)→黒刺太平丸 … 66	ジョール) ………………… 27
……………………………… 75	ホリゾンタロニウス(エピテランサ・ホリゾ	マダガスカリエンシス(ディディエレア・
ベロア(アエオニウム・ベロア) ……… 133	ンタロニウス)→小人の帽子 … 65	マダガスカリエンシス) ………… 229
ベロテ(エケベリア・アモエナ・ベロテ)… 148	ホリダ(ユーフォルビア・ホリダ) … 213	まだら黒法師(まだらくろほうし) … 131
弁財天(べんざいてん) ………… 219	ホリダス(エンセファラトス・ホリダス)… 222	松霞(まつがすみ) ……………… 77
ペンデンス(コチレドン・ペンデンス)… 136	ポリフィラ(アロエ・ポリフィラ) …… 13	松虫(まつむし) ……………… 128
ベンバディス(エケベリア・ベンバディス)	ポルシー(ハオルシア・ポルシー)	**マミラリア属** ………………… 74
……………………………… 166	→曲水の宴 ……………… 25	マミラリア・イーチラミー→高崎丸 … 75
	ホルスティ(ディスコカクタス・ホルスティ)	マミラリア・エロンガータ→金手毬
	……………………………… 63	……………………………… 75
ホ	ポルビリス(ボウイエア・ポルビリス)	マミラリア・カルメナエ ………… 74
	→蒼角殿 ………………… 47	マミラリア・シーデアナ→銀の明星
ポイソニー(ユーフォルビア・ポイソニー)	ホワイトゴースト(ユーフォルビア・ラクテ	……………………………… 77
……………………………… 216	ア・ホワイトゴースト) …………… 214	マミラリア・ジールマンニアナ→月影丸
ボウイエア属 …………………… 47	ホワイトフォックス(アロエ・ラウイー・ホワ	……………………………… 77
ボウイエア・ボルビリス→蒼角殿 … 47	イトフォックス) ……………… 13	マミラリア・プカリエンシス・エルサ
鳳凰(ほうおう) ………………… 193	ポンパックス ……………… 241	ム ………………………… 74
鳳頭(ほうがしら) ………………… 70	ポンビシナ(エケベリア・ポンビシナ)… 167	マミラリア・プルモーサ→白星 … 77
宝珠扇(ほうじゅせん) ………… 198		

275

マミラリア・プロリフェラ→松霞 …… 77
マミラリア・フンボルディー→姫春星
　………………………………………… 75
マミラリア・ペニスピノーサ→陽炎 … 76
マミラリア・ヘレラエ→白鳥 ………… 75
マミラリア・マガラニー→雅卵丸 …… 76
マミラリア・ラウイー ………………… 76
マミラリア・ルエッティー …………… 76
マミラリス（ユーフォルビア・マミラリス）
　→白樺麒麟 ………………………… 214
マラコフィラ（オロスタキス・マラコフィラ・
　イワレンゲ）………………………… 193
マリア（エケベリア・マリア）……… 175
マリアンナエ（アドロミスクス・マリアンナエ）
　……………………………………… 129,130
マルガレタエ（ラビダリア・マルガレタエ）
　→魔玉 ……………………………… 109
マルギナータ（ハオルシア・マルギナータ）
　→瑞鶴 ………………………………… 35
マルギナータ（リトープス・フーケリー・マル
　ギナータ・レッドブラウン）……… 113
マルギナリス（クラッスラ・ペルシダ・マルギ
　ナリス）……………………………… 140
マルチフロルム（アデニウム・オベスム・マ
　ルチフロルム）→砂漠のバラ …… 230
マルテア（リトープス・マルテア）→絢爛玉
　……………………………………… 116
マルニエルラポストレー（ディッキア・マル
　ニエルラポストレー・エステベッシー）… 53
マルニリアナ（カランコエ・マルニリアナ）
　→白姫の舞 ………………………… 190
万象（まんぞう）……………………… 38

ミ

実方レンズコンプトスペシャル（みかた）
　………………………………………… 29
ミクラカンサ（ユーフォルビア・ミクラカンサ）
　→怒竜頭 …………………………… 215
ミクロスタチウム（セダム・ミクロスタチウム）
　……………………………………… 199
ミクロダシス（オプンチア・ミクロダシス）
　→金烏帽子、象牙団扇 ……………… 79
ミクロメリス（エピテランサ・ミクロメリス・
　ロンギスピナ）→かぐや姫 ………… 65
美空鉾（みそらほこ）………………… 236
緑亀の卵（みどりがめのたまご）…… 198
碧牡丹（みどりぼたん）……………… 176

南十字星（みなみじゅうせい）……… 141
ミニドーナツ …………………………… 35
ミニマ（エケベリア・ミニマ）……… 156
ミノール（エケベリア・セトーサ・ミノール・
　コメット）…………………………… 162
ミハノビッチー（ギムノカリキウム・ミハノ
　ビッチー）…………………………… 72
明星（みょうじょう）→銀の明星 …… 77
明珍（みょうちん）…………………… 102
ミラーボール（ハオルシア・ミラーボール）
　………………………………………… 28
ミラビリス（ウェルウィッチア・ミラビリス）
　→奇想天外 ………………………… 223
ミリー（ユーフォルビア・ミリー）→ハナキリン
　……………………………………… 215
ミリオスティグマ（アストロフィツム・ミリ
　オスティグマ）……………………… 61
ミルクブッシュ ……………………… 219
ミルチロカクタス・ゲオメトリザンス
　→竜神木綴化 ………………………… 84
ミロッティー（カランコエ・ミロッティー）
　……………………………………… 190

ム

ムーンリバー（エケベリア・ムーンリバー）
　……………………………………… 177
ムチカ（ハオルシア・ムチカ・シルバニア）
　→シルバームチカ …………………… 32
無比玉（むひぎょく）………………… 108
紫ラウシー（むらさきらうしー）……… 87
紫太陽（むらさきたいよう）…………… 64
紫李夫人（むらさきりふじん）……… 117
ムルチコスタツス（ステノカクタス・ムルチ
　コスタツス）→千波万波 …………… 86

メ

明鏡（めいきょう）…………………… 133
明玉（めいぎょく）…………………… 122
銘月（めいげつ）……………………… 196
メキシカーナ（ゲオヒントニア・メキシカーナ）
　………………………………………… 69
メキシカンサンセット（エケベリア・メキシ
　カンサンセット）…………………… 176
メキシカンジャイアント（エケベリア・メキ
　シカンジャイアント）……………… 175
メキシコソテツ ……………………… 223

メセンブリアントイデス（クラッスラ・メセ
　ンブリアントイデス）→銀箭 …… 139
メセンブリアントイデス（ブルビネ・メセ
　ンブリアントイデス）……………… 17
メラノヒドラータ（ユーフォルビア・メラノ
　ヒドラータ）→多宝塔 …………… 215
メンドーサエ（グラプトペタルム・メンドー
　サエ）→姫秀麗 …………………… 184

モ

百恵（ももえ）………………………… 203
桃太郎（ももたろう）………………… 176
モラニー（エケベリア・モラニー）… 156
モルガニアヌム（セダム・モルガニアヌム）
　→玉綴り …………………………… 197
モンスター（エケベリア・モンスター）… 176
モンストロスム（センペルビブム・カルカレウム・
　モンストロスム）→栄 …………… 203
モンタナッキー（アルオウディア・モンタナッ
　キー）……………………………… 229
モンティス-ドラコニス（ドラコフィルス・
　モンティス-ドラコニス）………… 105

ヤ

八千代（やちよ）……………………… 197
ヤポニカ（オロスタキス・ヤポニカ）
　→爪蓮華錦 ………………………… 193
大和錦（やまとにしき）……………… 159
大和美尼（やまとびに）……………… 182

ユ

夕波（ゆうなみ）……………………… 106
ユーフォルビア属 ………………… 210
ユーフォルビア・アエルギノーサ … 210
ユーフォルビア・エノプラ→紅彩閣
　……………………………………… 212
ユーフォルビア・オベサ …………… 215
ユーフォルビア・ギムノカリキオイデス
　……………………………………… 213
ユーフォルビア・キリンドリフォリア
　……………………………………… 211
ユーフォルビア・クアルチコラ …… 217
ユーフォルビア・クラビゲラ ……… 211
ユーフォルビア・グリーンウェイ … 212
ユーフォルビア・グロエネワルディー

ユーフォルビア・ゴルゴニス→金輪際 ……………………………………… 212	ユーベルマニア・ペクチニフェラ…… 81	ラバブル（エケベリア・ラバブル）……… 175
ユーフォルビア・シューエンランディー →闘牛角 ……………………………… 217	雪御所（ゆきごしょ）………………… 128	ラビアンローズ…………………………… 33
	ユニコーン（エケベリア・ユニコーン）… 182	**ラピダリア属** ………………………… 109
ユーフォルビア・シンメトリカ →子もちシンメトリカ ……………… 219	ユンナエンシス（シノクラッスラ・ユンナエンシス）→四馬路 ………………… 207	ラピダリア・マルガレタエ→魔玉 … 109
		ラメリー（パキポディウム・ラメリー）… 233
ユーフォルビア・スクアローサ →奇怪島 ……………………………… 218		ラモシッシマ（アロエ・ラモシッシマ）… 13
ユーフォルビア・スザンナエ→瑠璃晃 ……………………………………… 218	**ヨ**	鸞鳳玉錦（らんぽうぎょくにしき）……… 61
ユーフォルビア・ステノクラダ … 218	嫁入娘（よめいりむすめ）……………… 135	
ユーフォルビア・ステラータ→飛竜 ……………………………………… 218		**リ**
ユーフォルビア・チルカリー →ミルクブッシュ …………………… 219	**ラ**	リーオンシー（エケベリア・リーオンシー） ……………………………………… 156
ユーフォルビア・デカリー ……… 211	ライオン錦 ……………………………… 85	リコボディオイデス（クラッスラ・リコボディオイデス・プセウドリコボディオイデス） →若緑 ………………………………… 139
ユーフォルビア・デシドゥア→蓬莱島 ……………………………………… 211	雷神錦（らいじんにしき）……………… 43	
	ラウ026（エケベリア・サブコリンボサ・ラウ026）………………………………… 163	
ユーフォルビア・バキポディオイデス ……………………………………… 216	ラウ030（エケベリア・サブコリンボサ・ラウ030）………………………………… 164	リジディッシムス（エキノセレウス・ペクチナータ・リジディッシムス・プルプレウス）→紫太陽 …………………………… 64
ユーフォルビア・バブレウルフォリア →鉄甲丸 ……………………………… 210		
ユーフォルビア・プセウドカクタス・ リットニアナ ………………………… 216	ラウ065（エケベリア・アモエナ・ラウ065） ……………………………………… 148	リットニアナ（ユーフォルビア・プセウドカクタス・リットニアナ）……………… 216
ユーフォルビア・フラナガニー →孔雀丸 ……………………………… 212	ラウイー（エケベリア・ラウイー）…… 155	リップスティック→アガボイデス・レッドエッジ ……………………………… 147
ユーフォルビア・プルビナータ→笹蟹 ……………………………………… 217	ラウイー（アロエ・ラウイー・ホワイトフォックス）………………………………… 13	
ユーフォルビア・ベネナタ→弁財天 ……………………………………… 219	ラウイー（マミラリア・ラウイー）…… 76	リディアエ（オフタルモフィルム・リディアエ） ……………………………………… 120
ユーフォルビア・ペルシステンス…… 216	ラウシー（スルコレブチア・ラウシー） →紫ラウシー ………………………… 87	**リトープス属** ………………………… 110
ユーフォルビア・ポイソニー ……… 216	ラウディナエ（リトープス・ブロムフィールディー・ラウディナエ）……………… 110	リトープス・アウカンピアエ→日輪玉 ……………………………………… 110
ユーフォルビア・ホリダ ………… 213		リトープス・オツエニアナ→大津絵 ……………………………………… 116
ユーフォルビア・マミラリス→白樺麒麟 ……………………………………… 214	ラウリンゼ（エケベリア・ラウリンゼ）… 174	
	楽地玉（らくちぎょく）………………… 112	リトープス・オプティカ・ルブラ →紅大内玉 …………………………… 116
ユーフォルビア・ミクラカンサ→怒竜頭 ……………………………………… 215	ラクチネア（リトープス・フルビセブス・ラクチネア）→楽地玉 ………………… 112	
ユーフォルビア・ミリー→ハナキリン ……………………………………… 215	ラクテア（ユーフォルビア・ラクテア・ホワイトゴースト）……………………… 214	リトープス・オリバセア・ネブロウニー・レッドオリーブ ……………………… 116
		リトープス・カラスモンタナ・ティッシェリー ………………………………… 113
ユーフォルビア・メラノヒドラータ →多宝塔 ……………………………… 215	ラコロ（エケベリア・ラコロ）………… 174	
	ラズベリーアイス（センペルビウム・ラズベリーアイス）……………………… 206	リトープス・カラスモンタナ・トップレッド ……………………………………… 114
ユーフォルビア・ラクテア・ホワイトゴースト ………………………………… 214		
ユーフォルビア・ルゴシフローラ… 217	ラチスピヌス（フェロカクタス・ラチスピヌス） →日の出丸 …………………………… 68	リトープス・カラスモンタナ・ベラ →琥珀玉 ……………………………… 113
ユーフォルビア・レウコデンドロン… 214	ラディカンス（クラッスラ・ラディカンス） →紅稚児 ……………………………… 141	リトープス・ゲイエリー→双眸玉 … 112
ユーベルマニア属 ……………………… 81		リトープス・サリコーラ・マキュラータ ……………………………………… 118
ユーベルマニア・フラビスピナ …… 81	ラディスミシエンシス（コチレドン・ラディスミシエンシス）………… 134, 135	
		リトープス・サリコーラ→李夫人 … 117
	ラナータ（エスポストア・ラナータ）→老楽 ……………………………………… 83	リトープス・サリコーラ・バッカス →紫夫人 ……………………………… 117
	ラパス（エケベリア・エレガンス・ラパス）… 153	リトープス・ジュリー・フレリー→福来玉 ………………………………………… 113
	ラパノス（サンセベリア・アルボレスケンス・ラパノス）……………………………… 46	
		リトープス・シュワンテシー・ウリコセン

277

シス→碧朧玉 …………………118
リトープス・シュワンテシー・グリエル
　ミー …………………………118
リトープス・ジンテリー→神笛玉 ……111
リトープス・テリカラー・プリンスアル
　バートフォーム→碧瑠璃 …………118
リトープス・デンドリチカ→瑞光玉
　………………………………117
リトープス・ドロテアエ→麗虹玉 ……111
リトープス・ハリー→巴里玉 …………112
リトープス・フーケリー・マルギナータ・
　レッドブラウン ……………………113
リトープス・フラメシー→聖典玉 ……111
リトープス・フルビセプス・ラクチネア
　→楽地玉 ……………………………112
リトープス・ブロムフィールディー・イ
　ンスラリス・スルフレア ……………111
リトープス・ブロムフィールディー・
　ラウディナエ ………………………110
リトープス・ペールシー→麗春玉 ……117
リトープス・ヘルムチー→青磁玉 ……112
リトープス・マルテア→絢爛玉 ………116
リトープス・レスリー→紫勲 …………114
リトープス・レスリー→小型紫勲 ……114
リトープス・レスリー・アルビニカ ……114
リトープス・レスリー・オレンテン ……115
リトープス・レスリー・キンバリーフォーム
　………………………………………115
リトープス・レスリー・ホールニー
　→宝留玉 ……………………………115
リトープス・レスリー・ルブロブルネア
　………………………………………115
リトープソイデス(コノフィツム・リトープ
　ソイデス・アーツゴファロ) ……………95
リトルウッディー(オフタルモフィルム・リ
　トルウッディー) ……………………119
リネアータ(アロエ・リネアータ) …………12
リプサリス・セレウスクラ ………………86
李夫人(りふじん) ………………………117
リミフォリア(ハオルシア・リミフォリア)
　………………………………………35
龍角牡丹(りゅうかくぼたん) ……………59
竜神木綴化(りゅうじんぼくせっか) ……84
龍鳳玉(りゅうほうぎょく) ………………68
竜鱗(りゅうりん) …………………………31
良寛(りょうかん) …………………………71
リラキナ(エケベリア・リラキナ) ………155
リリプターナ(ガステリア・ビカラー・リリプ

ターナ) …………………………………19
リリプターナ(ハオルシア・アングスティフォ
　リア・リリプターナ)→小人の座(こびと
　のざ) ……………………………………24
リンゼアナ(エケベリア・コロラータ・リンゼ
　アナ) …………………………………150

ル

ルージュ(グラプトベリア・ルージュ) ……186
ルエッティー(マミラリア・ルエッティー)
　………………………………………76
ルキーラ(エケベリア・ルキーラ) ………175
ルゴサ(コノフィツム・ルゴサ) ……………97
ルゴシフローラ(ユーフォルビア・ルゴシフ
　ローラ) ………………………………217
ルゴスカモーサ(アロエ・コンプレッサ・ル
　ゴスカモーサ) …………………………11
ルスビー(グラプトペタルム・ルスビー)
　→銀天女 ……………………………184
ルディーフェイス(エケベリア・ルディー
　フェイス) ……………………………180
ルテオバリエガツム(アエオニウム・アルボレ
　ウム・ルテオバリエガツム)→艶日傘 …131
ルビーネックレス ……………………239
ルビーブルシュ(エケベリア・チワエン
　シス・ルビーブルシュ) ……………149
ルビーリップス(エケベリア・ルビーリップス)
　………………………………………180
ルフェッセンス(アナカンプセロス・ルフェッ
　センス)→吹雪の松錦 ……………227
ルブラ(プレイオスピロス・ネリー・ルブラ)
　→紅帝玉 ……………………………122
ルブラ(リトープス・オプティカ・ルブラ)
　→紅大内玉 …………………………116
ルブロチンクツム(セダム・ルブロチンクツム)
　…………………………………199,200
ルブロブルネア(リトープス・レスリー・ルブ
　ロブルネア) …………………………115
ルブロマルギナータ(エケベリア・ルブロ
　マルギナータ) ……………………159,160
ルブロリネアツム(アエオニウム・アルボレ
　ウム・ルブロリネアツム)→まだら黒法師
　………………………………………131
ルベストリス(クラッスラ・ルベストリス・
　パステル)→稚児星錦 ……………142
ルベラ(ペペロミア・ルベラ) …………226
ルベリー(ノトカクタス・スコーパ・ルベリー)

→紅小町 ………………………………78
ルベルシー(アナカンプセロス・ルベルシー)
　………………………………………227
瑠璃晃(るりこう) ………………………218
瑠璃殿白斑(るりでんしろふ) ……………35
瑠璃殿錦(るりでんにしき) ………………35
ルンヨニー(エケベリア・ルンヨニー) …160

レ

麗玉(れいぎょく)→バンジリー ………109
麗虹玉(れいこうぎょく) ………………111
麗光丸(れいこうまる) …………………64
麗蛇丸(れいじゃまる) …………………71
麗春玉(れいしゅんぎょく) ……………117
麗人玉(れいじんぎょく)→夕波 ………106
麗人盃(れいじんはい) …………………206
レイチェンバッキー(エキノセレウス・レイ
　チェンバッキー)→麗光丸 ……………64
レインドロップス(エケベリア・レインドロッ
　プス) …………………………………179
レインワーディ(ハオルシア・レインワーディ・
　カフィルドリフテンシス) ……………37
レウクテンベルギア・プリンシピス
　→晃山 …………………………………83
レウコデンドロン(ユーフォルビア・レウコ
　デンドロン) …………………………214
レウコトリカ(ハオルシア・レウコトリカ・
　フロスティ)→白兎耳 ………………155
レウコフィルス(アドロミスクス・レウコフィ
　ルス)→雪御所 ………………………128
レーイ(エスコバリア・レーイ) ……………67
レーマンニー(デロスペルマ・コープスクラ
　リア・レーマンニー)→夕波 …………106
レグレンシス(エケベリア・セクンダ・レグレ
　ンシス) ………………………………161
レスリー(リトープス・レスリー) …114,115
レツーサ(ハオルシア・レツーサ) …24,30,31
レックス(コノフィツム・ヘレアンサス・レックス)
　→翼rex ………………………………95
レッドエッジ(エケベリア・アガボイデス・
　レッドエッジ) ………………………147
レッドエボニー→アガボイデス・ロメオ
　………………………………………147
レッドオリーブ(リトープス・オリバセア・
　ネブロウニー・レッドオリーブ) ……116
レッドチーフ(センペルビブム・レッドチーフ)
　………………………………………206

レッドブラウン（リトープス・フーケリー・マルギナータ・レッドブラウン）………113
レーングハウシー（ノトカクタス・レニングハウシー）→金晃丸………………78
レプトスタキア（ディッキア・レプトスタキア）………………………………54
レプトスタッチャ（ペペロミア・ブランダ・レプトスタッチャ）………227
レボルーション（エケベリア・レボルーション）………………180
レボルータ（キカス・レボルータ）→ソテツ………………………………222
レレナ（エケベリア・レレナ）…………179

ロ

ロウレヤヌス（セネシオ・ロウレヤヌス）→グリーンネックレス………238
ローズ（ハオルシア・シンビフォルミス・ローズ）……………………………22
ローラ（エケベリア・ローラ）…………174
ロゲルシー（クラッスラ・ロゲルシー）…142
ロスラツム（パキポディウム・ロスラツム・グラシリス）→象牙の宮………234
ロスラリア属………………195
ロスラリア・プラティフィラ ………195
ロゼイフローラ（ツルビニカルプス・ロゼイフローラ）…………………………80
ロックウッディー（ハオルシア・ロックウッディー）……………………………24
ロドルフィー（エケベリア・ロドルフィー）………………………………159
ロビビア→ 花鏡丸（はなかがみまる）…84
ロファンサ（アガベ・ロファンサ）→五色万代……………………………43
ロフォフォラ属………………73
ロフォフォラ・ウィリアムシー→烏羽玉………………………………73
ロフォフォラ・ウィリアムシー・デシピエンス→銀冠玉…………………73
ロフォフォラ・チエグレリ→翠冠玉…73
ロメオ（エケベリア・アガボイデス・ロメオ）………………………………147
ロンガム（グロッチフィルム・ロンガム）…108
ロンギスピナ（エピテランサ・ミクロメリス・ロンギスピナ）→かぐや姫…………65
ロンギフロラ（カランコエ・ロンギフロラ・コクシネア）→朱蓮………189

ロングム（オフタルモフィルム・ロングム）………………………………120
ロンボピローサ（カランコエ・ロンボピローサ）→扇雀………………191

ワ

若緑（わかみどり）………………139
ワラシー（クリプタンサス・ワラシー）…55
ワンダフリーカラード→クライギアナ………………………………151

学名さくいん

A

Adenia 240
Adenia glauca 240
Adenia spinosa 241
Adenium 230
Adenium obesum var.multiflorum 230
Adromischus 126
Adromischus cooperi 126
Adromischus cooperi f.compactum 126
Adromischus cristatus 127
Adromischus cristatus var. schonlandii 127
Adromischus cristatus var.zeyheri 127
Adromischus 'Escup' 130
Adromischus filicaulis 127,128
Adromischus hemisphaericus 128
Adromischus leucophyllus 128
Adromischus maculatus 128
Adromischus marianiae 129
Adromischus marianiae var.herrei 129
Adromischus marianiae var. immaculatus 129
Adromischus marianiae Alveolatus' 129
Adromischus marianiae 'Bryan Makin' 130
Adromischus schuldtianus 130
Adromischus trigynus 130
Aeonium 131
Aeonium arboreum var. rubrolineatum 131
Aeonium arboreum 'Atropurpureum' 131
Aeonium arboreum 'Luteovariegatum' 131
Aeonium aureum 132
Aeonium dodrantale 132
Aeonium percarneum 132
Aeonium saundersii 132
Aeonium sedifolium 133
Aeonium tabuliforme 133
Aeonium urbicum 'Variegatum' 133
Aeonium 'Velour' 133
Agave 40

Agave albopilosa 40
Agave attenuata f.variegata 40
Agave bovicornuta 41
Agave bracteosa f.cristata 41
Agave filifera f.variegata 41
Agave gypsophila f.variegata 41
Agave isthmensis f.variegata 42,43
Agave lophantha f.variegata 43
Agave parviflora f.variegated 43
Agave potatorum 'Becky' 44
Agave potatorum f.variegata'Sigeta Special' 43
Agave potatorum 'Kisshoukan' f.variegata 44
Agave potatorum'Ouhi Raijin' 42
Agave potatorum'Ouhi Raijin'f. variegata 42
Agave pumila 44
Agave stricta 45
Agave titanota'No.1' 45
Agave victoriae-reginae'Compacta' 45
Agave victoriae-reginae f.variegata 45
Alluaudia 229
Alluaudia ascendens 229
Alluaudia montagnacii 229
Aloe 10
Aloe arborescens 10
Aloe bromi 10
Aloe compressa var.rugosquamosa 11
Aloe deltoideodonta 11
Aloe descoingsii 11
Aloe'Dracula's Blood' 15
Aloe krapohliana 11
Aloe lineata 12
Aloe parvula 12
Aloe peglerae 12
Aloe pillansii 12
Aloe plicatilis 13
Aloe polyphylla 13
Aloe ramosissima 13
Aloe rauhii 'White Fox' 13
Aloe sladeniana 14
Aloe somaliensis 14
Aloe variegata 14
Aloe vera 15

Aloe vigueri 14
Aloe 'Vito' 15
Aloe vogtsii 15
Anacampseros 227
Anacampseros lubbersii 227
Anacampseros rufescens f.variegata 227
Antegibbaeum 90
Antegibbaeum fissoides 90
Argyroderma 90
Argyroderma fissum 90
Ariocarpus 58
Ariocarpus fissuratus 58
Ariocarpus fissuratus'Godzilla' 59
Ariocarpus furfuraceus 58
Ariocarpus kotschoubeyanus 58
Ariocarpus kotschoubeyanus var. macdowellii 59
Ariocarpus scapharostrus 59
Ariocarpus trigonus 59
Astroloba 16
Astroloba bicarinata 16
Astroloba congesta 16
Astroloba hallii 16
Astrophytum 60
Astrophytum asterias 60
Astrophytum asterias var.nudum 60
Astrophytum asterias var.nudum f.variegata 60
Astrophytum myriostigma 61
Astrophytum myriostigma f.variegata 61
Astrophytum myriostigma var. nudum 61
Astrophytum myriostigma var. nudum f.variegata 61
Aztekium 82
Aztekium hintonii 82

B

Bombax 241
Bombax sp. 241
Bowiea 47
Bowiea volubilis 47
Brasilicactus 82
Brasilicactus haselbergii 82
Braunsia 91
Braunsia maximiliani 91

Bromelia ⋯ 54
Bromelia balansae f.variegata ⋯ 54
Bulbine ⋯ 17
Bulbine mesembryanthoides ⋯ 17

C
Cephalophyllum ⋯ 91
Cephalophyllum pillansii ⋯ 91
Ceraria ⋯ 228
Ceraria namaquensis ⋯ 228
Cereus ⋯ 82
Cereus variabilis f.monstrosa ⋯ 82
Ceropegia ⋯ 230
Ceropegia woodii ⋯ 230
Cheiridopsis ⋯ 92
Cheiridopsis brownii ⋯ 92
Cheiridopsis pillansii ⋯ 92
Cheiridopsis turbinata ⋯ 92
Conophytum ⋯ 93
Conophytum 'Aisen' ⋯ 99
Conophytum 'Akiakane' ⋯ 99
Conophytum altum ⋯ 93
Conophytum 'Aurora' ⋯ 99
Conophytum 'Ayatuzumi' ⋯ 99
Conophytum 'Beni no Sio' ⋯ 100
Conophytum burgeri ⋯ 93
Conophytum christiansenianum ⋯ 94
Conophytum ectipum 'Mabel's Fire' ⋯ 94
Conophytum ectypum var. tischleri 'eKiritubo' ⋯ 102
Conophytum frutescens ⋯ 94
Conophytum 'Ginsekai' *f* ⋯ 100
Conophytum 'Goshoguruma' ⋯ 101
Conophytum grabrum ⋯ 94
Conophytum 'Hanaguruma' ⋯ 101
Conophytum 'Hanasuisha' ⋯ 105
Conophytum 'Hanazono' ⋯ 105
Conophytum herreanthus ssp.rex ⋯ 95
Conophytum 'Kagura' ⋯ 101
Conophytum khamiesbergensis ⋯ 95
Conophytum 'Koganenonami' ⋯ 102
Conophytum 'Koheiji' ⋯ 102
Conophytum lithopsoides ssp. arturofago ⋯ 95
Conophytum marnierianumu ⋯ 100

Conophytum 'Myouchin' ⋯ 102
Conophytum obcordellum 'N. Vredendal' ⋯ 95
Conophytum obcordellum 'Ursprungianam' ⋯ 96
Conophytum odoratum ⋯ 96
Conophytum 'Opera Rose' ⋯ 103
Conophytum 'Oushou' ⋯ 103
Conophytum ovipressum ⋯ 96
Conophytum pauxillum ⋯ 96
Conophytum pellucidum ⋯ 97
Conophytum pellucidum var. terricolor ⋯ 97
Conophytum pillansii ⋯ 97
Conophytum rugosum ⋯ 97
Conophytum 'Sahohime' ⋯ 103
Conophytum 'Sakurahime' ⋯ 101
Conophytum 'Seizou' ⋯ 103
Conophytum 'Shinanomiya mazakura' ⋯ 104
Conophytum 'Shirayukihime' ⋯ 104
Conophytum 'Shizukagozen' ⋯ 104
Conophytum 'Tenshou' ⋯ 104
Conophytum wettsteinii ⋯ 98
Conophytum wilhelmii ⋯ 98
Conophytum wittebergense ⋯ 98
Conophytum wittebergense ⋯ 98
Copiapoa ⋯ 62
Copiapoa cinerea ⋯ 62
Copiapoa cinerea var. dealbata ⋯ 62
Copiapoa hypogaea var. barquitensis ⋯ 62
Cotyledon ⋯ 134
Cotyledon ladismithiensis ⋯ 134
Cotyledon ladismithiensis cv. ⋯ 135
Cotyledon ladismithiensis f.variegata ⋯ 134
Cotyledon orbiculata cv. ⋯ 135
Cotyledon orbiculata var.oophylla ⋯ 135
Cotyledon orbiculata 'Kyokuhanishiki' *f.variegata* ⋯ 136
Cotyledon papilaris ⋯ 136
Cotyledon pendens ⋯ 136
Cotyledon undulata ⋯ 136
Crassula ⋯ 137
Crassula americana 'Flame' ⋯ 137
Crassula 'Buddha's Temple' ⋯ 143
Crassula clavata ⋯ 137

Crassula ernestii ⋯ 138
Crassula falcata ⋯ 138
Crassula hemisphaerica ⋯ 138
Crassula hirsuta ⋯ 138
Crassula 'Ivory Pagoda' ⋯ 143
Crassula lycopodioides var. pseudolycopodioides ⋯ 139
Crassula mesembrianthoides ⋯ 139
Crassula nadicaulis var.hereei ⋯ 139
Crassula orbiculata ⋯ 139
Crassula ovata 'Blue Bird' ⋯ 140
Crassula ovata 'Gollum' ⋯ 140
Crassula ovata 'Ougon Kagetu' ⋯ 140
Crassula pellucida var.marginalis ⋯ 140
Crassula perforata ⋯ 141
Crassula perforate f.variegata ⋯ 141
Crassula pubescens ⋯ 141
Crassula radicans ⋯ 141
Crassula rogersii f.variegata ⋯ 142
Crassula rupestris 'Pastel' ⋯ 142
Crassula sarmentosa ⋯ 142
Crassula tecta ⋯ 142
Crassula teres ⋯ 143
Crassula tetragona ⋯ 143
Cryptanthus ⋯ 55
Cryptanthus warasii ⋯ 55
Cussonia ⋯ 241
Cussonia zulaensis ⋯ 241
Cyanotis ⋯ 47
Cyanotis somaliensis f.variegata ⋯ 47
Cycas ⋯ 222
Cycas revoluta ⋯ 222
Cyphostemma ⋯ 241
Cyphostemma currori ⋯ 241

D
Delosperma ⋯ 106
Delosperma corpuscularia lehmannii ⋯ 106
Delosperma pottsii ⋯ 106
Delosperma sphalmantoides ⋯ 106
Deuterocohnia ⋯ 55
Deuterocohnia chlorantha ⋯ 55
Didierea ⋯ 229
Didierea madagascariensis ⋯ 229

Dioscorea ⋯ 240
Dioscorea elephantipes ⋯ 240
Discocactus ⋯ 63
Discocactus arauneispinus ⋯ 63
Discocactus horstii ⋯ 63
Discocactus tricornis var.
　giganteus ⋯ 63
Dorstenia ⋯ 242
Dorstenia foetida ⋯ 242
Dorstenia gigas ⋯ 242
Dracophilus ⋯ 105
Dracophilus montis-draconis ⋯ 105
Dudleya ⋯ 144
Dudleya attenuata ssp.orcutii ⋯ 144
Dudleya brittoni ⋯ 144
Dudleya gnoma ⋯ 144
Dudleya pachyphytum ⋯ 145
Dudleya pulverulenta ⋯ 145
Dudleya viridas ⋯ 145
Dudleya viscida ⋯ 145
Dyckia ⋯ 52
Dyckia brevifolia ⋯ 52
Dyckia brevifolia'Yellow Grow' ⋯ 52
Dyckia burle-marxii ⋯ 53
Dyckia dawsonii ⋯ 53
Dyckia leptostachya ⋯ 54
Dyckia marnierlapostollei var.
　estevesii ⋯ 53
Dyckia platyphylla ⋯ 53

E
Echeveria ⋯ 146
Echeveria affinis ⋯ 146
Echeveria'Afterglow' ⋯ 165
Echeveria agavoides'Corderoyi'
⋯ 148
Echeveria agavoides f.cristata 147
Echeveria agavoides'Gilva' ⋯ 146
Echeveria agavoides'Prolifera'
⋯ 147
Echeveria agavoides'Red Edge'
⋯ 147
Echeveria agavoides'Romeo' ⋯ 147
Echeveria'Aglaya' ⋯ 165
Echeveria amoena'Lau 065' ⋯ 148
Echeveria amoena'Perote' ⋯ 148
Echeveria'Aphrodite' ⋯ 166
Echeveria'Baby doll' ⋯ 166
Echeveria'Ben Badis' ⋯ 166

Echeveria'Black Prince' ⋯ 166
Echeveria'Blue Bird' ⋯ 167
Echeveria'Blue Elf' ⋯ 167
Echeveria'Blue Light' ⋯ 167
Echeveria'Bonbycina' *f.cristata*
⋯ 167
Echeveria'Bradburyana' ⋯ 168
Echeveria'Cady' ⋯ 168
Echeveria cante ⋯ 148
Echeveria carnicolor ⋯ 149
Echeveria'Casandra' ⋯ 168
Echeveria'Catorse' ⋯ 168
Echeveria'Chalk Rose' ⋯ 169
Echeveria chiclensis'Ancach Peru'
⋯ 149
Echeveria chihuahuaensis ⋯ 149
Echeveria chihuahuaensis'Ruby
　Blush' ⋯ 149
Echeveria'Christmas' ⋯ 169
Echeveria coccinea f.cristata ⋯ 150
Echeveria colorata ⋯ 150
Echeveria colorata var.brandtii
⋯ 150
Echeveria colorata'Lindsayana'
⋯ 150
Echeveria colorata'Tapalpa' ⋯ 151
Echeveria'Comely' ⋯ 169
Echeveria'Comfort' ⋯ 169
Echeveria craigiana ⋯ 151
Echeveria'Crystal' ⋯ 170
Echeveria cuspidata ⋯ 151
Echeveria cuspidata var.
　zaragosae ⋯ 151
Echeveria derenbergii ⋯ 152
Echeveria diffractens ⋯ 152
Echeveria elegans ⋯ 152
Echeveria elegans'Albicans' ⋯ 152
Echeveria elegans'Elchico' ⋯ 153
Echeveria elegans'La Paz' ⋯ 153
Echeveria elegans'Tolantongo'
⋯ 153
Echeveria'Eminent' ⋯ 170
Echeveria'Espoir' ⋯ 170
Echeveria eurychlamys'Peru' ⋯ 153
Echeveria'Fairy Yellow' ⋯ 170
Echeveria fasciculata f.variegata
⋯ 154
Echeveria'Feminine' ⋯ 171
Echeveria'Foot Lights' ⋯ 171

Echeveria fumilis ⋯ 154
Echeveria glauca var.pumila ⋯ 154
Echeveria globulosa ⋯ 154
Echeveria'Grace' ⋯ 171
Echeveria'Graessner' ⋯ 171
Echeveria'Hakuhou' ⋯ 172
Echeveria'Hanaikada' *f.variegata*
⋯ 172
Echeveria'Hananosaishou' ⋯ 172
Echeveria'Helios' ⋯ 172
Echeveria hyaliana (Echeveria
　elegans) ⋯ 155
Echeveria'Impish' ⋯ 173
Echeveria'Innocent' ⋯ 173
Echeveria'J.C.Van Keppel' ⋯ 173
Echeveria 'Jet-Red minima' ⋯ 173
Echeveria'Jules' ⋯ 174
Echeveria'La Colo' ⋯ 174
Echeveria laui ⋯ 155
Echeveria'Laulindsa' ⋯ 174
Echeveria leucotricha'Frosty' ⋯ 155
Echeveria lilacina ⋯ 155
Echeveria'Lola' ⋯ 174
Echeveria'Lovable' ⋯ *175*
Echeveria'Lucila' ⋯ 175
Echeveria lyonsii ⋯ 156
Echeveria macdougallii ⋯ 156
Echeveria'Malia' ⋯ 175
Echeveria'Mexican Giant' ⋯ 175
Echeveria'Mexican Sunset' ⋯ 176
Echeveria'Midoribotan' ⋯ 176
Echeveria minima ⋯ 156
Echeveria'Momotarou' ⋯ 176
Echeveria'Monster' ⋯ 176
Echeveria'Moomriver' ⋯ 177
Echeveria moranii ⋯ 156
Echeveria'Malia' ⋯ 175
Echeveria'Nobaranosei' ⋯ 177
Echeveria nodulosa ⋯ 157
Echeveria nodulosa f.variegata
⋯ 157
Echeveria pallida hyb. ⋯ 157
Echeveria'Palpitation' ⋯ 177
Echeveria peacockii var.subsessilis
⋯ 158
Echeveria peacockii var.subsessilis
　f.variegata ⋯ 158
Echeveria peacockii'Good Looker'
⋯ 158
Echeveria peacokii ⋯ 157

Echeveria'Petit' ⋯ 177	⋯ 164	*f.variegata* ⋯ 213
Echeveria'Pinky' ⋯ 178	*Echeveria subrigida* ⋯ 164	*Euphorbia horrida f.monstrosa*
Echeveria'Pinwheel' ⋯ 178	*Echeveria*'Suleika' ⋯ 181	⋯ 213
Echeveria'Powder Blue' ⋯ 178	*Echeveria*'Susetta' ⋯ 181	*Euphorbia horrida* ⋯ 213
Echeveria'Prima' ⋯ 178	*Echeveria*'Sweetheart' ⋯ 182	*Euphorbia lactea*'White Ghost'
Echeveria pulidonis ⋯ 158	*Echeveria tolimanensis* ⋯ 164	⋯ 214
Echeveria pulvinata'Frosty' ⋯ 159	*Echeveria trianthina* ⋯ 164	*Euphorbia leucodendron* ⋯ 214
Echeveria'Pulv-Oliver' ⋯ 179	*Echeveria turgida*'Sierra Delicias'	*Euphorbia leucodendron f.cristata*
Echeveria purpusorum ⋯ 159	⋯ 165	⋯ 214
Echeveria 'Puss' ⋯ 179	*Echeveria*'Unicorn' ⋯ 182	*Euphorbia mammillaris f.variegata*
Echeveria'Raindrops' ⋯ 179	*Echeveria*'Van Breen' ⋯ 182	⋯ 214
Echeveria'Relena' ⋯ 179	*Echeveria xichuensis* ⋯ 165	*Euphorbia melanohydrata* ⋯ 215
Echeveria'Revolution' ⋯ 180	*Echeveria*'Yamatobini' ⋯ 182	*Euphorbia micracantha* ⋯ 215
Echeveria rodolfii ⋯ 159	**Echinocactus** ⋯ 66	*Euphorbia milii* ⋯ 215
Echeveria rubromaruginata	*Echinocactus grusonii* ⋯ 66	*Euphorbia obesa* ⋯ 215
'Esplranza' ⋯ 159	*Echinocactus horizonthalonius f.*	*Euphorbia pachypodioides* ⋯ 216
Echeveria rubromaruginata	⋯ 66	*Euphorbia persistens* ⋯ 216
'Selection' ⋯ 160	*Echinocactus polycephalus* ⋯ 66	*Euphorbia poisonii* ⋯ 216
Echeveria'Ruby Lips' ⋯ 180	**Echinocereus** ⋯ 64	*Euphorbia pseudocactus*
Echeveria'Ruddy Faced' ⋯ 180	*Echinocereus fendleri* ⋯ 64	'Lyttoniana' ⋯ 216
Echeveria runyoni ⋯ 160	*Echinocereus pectinata var.*	*Euphorbia pulvinata* ⋯ 217
Echeveria runyonii'San Calros' 160	*rigidissimus* 'Purpleus' ⋯ 64	*Euphorbia quartzicola* ⋯ 217
Echeveria runyonii'Topsy Turvy'	*Echinocereus reichenbachii* ⋯ 64	*Euphorbia rugosiflora* ⋯ 217
⋯ 160	**Echinopsis** ⋯ 67	*Euphorbia shoenlandii* ⋯ 217
Echeveria secunda'Puebla' ⋯ 161	*Echinopsis eyriesii f.variegata* 67	*Euphorbia squarrosa* ⋯ 218
Echeveria secunda'Zamorano' ⋯ 162	**Encephalartos** ⋯ 222	*Euphorbia stellata* ⋯ 218
Echeveria secunda var.reglensis	*Encephalartos horridus* ⋯ 222	*Euphorbia stenoclada* ⋯ 218
⋯ 161	**Epithelantha** ⋯ 65	*Euphorbia suzannae* ⋯ 218
Echeveria secunda var.secunda	*Epithelantha grusonii* ⋯ 65	*Euphorbia symmetrica* ⋯ 219
⋯ 161	*Epithelantha horizonthalonius* ⋯ 65	*Euphorbia tirucalli* ⋯ 219
Echeveria secunda'Tenango Dolor'	*Epithelantha micromeris var.*	*Euphorbia venenata* ⋯ 219
⋯ 161	*longispina* ⋯ 65	*Euphorbia*'Gabizan' ⋯ 219
Echeveria setosa var.deminuta	**Escobaria** ⋯ 67	
⋯ 162	*Escobaria leei* ⋯ 67	**F**
Echeveria setosa var.minor 'Comet'	**Espostoa** ⋯ 83	*Faucaria* ⋯ 107
⋯ 162	*Espostoa lanata* ⋯ 83	*Faucaria sp.* ⋯ 107
Echeveria setosa var.setosa ⋯ 162	**Euphorbia** ⋯ 210	**Fenestraria** ⋯ 107
Echeveria'Shangri-ra' ⋯ 180	*Euphorbia aeruginosa* ⋯ 210	*Fenestraria aurantiaca* ⋯ 107
Echeveria shaviana'Green Frills'	*Euphorbia bupleurfolia* ⋯ 210	**Ferocactus** ⋯ 68
⋯ 163	*Euphorbia clavigera* ⋯ 211	*Ferocactus chrysacanthus* ⋯ 68
Echeveria shaviana'Pink Frills'	*Euphorbia cylindrifolia* ⋯ 211	*Ferocactus gatesii* ⋯ 68
⋯ 163	*Euphorbia decaryi* ⋯ 211	*Ferocactus latispinus* ⋯ 68
Echeveria'Sichihenge' ⋯ 181	*Euphorbia decidua* ⋯ 211	**Fouquieria** ⋯ 242
Echeveria'Stolonifera' ⋯ 181	*Euphorbia enopla* ⋯ 212	*Fouquieria fasciculata* ⋯ 242
Echeveria strictiflora'Bustamante'	*Euphorbia flanaganii* ⋯ 212	
⋯ 163	*Euphorbia gorgonis* ⋯ 212	**G**
Echeveria subcorymbosa'Lau 026'	*Euphorbia greemwayii* ⋯ 212	*Gasteraloe* ⋯ 17
⋯ 163	*Euphorbia groenewaldii* ⋯ 213	*Gasteraloe*'Green Ice' ⋯ 17
Echeveria subcorymbosa'Lau 030'	*Euphorbia gymnocalycioides*	**Gasteria** ⋯ 18

Gasteria armstrongii ... 18
Gasteria armstrongii 'Snow White' ... 18
Gasteria beckeri f.variegata ... 19
Gasteria bicolor var.lilliputana ... 19
Gasteria pillansii f.variegata ... 19
Gasteria 'Zouge Kodakara' ... 19
Geohintonia ... 69
Geohintonia mexicana ... 69
Gibbaeum ... 108
Gibbaeum dispar ... 108
Glottiphyllum ... 108
Glottiphyllum longum ... 108
Graptopetalum ... 183
Graptopetalum amethystinum ... 183
Graptopetalum 'Bronze' ... 184
Graptopetalum 'Cute' ... 184
Graptopetalum filiferum ... 183
Graptopetalum macdougallii ... 183
Graptopetalum mendozae ... 184
Graptopetalum rusbyi ... 184
Graptosedum ... 185
Graptosedum 'Francesco Baldi' ... 187
Graptosedum 'Gloria' ... 187
Graptoveria ... 185
Graptoveria 'Amethorum' ... 185
Graptoveria 'Debbi' ... 185
Graptoveria 'Decairn' *f.variegata* ... 185
Graptoveria 'Funy face' ... 186
Graptoveria 'Rouge' ... 186
Graptoveria 'Sirayukibiyori' ... 186
Graptoveria 'Sprite' ... 186
Graptoveria 'Super Star' ... 187
Graptoveria 'Thornwood Star' ... 187
Gymnocalycium ... 70
Gymnocalycium anisitsii f.variegata ... 70
Gymnocalycium asterium ... 70
Gymnocalycium bodenbenderianum f. ... 71
Gymnocalycium chiquitanum ... 71
Gymnocalycium damsii ... 71
Gymnocalycium hybopleurum var.ferosior ... 71
Gymnocalycium mihanovichii var. friedrichii f.variegata ... 72

Gymnocalycium saglione f.varuegata ... 72
Gymnocalycium vatteri ... 72

H

Haworthia ... 20,34,38,39
Haworthia angustifolia 'Liliputana' ... 24
Haworthia arachnoidea var. arachnoidea ... 25
Haworthia arachnoidea var. aranea ... 25
Haworthia arachnoidea var.gigas ... 26
Haworthia attenuata 'Simofuri' ... 34
Haworthia bayeri 'Jupiter' ... 32
Haworthia bolusii var.bolusii ... 25
Haworthia coarctata 'Baccata' ... 34
Haworthia cooperi 'Cummingii' ... 25
Haworthia cooperi var. maxima ... 21
Haworthia cooperi var. pilifera f.variegata ... 23
Haworthia cooperi var.dielsiana ... 22
Haworthia cooperi var.gordoniana ... 26
Haworthia cooperi var.tenera ... 26
Haworthia cooperi var.venusta ... 27
Haworthia cymbiformis ... 22
Haworthia cymbiformis f.variegata ... 22
Haworthia cymbiformis 'Rose' ... 22
Haworthia decipiens var. decipiens ... 26
Haworthia emelyae 'Picta Super Ginga' ... 32
Haworthia emelyae 'Picta' ... 29
Haworthia emelyae 'Picta' *f.variegata* ... 30
Haworthia emelyae var.comptoniana ... 28
Haworthia emelyae var.comptoniana 'Hakugei' ... 29
Haworthia emelyae var.comptoniana 'Mikata-lens special' ... 29
Haworthia emelyae var.comptoniana f.variegata ... 28

Haworthia emelyae var.major ... 27
Haworthia 'Kintaikyou' ... 37
Haworthia 'Lavieenrose' *f.variegata* ... 33
Haworthia limifolia f.variegata ... 35
Haworthia lockwoodii ... 24
Haworthia marginata ... 35
Haworthia maughanii 'Cinderella' ... 38
Haworthia maughanii 'Hakuraku' ... 38
Haworthia maughanii 'Tricolore' ... 38
Haworthia maxima 'Donuts' ... 36
Haworthia maxima 'Donuts' *f.variegata* ... 36
Haworthia maxima f.variegata ... 37
Haworthia maxima 'Mini Donuts' ... 35
Haworthia minima ... 37
Haworthia 'Mirrorball' ... 28
Haworthia mutica 'Silvania' ... 32
Haworthia nigra var.diversifolia ... 36
Haworthia obtusa ... 20
Haworthia obtusa 'Dodson Murasaki' ... 20
Haworthia obtusa f. variegata ... 21
Haworthia obtusa 'Suishiyou' ... 21
Haworthia ollasonii ... 23
Haworthia paradoxa ... 23
Haworthia pumila 'Donuts' ... 36
Haworthia pumila 'Donuts' *f. variegata* ... 36
Haworthia pumila f.variegata ... 37
Haworthia pumila 'Mini Donuts' ... 35
Haworthia pygmaea f.variegata ... 30
Haworthia pygmaea 'Hakuou' ... 30
Haworthia pygmaea var. splendens ... 31
Haworthia reinwardtii 'Kaffirdriftensis' ... 37
Haworthia retusa ... 30
Haworthia retusa 'King' ... 31
Haworthia retusa var.turgida

f.variegata ······ 24
Haworthia'Seiko Nishiki' ······ 33
Haworthia semiviva ······ 27
Haworthia'Shin-yukiemaki' ······ 27
Haworthia springbokvlakensis ······ 23
Haworthia'Sumizome' ······ 33
Haworthia'Syuten Douji' ······ 33
Haworthia'Tenshi-no-Namida' ······ 36
Haworthia transiens ······ 24
Haworthia truncata'Blizzard'*f.*
　variegata ······ 39
Haworthia truncata'Cleopatra' ······ 39
Haworthia truncata cv. ······ 39
Haworthia venosa ssp. *tessellata*
　······ 31
Homalocephala ······ 69
Homalocephala texensis
　f.monstrosa ······ 69
Huernia ······ 231
Huernia brevirostris ······ 231
Huernia pillansii ······ 231
Huernia zebrina ······ 231

I
Ihlenfeldtia ······ 109
Ihlenfeldtia vanzylii ······ 109

K
Kalanchoe ······ 188
Kalanchoe daigremontiana
　f.variegata ······ 188
Kalanchoe eriophylla ······ 188
Kalanchoe farinacea f.variegata
　······ 189
Kalanchoe gastonis ······ 189
Kalanchoe humilis ······ 189
Kalanchoe longiflora var.coccinea
　······ 189
Kalanchoe marnieriana ······ 190
Kalanchoe millotii ······ 190
Kalanchoe orgyalis ······ 190
Kalanchoe pumila ······ 190
Kalanchoe rhombopilosa ······ 191
Kalanchoe thyrsiflora f.variegata
　······ 191
Kalanchoe tomentosa ······ 191
Kalanchoe tomentosa
　f.nigromarginatus'Kurotoji' ······ 191
Krainzia ······ 83

Krainzia guelzowiana'Kunkouden'
　······ 83

L
Lapidaria ······ 109
Lapidaria margaretae ······ 109
Leuchtenbergia ······ 83
Leuchtenbergia principis ······ 83
Lithops ······ 110
Lithops aucampiae ······ 110
Lithops bromfieldii var.graudinae
　······ 110
Lithops bromfieldii var.insularis
　'Sulphurea' ······ 111
Lithops dendritica ······ 117
Lithops dinteri ······ 111
Lithops dorotheae ······ 111
Lithops framesii ······ 111
Lithops fulviceps var.lactinea ······ 112
Lithops geyeri ······ 112
Lithops hallii ······ 112
Lithops helmutii ······ 112
Lithops hookeri var.marginata
　'Red-Brown' ······ 113
Lithops julii var.fulleri ······ 113
Lithops karasmontana ssp.*bella*
　······ 113
Lithops karasmontana var.tischeri
　······ 113
Lithops karasmontana'Top Red'
　······ 114
Lithops lesliei ······ 114
Lithops lesliei'Albinica' ······ 114
Lithops lesliei'Kimberly form' ······ 115
Lithops lesliei'Rubrobrunnea' ······ 115
Lithops lesliei var.hornii ······ 115
Lithops lesliei'Warrenton' ······ 115
Lithops marthae ······ 116
Lithops olivacea var.
　nebrownii'Red Olive' ······ 116
Lithops optica'Rubra' ······ 116
Lithops otzeniana ······ 116
Lithops peersii ······ 117
Lithops salicola ······ 117
Lithops salicola'Bacchus' ······ 117
Lithops salicola'Maculate' ······ 118
Lithops schwantesii ssp.gulielmi
　······ 118
Lithops schwantesii var.

　urikosensis ······ 118
Lithops terricolor'Prince Albert
　form' ······ 118
Lobivia ······ 84
Lobivia'Hanakagamimaru' ······ 84
Lophophora ······ 73
Lophophora tiegleri ······ 73
Lophophora williamsii ······ 73
Lophophora williamsii var.
　decipiens ······ 73

M
Mammillaria ······ 74
Mammillaria
　bucareliensis'Erusamu' ······ 74
Mammillaria carmenae ······ 74
Mammillaria eichlamii ······ 75
Mammillaria elongata ······ 75
Mammillaria herrerae ······ 75
Mammillaria humboldtii var.
　caespitosa ······ 75
Mammillaria laui ······ 76
Mammillaria luethyi ······ 76
Mammillaria magallanii ······ 76
Mammillaria pennispinosa ······ 76
Mammillaria plumosa ······ 77
Mammillaria prolifera ······ 77
Mammillaria schiedeana f. ······ 77
Mammillaria zeilmanniana ······ 77
Myrtillocactus ······ 84
Myrtillocactus geometrizans
　f.cristata ······ 84

N
Nananthus ······ 123
Nananthus aloides ······ 123
Neoporteria ······ 84
Neoporteria coimasensis ······ 84
Notocactus ······ 78
Notocactus herteri ······ 78
Notocactus leninghausii ······ 78
Notocactus scopa var.ruberri ······ 78

O
Obregonia ······ 85
Obregonia denegrii ······ 85
Odontophorus ······ 121
Odontophorus angustifolius ······ 121
Operculicarya ······ 242

Operculicarya pachypus 242	*Pachypodium densicaule* 233	**Sedeveria** 200
Ophthalmophyllum 119	*Pachypodium densiflorum* 234	*Sedeveria*'Fanfare' 200
Ophthalmophyllum friedrichiae	*Pachypodium geayi* 233	*Sedeveria* 'Soft Rime' 201
119	*Pachypodium lamerei* 233	*Sedeveria*'Super Burro's Tail' 201
Ophthalmophyllum littlewoodi 119	*Pachypodium lamerei* 233	*Sedeveria*'Yellow Humbert' 201
Ophthalmophyllum longm 120	*Pachypodium namaquanum* 234	**Sedum** 196
Ophthalmophyllum lydiae 120	*Pachypodium rosulatum var.*	*Sedum adolphi* 196
Ophthalmophyllum schlechiteri	*gracilis* 234	*Sedum allantoides* 196
120	*Pachypodium succulentum* 234	*Sedum allantoides* 197
Ophthalmophyllum verrucosum	**Pelecyphora** 86	*Sedum burrito* 197
120	*Pelecyphora aselliformis* 86	*Sedum dasyphyllum* 197
Opuntia 79	**Peperomia** 224	*Sedum dasyphyllum f.burnatii*
Opuntia clavarioides f.cristata 79	*Peperomia asperula* 224	198
Opuntia microdasys 79	*Peperomia blanda var.leptostacha*	*Sedum dendroideum* 198
Opuntia microdasys var.albispina	227	*Sedum furfuraceum* 198
79	*Peperomia columella* 224	*Sedum hernandezii* 198
Oreocereus 85	*Peperomia cookiana* 225	*Sedum hintonii* 199
Oreocereus neocelsianus 85	*Peperomia ferreyrae* 225	*Sedum microstachyum* 199
Orostachys 192	*Peperomia graveolens* 225	*Sedum morganianum* 197
Orostachys boehmeri 192	*Peperomia incana* 225	*Sedum pachyphyllum* 199
Orostachys boehmeri f.variegata	*Peperomia nivalis* 226	*Sedum rubrotinctum* 199
192	*Peperomia rubella* 226	*Sedum rubrotinctum cv.* 200
Orostachys japonica f.variegata	*Peperomia strawii* 226	*Sedum suaveolens* 200
193	*Peperomia tetragona* 226	**Sempervivum** 202
Orostachys malacophylla var.	**Pleiospilos** 122	*Sempervivum arachnoideum* 202
iwarenge'Fuji' 193	*Pleiospilos hilmari* 122	*Sempervivum arenarium* 202
Orostachys malacophylla var.	*Pleiospilos nelii*'Teigyoku' 122	*Sempervivum*'Ayatsubaki' 204
iwarenge'Houou' 193	*Pleiospilos neliivar.rubra* 122	*Sempervivum*'Benirenge' 204
Orostachys malacophylla var.	**Portulacaria** 228	*Sempervivum*
iwarenge f.variegata 193	*Portulacaria afra var.variegata*	*calcareum*'Monstrosum' 203
Ortegocactus 85	228	*Sempervivum*'Commancler' 204
Ortegocactus macdougallii 85	**Pseudolithos** 235	*Sempervivum*'Gazelle' 204
Oscularia 121	*Pseudolithos herardheranus* 235	*Sempervivum*'Gazelle'*f.cristata*
Oscularia pedunculata 121	**Puya** 55	205
Othonna 239	*Puya sp. Colima Mex.* 55	*Sempervivum*'Granada' 205
Othonna capensis'Rubby Necklace'		*Sempervivum*'Jeanne d'Arc' 205
239	**R**	*Sempervivum*'Jyupilii' 205
	Rhypsaris 86	*Sempervivum*'Ohbenimakiginu'
P	*Rhypsaris cereuscula* 86	206
Pachyphytum 194	**Rosularia** 195	*Sempervivum ossetiense* 'Odeity'
Pachyphytum compactum 194	*Rosularia platyphylla* 195	203
Pachyphytum'Kimnachii' 195		*Sempervivum*'Raspberry Ice' 206
Pachyphytum oviferum f.variegata	**S**	*Sempervivum*'Redchief' 206
194	**Sansevieria** 46	*Sempervivum*'Reijinhai' 206
Pachyphytum viride 194	*Sansevieria arborescens*'Lavanos'*f.*	*Sempervivum*'Silver Thaw' 207
Pachyphytum werdermannii 195	*variegata* 46	*Sempervivum sp. f.variegate* 203
Pachypodium 232	*Sansevieria ehrenbergii*'Banana'	*Sempervivum*'Sprite' 207
Pachypodium baronii 232	46	*Sempervivum tectorum var.*
Pachypodium brevicaule 232	*Sansevieria nilotica* 46	*alubum* 203

Senecio ... 236
Senecio antandroi ... 236
Senecio citriformis ... 236
Senecio fulleri ... 237
Senecio hallianus 'Hippogriff' ... 237
Senecio haworthii ... 237
Senecio hebdingi ... 237
Senecio kleiniiformis ... 238
Senecio rowleyanus ... 238
Senecio scaposus ... 238
Senecio scaposus var.caulescens
... 238
Senecio serpens ... 239
Senecio talonoides ... 239
Sinocrassula ... 207
Sinocrassula yunnanensis ... 207
Stapelia ... 235
Stapelia olivacea ... 235
Stenocactus ... 86
Stenocactus multicostatus ... 86
Strombocactus ... 87
Strombocactus disciformis ... 87
Sulcorebutia ... 87
Sulcorebutia rauschii ... 87

T
Thelocactus ... 87
Thelocactus hexaedrophorus var.
fossulatus ... 87
Tillandsia ... 48
Tillandsia albertiana ... 48
Tillandsia andreana ... 48
Tillandsia bandensis ... 49
Tillandsia butzii ... 49
Tillandsia caerulea ... 49
Tillandsia capillaris ... 49
Tillandsia fuchsii f. fuchsii ... 50
Tillandsia houston 'Cotton Candy'
... 50
Tillandsia ionantha f.variegata
... 50
Tillandsia ionantha 'Fuego' ... 50
Tillandsia pseudobaileyi ... 51
Tillandsia velutina ... 51
Tillandsia vernicosa 'Purple Giant'
... 51
Tillandsia xerographica ... 51
Trichocaulon ... 235
Trichocaulon cactiformis ... 235

Trichodiadema ... 123
Trichodiadema densum ... 123
Turbinicarpus ... 80
Turbinicarpus pseudopectinatus
... 80
Turbinicarpus roseiflora ... 80
Turbinicarpus schmiedickeanus 80
Turbinicarupus pseudomacrochele
... 81

U
Uebelmannia ... 81
Uebelmannia flavispina ... 81
Uebelmannia pectinifera ... 81

W
Welwitschia ... 223
Welwitschia mirabilis ... 223

Z
Zamia ... 223
Zamia furfuracea ... 223

監修

羽兼直行　はがね なおゆき

サボテンをアートの世界にまで高めるカクタスクリエーター。CMディレクターとして活躍後、群馬県館林市にサボテン・多肉植物のファームをつくり、専門ショップ「サボテン相談室」をオープン。2002年、㈱サザビーと提携して銀座と六本木ヒルズにショップ「サボテン相談室」をオープンさせる。著書に『サボテンスタイル』(2004年双葉社)、『小さな多肉植物たち』(2013年主婦の友社)、『かわいい多肉植物たち』(2014年主婦の友社)などがあり、雑誌『indoor green style』(商店建築社)にも多数執筆。長年つちかった確固たるノウハウと新しい感性で、新しいサボテン・多肉植物の魅力を提案している。

【サボテン相談室】
本店
群馬県館林市千代田町4-23
目白店
東京都豊島区目白1-4-23 切手の博物館1F
ネットショップ 「「サボテン相談室」で検索」
メール　sabotensoudanshitsu@ybb.ne.jp

表紙・本文デザイン ● 菅谷真理子

イラスト ● 別府麻衣

協力（写真撮影、写真協力、原稿協力など）●
市川英夫、大西幸夫、小須田進、
設楽徳子、嶋田直哉、関上明男、髙橋 澄、辻 幸治、
中里文子、中野せつこ、西島忠義、野本修司、
野本道也、羽兼直行（サボテン相談室）、
萩原文男、浜崎智一、平野 威、
三村綾香（サボテン相談室）、Köhres-kakteen

校正 ● 大塚美紀（聚珍社）

編集担当 ● 大西清二（主婦の友社）

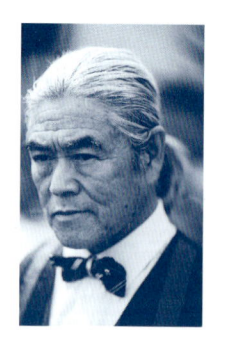

多肉植物ハンディ図鑑

監修　サボテン相談室・羽兼直行
発行者　平野健一
発行所　株式会社主婦の友社
　　　　〒141-0021 東京都品川区上大崎3-1-1
　　　　　　　　　目黒セントラルスクエア
　　　　電話　03-5280-7537（編集）
　　　　　　　03-5280-7551（販売）
印刷所　大日本印刷株式会社

© Shufunotomo Co., Ltd. 2015　Printed in Japan
ISBN978-4-07-299677-5

Ⓡ 本書を無断で複写複製（電子化を含む）することは、著作権法上の例外を除き、禁じられています。本書をコピーされる場合は、事前に公益社団法人日本複製権センター（JRRC）の許諾を受けてください。また本書を代行業者等の第三者に依頼してスキャンやデジタル化することは、たとえ個人や家庭内での利用であっても一切認められておりません。
JRRC〈https://www.jrrc.or.jp　eメール：jrrc_info@jrrc.or.jp
電話：03-3401-2382〉

■ 本書の内容に関するお問い合わせ、また、印刷・製本など製造上の不良がございましたら、主婦の友社（電話03-5280-7537）にご連絡ください。
■ 主婦の友社が発行する書籍・ムックのご注文は、お近くの書店か主婦の友社コールセンター（電話0120-916-892）まで。
＊お問い合わせ受付時間　月〜金（祝日を除く）9:30〜17:30
主婦の友社ホームページ　https://www.shufunotomo.co.jp/

と-091014